中国嵌入价值链分工的空间布局、演变规律及其拓展机理研究

陈 健 赵 迪
陈苔菁 芮 宁
李 伟 著

东南大学出版社
SOUTHEAST UNIVERSITY PRESS
·南京·

图书在版编目(CIP)数据

中国嵌入价值链分工的空间布局、演变规律及其拓展机理研究 / 陈健等著. — 南京：东南大学出版社，2022.12

ISBN 978-7-5766-0408-5

Ⅰ.①中… Ⅱ.①陈… Ⅲ.①中国经济－研究 Ⅳ.①F12

中国版本图书馆 CIP 数据核字(2022)第 225295 号

责任编辑：戴坚敏　　责任校对：韩小亮　　封面设计：毕　真　　责任印制：周荣虎

中国嵌入价值链分工的空间布局、演变规律及其拓展机理研究

Zhongguo Qianru Jiazhilian Fenggong De Kongjian Buju、Yanbian Guilü Ji Qi Tuozhan Jili Yanjiu

著　　者	陈　健　等
出版发行	东南大学出版社
社　　址	南京市四牌楼2号(邮编：210096　电话：025-83793330)
经　　销	全国各地新华书店
印　　刷	南京京新印刷有限公司
开　　本	700mm×1000mm　1/16
印　　张	11
字　　数	202千字
版　　次	2022年12月第1版
印　　次	2022年12月第1次印刷
书　　号	ISBN 978-7-5766-0408-5
定　　价	59.00元

本社图书若有印装质量问题，请直接与营销部联系，电话：025-83791830。

目录

1 引言 ·· 001
　1.1 研究背景 ·· 002
　1.2 研究意义 ·· 005
　1.3 结构安排 ·· 008
　1.4 研究创新 ·· 009

2 文献综述 ·· 011
　2.1 价值链分工文献梳理 ·· 011
　　2.1.1 产品内分工和专业化理论 ································ 011
　　2.1.2 价值链分工研究 ·· 015
　2.2 本土价值链分工的文献梳理 ···································· 017
　2.3 价值链分工测度方法 ·· 019

3 从全球价值链分工到全球生产分割：概念和理论基础
　·· 021
　3.1 全球价值链分工概念 ·· 021
　　3.1.1 全球价值链分工内涵和特点 ································ 021
　　3.1.2 全球生产网络内涵和特点 ···································· 022
　3.2 全球生产分割理论 ·· 027
　　3.2.1 全球生产分割的概念界定 ···································· 027
　　3.2.2 全球生产分割的产生动因 ···································· 028
　　3.2.3 全球生产分割的影响因素 ···································· 030
　3.3 全球生产分割的演变机理 ·· 034
　　3.3.1 生产过程的分散化机制 ·· 034
　　3.3.2 功能分离与空间分离 ·· 036

4 全球价值链分工的演变格局与规律：国别角度考察 ·············· 042

4.1 价值链分工测度与解构 ················· 042
4.1.1 生产分割的解构 ················ 042
4.1.2 增加值平均传递步长测度 ·········· 044

4.2 全球生产分割的国别比较 ·············· 045
4.2.1 时间维度考察 ················ 045
4.2.2 空间维度考察 ················ 048

4.3 全球生产分割的行业异质性特点 ········ 055

5 中国嵌入全球价值链分工的区域解构性质 ········· 059

5.1 嵌入全球价值链的区域价值链测度与分解 ··· 059
5.1.1 生产分割测度的区域拓展 ·········· 059
5.1.2 增加值角度的解构说明 ············ 061

5.2 本土价值链分工的区域差异和演变 ········ 064
5.2.1 生产分割视角的解构和比较 ········ 064
5.2.2 增加值视角的解构和比较 ·········· 069

5.3 价值链分工在八大区域的时空演变 ········ 074
5.3.1 八大区域生产分割及其解构特点 ····· 074
5.3.2 八大区域增值及其解构特点 ········ 082

5.4 价值链分工跨区联系的流向性 ············ 084

6 全球价值链分工拓展的影响因素与机制：国别角度实证 ·············· 086

6.1 变量与数据说明 ····················· 086

6.2 估计结果和解释 ····················· 090
6.2.1 基准回归结果 ················ 090
6.2.2 稳健性检验 ·················· 092

6.3 进一步稳健性检验 ··················· 097
6.3.1 工具变量估计 ················ 097

8.1.4 提升服务业国际化水平,推动服务贸易便利化 …………………………………… 151
8.2 增强本土价值链分工的对策建议 ………… 151
　　8.2.1 构建有利于双链良性循环的本土价值链体系 ………………………………… 151
　　8.2.2 以本土价值链构建为基础,提升对接全球价值链分工的自主性 …………… 152
　　8.2.3 制度上打破国内市场分割,化解要素配置空间扭曲 ………………………… 153
　　8.2.4 加快制造业和服务业融合发展,增强本土价值链分工深度 ……………………… 154
　　8.2.5 培育本土高技能人力资本,依托自主创新提高双链循环水准 ……………… 155

参考文献 ……………………………………………… 157
附录　世界投入产出表行业和代码对应表 …………… 169

6.3.2　空间面板回归 …………………………………… 099
　　6.3.3　其他稳健性估计 ………………………………… 109
6.4　价值链分工解构及其解构机理分析 ………… 110
　　6.4.1　作用机制说明 …………………………………… 110
　　6.4.2　拟合结果与解释 ………………………………… 112

7　价值链分工拓展的影响因素与机制：国内区域视角的再考察 …………………………………………………… 114
7.1　模型构建与变量说明 …………………………… 114
7.2　基准回归结果与解释 …………………………… 117
7.3　影响区域价值链分工拓展因素的稳健性检验
　　　　…………………………………………………… 123
　　7.3.1　内生性问题处理 …………………………………… 123
　　7.3.2　替换因变量的估计 ………………………………… 126
　　7.3.3　变换样本分组考察 ………………………………… 127
7.4　影响因素的拓展研究 …………………………… 131
　　7.4.1　影响因素的区域差异比较 ………………………… 131
　　7.4.2　交互效应分析 …………………………………… 135
　　7.4.3　空间面板估计 …………………………………… 136
7.5　区域价值链分工拓展的作用机制 …………… 142
　　7.5.1　分工解构各部分的交互影响机制 …… 142
　　7.5.2　空间溢出效应机制 ………………………… 145
　　7.5.3　创新和人力资本作用机制 ………………… 145

8　提升全球价值链分工地位的政策建议 …………… 149
8.1　提升国际价值链分工地位的对策建议 …… 149
　　8.1.1　培育新比较优势，提升国际价值链分工地位
　　　　…………………………………………………… 149
　　8.1.2　坚持扩大开放，加强国际分工合作 …… 150
　　8.1.3　推动产业结构转型升级，调整出口结构
　　　　…………………………………………………… 150

1 引　言

肇始于2008年金融危机,当前世界经济呈现的"逆全球化"趋势是全球分工体系形成以来较为严重的一次。危机后的世界经济格局呈现两大特点:一方面,多数发达国家经济增长乏力,曾是全球化重要缔造者的美国试图通过"再工业化"和退出诸多区域或国际性组织的方式,推行其单边主义。英国则以"脱欧"方式,打乱了欧洲内部现行分工和一体化进程。另一方面,伴随经济的稳步崛起,中国开始以一个更有分量的角色影响乃至重构发达国家昔日所建立的国际分工与贸易版图。回顾世界经济发展历程,自19世纪70年代开始,全球分工与协作日渐成为经济增长的重要驱动因素。尤其在当代,各国开放条件下的经济发展无不与国际分工的细化有着紧密联系。可以预见在未来较长时期内,这一规律依然成立并将发挥重要影响。

对中国而言,始于20世纪60年代、由发达国家主导构建的全球价值链分工体系扩张,奠定了其参与国际分工的外部环境,中国在2001年加入WTO则昭示着其嵌入全球价值链分工战略的启程。如果将中国加入WTO至本轮金融危机前视为第一阶段,那么在此期间,中国嵌入全球价值链分工的主要特点是被动且相对深度嵌入价值链分工制造环节。大量发展事实与研究已证实,长期嵌入发达国家主导价值链分工体系下的发展模式是一把"双刃剑",其在创造诸多发展机会的同时,也导致价值链低端"锁定"风险加大(刘志彪和张杰,2009):一方面,大树底下好乘凉——嵌入发达国家主导价值链分工循环,曾给中国带来较多发展机遇;另一方面,"大树底下也会不长草"——伴随中国迈入全球价值链中高端决心的提升,其所面临的由价值链攀升所带来的"天花板"效应也日益凸显。相比第一阶段,发达国家"逆全球化"进程可能是中国参与全球价值链分工第二阶段的开始。对中国而言,该阶段的一个重要目标是依托国内价值链的发展来重构国际价值链,进而在"双链"共轭环流下获得高端发展机遇。当然,囿于发达国家主导全球价值链分工体系"俘获"影响,中国国内价值链分工体系在较长时期内是居于次要地位的,甚至是被忽视的。这意味着,要想真正构建"双链"共轭环流并发挥其影响,一方面需要摸清国内价值链分工"黑箱",另一方面需要摸清国内价值链与国际价值链分工相互作用的一般规律。特别地,相比发达国家跨国公司早期拓展国际价值链分工体系的先发优势,我国企业当前"走出去"拓展国际价值链分工体系的挑战无疑更多。挑战一方面源自拓展发达国家市场价值链分工体系,尤其是高端环节分工联系存在的竞争风险,另一方面源自拓展发展中国家有限市场空间价值链分工联系可能存在的较高沉没成本等风险(宗芳宇等,2012),再加上中国企业跨文化管理方面的经验不足,这都决定我国企业在拓展国际价值链分工体系时,除了学习发达国家经验外,更应重视以企业国内价值链分工联系为依托,即凭借企业在本土市场纵深腹地价值链分工体系的构建,凭借企业在本土差异化市场竞争环境中的锻炼和能力提升,实现其价值链分工相关生产活动的跨境空间延伸或转移,尤其是发挥企业国内拓展对国际价值链拓展的示范效应。

1.1 研究背景

20世纪中后期,以跨国公司为主导者的全球化是世界经济最显著的特征之一。随着经济全球化的迅猛发展,对外直接投资(FDI)、离岸生产(offshoring)、国际外包(outsourcing)等一系列新的生产组织形式出现。跨国公司(典型的代表如苹果、英特尔等公司)为了获取更大规模的经营效益,增强自身在整体生产网络中的竞争力,根据比较优势原则,普遍开始将附加值低的产品生产工序(如加工组装)外包给他国,或直接到其他国家或地区投资设厂,跨国公司只保留产品的研发、设计和营销等核心生产环节和附加值高的环节。这种国际生产模式使得生产者之间的界限被打破,产品生产过程被分解为多个不同的工序,并在空间上布局于不同的国家或地区,不再局限于在某一国家或地区内部进行比较优势下的专业化生产,从而形成了以产品内分工为基础的全球价值链(Global Value Chains,简称GVC)。随着生产技术的进步和交通通信等服务关联领域成本的降低,以及贸易壁垒的减少和制度变革的推动,国家和地区间的经济联系日益紧密,国际分工形式由传统的产业间分工发展到相同产业内不同产品的分工,进一步深化为同一产品不同工序、不同价值链的分工。全球生产网络下的价值链分工已然成为当前国际分工的一种重要发展趋势。基于价值链分工,生产链条不单单局限在区域内部,更逐渐由内向外延伸,生产要素在全球范围内重新配置,生产结构和技术更加复杂。这种分散化、碎片化的生产模式和网络化分工格局使得世界上大部分国家都参与其中,打破了以往以国家为界限的分工形式。一国如果在某一生产任务中具有比较优势,就可以加入全球价值链的队伍中进行"任务贸易",专业化完成某一特定的生产任务。这种新型国际生产体系综合了"生产的全球解构"与"贸易的全球整合"两大特征,特定产品不同环节的生产活动按照要素禀赋和价格差异由在不同国家的多个企业共同合作，组合形成最终产品，而这些不同的价值创造环节则通过跨国公司引导的国际贸易被有机地串联并且整合在一起。

在全球市场一体化和生产分散化并行背景下，产品生产过程日益出现功能分离与空间分离，生产分割的概念和模式应运而生。作为"外包革命"时代国际分工的本质特征和基本范式之一，生产分割受到越来越多的经济学者和决策者的关注和重视。生产分割意味着一体化的生产过程的不同区段被分解开来，拆解为诸如研发设计、组件制造、加工组装等若干环节，以比较优势为标准分配给不同的国家或地区，按照各区段要素密集度与当地要素禀赋相适应和匹配的原则组织生产，从而形成按生产区段分工、生产任务分割的国际经济体系。该模式下生产和贸易的利润分配存在三个利益主体。其一是跨国公司自身。作为国际分工的主导力量，跨国公司通过对外投资有效地整合己方的资本要素与东道国一方匹配分工的劳动要素等资源，同时利用跨国公司内部的分工掌握国际分工体系从而深化对交易的控制，掌控增值较多的核心生产环节而外包低附加值环节，充分地利用这些优势实现资源配置的最优化、低成本规模经济和利益最大化。其二是母国。在生产分割的条件下，母国依靠跨国公司技术进步和国际竞争力增强获益，以及融入全球市场的本国生产要素通过投入产出关系实现收益回流。其三是东道国。东道国一是通过参与国际分工获得要素报酬和增强要素熟练度，二是凭借跨国公司带来的技术外溢、产业关联增强和产业结构优化等外部性获利。生产分割体系下发达国家和发展中国家能够实现"双赢"。对于发达国家，剥离除去自身不存在比较优势的生产环节，集中优质资源到"微笑曲线"尖端环节，大幅度降低了企业成本，促进生产效率和技术水平的提高。对于发展中国家，生产分割为其提供了前所未有的参与国际分工和跨境进出口贸易的良机，使其只需要在某一个或几个环节拥有竞争力，就可以进入国际市场参与全球生产分工。发展中国家凭借要素资源和成本等比较优势在经济全球化的浪潮中迅速崛起，在价值链中的分工地位得到提升，同时通过学习和模仿发达国家先进的科学技术与管理经验，推动自身科技进步和经济增长。最为典型的案例是中国在推行改革开放的过程中实施"出口导向型"战略。继2001年加入WTO之后，中国参与到全球价值链的中下游环节中，零部件和制成品大量出口。中国的出口总量已跃居世界第一，进口规模排在世界第二位，2012年中国超越美国正式成为世界第一大货物贸易国。

改革开放以来，国际产业内分工不断深化，中国结合"引进来"和"走出去"两大战略积极参与全球生产分工体系，本土价值链已经不单纯是封闭区域内的价值链条，而是国内生产链条与国际生产分工链条交织的生产分工体系。在本土价值链条不断延伸拓展过程中，中国经济获得较快增长，近年来高速增长向高质量增长转变趋势愈加显著，这也为本土价值链的转型升级提供了良好条件。一方面，中国参与国际生产分工逐渐由量的增长转变为质的升级,中国对外投资数量和质量的转变便是典型。2017年中国全年对外直接投资1 246.30亿美元,同比下降32%。虽然对外投资总量有所下降,但中国企业非理性的对外投资得到有效遏制,对外投资的质量和效益逐步提升,外资利用结构不断调整和升级。劳动密集型、低端价值链、缺乏竞争力或是有污染性的企业逐渐转移出去,技术密集型、高端价值链以及产品和服务质量高的企业将成为中国利用外资的重点方向,并为本土价值链的发展铺路。另一方面,经济增长逐渐转向内需驱动。在全球生产分工与国内区域间生产分工深度融合过程中,中国经济增长中对出口的依赖度较高,但伴随逆全球化趋势的出现,外需疲软。虽然经济蓝皮书(2017—2018)显示2017年中国国内生产总值增长率为6.9%,其中净出口的贡献度为1.09%,第四季度净出口贡献2.5个百分点,经济增长对外需依赖度依然较高。然而,2018年的数据显示出口的经济增长拉动作用并未延续,经济增长逐渐依靠内需。中国庞大的本土消费市场处于高级化阶段,经济增长动力逐渐转变,为本土价值链体系的重构升级转型提供了重要支撑。

尽管世界经济正温和复苏,短期前景有所改善,但贸易保护主义威胁依然存在,全球金融环境波动,地缘政治局势的潜在风险正在增加,全球价值链分工体系受到冲击,这无疑为中国重塑本土价值链分工体系带来新的机遇与挑战。一直以来中国嵌入国际价值链分工的主要特点是被动且相对深度嵌入价值分工的制造环节。然而,在发达国家主导的价值链分工体系下,中国获得诸多发展机会的同时,也导致价值链低端"锁定"风险加大,发展高端价值链产业更为困难,本土生产分工体系难以有效转型。再加之当前世界经济"逆全球化"趋势的增强不断加大,经济格局不确定性强,中国基于原有国际价值链升级转型之路愈加艰难。一方面,发达国家尽管优势尚存,但经济增长动力不足,贸易保护主义逐渐抬头,美国再工业化实则是优化和重构不同要素密集水平产业链,进而构建产业链的新的国际分工格局和国际贸易秩序(黄永明和潘安琪,2018);另一方面,新兴经济体的稳步崛起逐渐扰乱了发达国家主导的国际分工体系。长期被锁定于全球价值链低位的现状导致包括中国在内的发展中国家不断寻求向价值链高端进步的途径,与发达国家的关系逐渐由互补转为替代。但其他新兴经济体的发展过程中产业链条与中国相似度较高,使得中国面临的竞争压力较参与全球价值链初期相比更大,一定程度上加大中国向全球价值链高端攀升的难度,基于原有全球价值链分工体系升级转型之路充满坎坷与未知。在这样的背景下,现阶段本土价值链更应注重提升国内区域间生产分工链条地位和构建自主价值链体系,从而实现在"双链"共轭环流(国内价值链和国际价值链)下实现创新、高效、包容的可持续发展轨道。

然而,长久以来中国侧重积极嵌入国际价值链分工体系,国内价值链受重视程度较低,甚至被忽视。在国内和国际生产分工网络交织发展的当下,要真正构建以提升经济可持续发展为核心的自主价值链分工体系,就必须摸清本土价值链分工"黑箱",厘清其中国内和国际生产分工内在机制。对于疆土辽阔的中国而言,各区域资源、区位等要素禀赋差异较大,经济发展水平迥异,在不同程度嵌入全球价值链过程中,各区域生产分工体系发展特征各异。作为嵌入全球生产分工链条的"前沿阵地"的东部沿海区域凭借其地理区位优势,以国际代工和吸收外商直接投资等方式直接嵌入全球价值链,实现了持续的经济增长。但是,长期以来其承接的生产环节主要是高污染、高耗能、低技术、低附加值、劳动密集型环节,这种低端嵌入方式给东部地区资源和环境带来了压力,压缩发展的潜在空间,限制了该地区国际竞争力的有效提升,同时也制约了中西部地区。中西部地区受到经济基础和地理区位等因素的制约,更多地通过为东部沿海提供低端要素间接参与全球分工,尽管其资源和劳动力要素丰富,但在产品、技术和市场等方面与东部沿海地区联系存在断点,地区间的资源配置和共享机制难以建立,难以发展可与沿海区域媲美的新型出口导向型产业,中西部地区的产业发展被限制在初级层面,依附于东部地区,难以谋求突破性的发展。因此,若一味强调在全球价值链条上攀升很难有所突破,依托全球生产链条实现经济高质量增长的东部区域陷入瓶颈,中西部发展进一步受限,甚至可能陷入恶性循环。如何实现"双链"共轭环流,构建和发展可持续性的中国新型本土价值链?"一带一路"倡议的初步成果使得答案逐渐明晰。《中国区域经济发展报告2017—2018》指出,在"一带一路"的不断推进下,东部地区利用地理区位和港口优势,对外贸易和交通领域发展迅速;西部与东北地区借助区位与资源优势,在基础设施、产能、贸易、文化交流等方面发展迅速;中部地区的基础设施建设取得显著成绩,通过水陆空道路的改善推进了综合交通网的整合,也提升了中部与战略沿线国家贸易合作的便利性。"一带一路"倡议使得中西部地区直接对外开放成为可能,同时为新型区域生产分工链条创造了更多发展空间,也为中国本土价值链发展提供了更多新的发展思路。

综上所述,国内经济迈向高质量发展的现实需求与世界经济不确定性增加的潜在风险都对中国本土价值链升级转型提出了更高要求。

1.2 研究意义

(1) 理论意义

以亚当·斯密为代表的古典经济学认为,劳动分工可以实现生产和经营的独立化、专业化,提高劳动生产率和增加物质财富。随着自由贸易的兴起,适用于一国内部的不同职业之间、不同工种之间的分工原则,也适用于各国之间。国际分工的基础是有利的自然禀赋,或后天的有利生产条件,它们都可以使一国在生产和贸易方面处于比其他国家有利的地位。以克鲁格曼为代表的新贸易理论认为分工从一国国内向国际逐步延伸,极大地扩展了劳动分工的范围。而以 Melitz(2003)、Antràs(2003)为代表的新新贸易理论认为,单个企业(特别是跨国公司)依据生产率的异质性在国际生产链条中承担特定的生产环节,引起国际生产分割。

过去的几十年里,技术创新、自由贸易和一体化等驱动因素,使得生产分割在技术和区域层面得到了深化和扩展,也产生了新的国际生产模式和集聚形式。这些变化特征和发展趋势成了关于生产分割的议题,亟待新的理论观点来解释。生产分割带来了中间品贸易的繁荣和更为紧密联系的全球生产网络,但零部件的买卖、生产区段的外包只是生产分割的外在表现形式,我们关心的问题是,如何准确地度量全球生产分割以及其解构的两部分:国内生产分割和国际生产分割?一国的国内生产分割和国际生产分割具有怎样的特征和关联?传统的经济要素禀赋和贸易摩擦因素,比如距离,其会如何影响国际生产分割?生产分割在发展过程中具有怎样的演变规律和空间分布特征?形成生产分割格局的内在机制又是什么?厘清这些问题,才能更好地理解生产分割的运作模式和表现特征,对进一步丰富和拓展劳动分工理论、国际商务和投资理论、新新贸易理论、产业经济学理论以及空间经济理论意义重大。

概括来说,本书的理论意义具体有如下三个方面:

① 只有考虑区域相关性和空间差异性,才能深挖生产分割在全球范围内展开的原因;加入国别因素的比较,才能明晰不同国家在跨国生产体系中存在竞争和合作的可能性,研究维系国家间进行生产分割合作的决定因素。

② 正确认识和了解生产分割空间与行业演变规律以及国别层面的影响机制,为研究产业转型和价值链升级提供理论依据;尤其是对于正处在价值链低端位置的发展中国家和转型经济体来说,本书为其寻求产业转型升级和价值链地位的攀升提供了良好的理论支撑和政策思路。

③ 新经济地理为经济活动的集聚和扩散以及空间区位问题提供了新的研究角度,从空间视角重新审视生产分割的决定因素,丰富和拓展了空间经济学的理论内容,有助于区域经济可持续健康发展。

嵌入全球价值链极大地推动了中国经济的发展,国内有大量文献从国家间价值链分工视角研究中国在全球价值链中的地位与作用。随着国家内部区域间投入产出表的编制与完善,使得该研究在一国内部区域得以实现。

(2) 现实意义

全球价值链开创了生产和贸易飞速发展的新局面,生产分割拓展了经济、技术水平各异的国家参与国际分工合作的基础和可能性。一方面,对于欠发达国家和地区,参与国际生产分割构成的国际生产网络中,能拓宽发展中国家发展战略的选择路径,减少其实现工业化和现代化的障碍,对本国产业在全球价值链中的地位提升必将产生重要的影响;另一方面,这种国际分割体系形成和演变的影响因素也越来越值得关注,更清晰地理解和把握各国(地区)参与生产分割的程度和特征,有助于不同国家和地区更好地契合比较优势,维系生产分割的联系,推动全球价值链分工体系走向完善。因此,深入探究全球生产分割空间演变规律及内在机理也就具有重要的现实意义。

然而,全球价值链毕竟是由跨国公司主导和控制的,国际大买家和跨国公司主要还是来自发达国家和地区,他们占据高附加值的价值链两端,牢牢掌握核心技术和市场势力,而大多数发展中国家只能承担技术含量低、利润微薄的加工组装等环节,以贴牌代工或加工贸易等方式融入全球价值链体系中"分一杯羹"。基本上发展中国家的角色定位在全球价值链的底部环节,被锁定在价值链的底端。由此可见,不同国家在全球价值链为"主心骨"的串联下各司其职,但如果从收益分配的角度来看,全球价值链强化了发达国家"金字塔尖"地位,加大了发展中国家链内"锁定"风险。不同国家和地区之间的利益分布是不平衡的,一定程度上对经济全球化提出了挑战。生产分割的出现使得参与国重新衡量贸易利得与利益分配,尤其是发展中国家在国际贸易新形势下审视和思考贸易得失,通过分割生产环节的价值增值评判本国企业(产业)在全球价值链中的利弊,包括收获的外部经济效应和存在的与发达国家的差距,从而进一步评判生产分割的扩张趋势和深化方向。生产分割的发展促进中间产品贸易的急剧增加,为东道国和母国带来了正向的外部经济激励,促进其产业关联度提高、知识和技术水平增强、政府收入提高和市场经济体系完善等,这些经济效应能够不断缩小经济发展水平的差异。

近年来,随着要素成本的大幅上涨、资源环境承载力下降和"逆全球化"等一系列不稳定因素的综合影响,基于比较优势的全球生产分割受到了不同程度的冲击。尤其是欧美国家推行制造业重振计划,实施"再工业化"战略,强化了欧美经济在新一轮全球产业竞争中的主导地位,WTO等区域贸易协定的作用受此影响被削弱。这就要求每个国家合理地整合和运用全球资源,因地制宜地参与生产分割,摆脱自身对区域经济的单方面依赖,降低区域性经济危机的危害,强化价值链的稳定性和连通性。同时,各个国家应该因势利导地融入区域一体化的进程中,加快深化跨区域分工联系与合作,加强对新的国际生产形式的理解和把握。本书研究发达国家和发展中国家各自参与全球生产分割的水平和区域性特征,以及分析传统经济贸易因素对其的影响路径,对正确地解释国际经济发生的新变化、构建开放型经济体系、提升国际竞争力具有重要意义。

从第一发展中大国的角度来说,我国强大的制造业仅仅处于全球价值链功能架构的末端位置。随着劳动力成本上升,"人口红利"逐渐消失,制造业"去产能"化的大背景下,目前出口显现出疲软态势,中国经济正在面临严峻的下行压力。而证据表明,一国能否从融入全球生产网络中获益,取决于能否在全球价值链中占据新的竞争优势。因此,中国的学者和管理者们越来越重视传统制造业和整个产业结构转型升级的问题,亟须探讨培育和提升全球生产分割新优势的解决方案。在中国共产党十九大精神的指导下,中国正全面深化改革开放,加快形成高标准国际化的自由贸易区网络,推进经济贸易的全球化进程。在这样的背景下,中国在全球生产分割体系中的地位和作用,对于未来国内外经贸政策的制定具有深远的影响:一方面,中国参与国际生产分割的程度和演变趋势,为加快构建跨区域双边和多边贸易谈判机制,扩大对外开放和区域战略合作提供支撑和依据;另一方面,中国的整体生产分割在地域空间上表现出来的区域性和全球性特征,对推动价值链向上攀升,培育国际竞争新优势和提高国际竞争力具有重要价值和意义。伴随内外部发展环境的新变化,中国参与全球价值链分工角色定位的固化与链内"锁定"效应日益凸显。这同时意味着单纯在全球价值链分工格局下讨论经济转型发展问题,无法从根本上改变其被动性。有鉴于此,研究主要立足国内区域视角,剖析本土价值链内部各生产分工网络作用机制,综合区域分工网络中的纯区域内部、国内区域外联系以及国际区域外联系三方面展开分析,不仅丰富了该领域实证研究,更拓展了源于发展中大国的发展经验。

(3)政策意义

结合国内和国际价值链分工视角,本书一方面研究发达国家和发展中国家各自参与全球生产分割的水平和区域性特征,分析传统经济贸易因素对其影响路径;另一方面从区域层面探讨本土价值链持续发展以及区域经济转型问题,不仅对正确地解释国际经济发生的新变化、构建开放型经济体系、提升国际竞争力具有重要意义,而且有助于增强各区域国际域外生产分工多渠道"对接"格局的形成,重塑各区域在经济分工合作中的职能。

最终,能为不同区域发展模式的合理选择乃至发展差距缩小政策的科学制定,提供合理依据和重要启示。本书从价值链分工视角下的本土价值链构建角度提出区域一体化、提升中国国际竞争力的改善建议,顺应现阶段经济新常态与高质量发展的需要。

1.3 结构安排

本书共分为八章,其结构安排和内容概要如下:

第1章:引言。本章主要介绍研究主题的背景和意义,阐述研究的主要内容,确定全书框架,并对研究内容进行分析和概述。

第2章:文献综述。本章首先介绍了价值链分工理论的演变;其次对本土价值链发展理论的相关研究进行梳理,主要着眼于国内价值链在国际生产分工中的地位研究和一国内部区域间生产分工的研究;最后介绍价值链的测度与分解方法的演变情况。

第3章:从全球价值链分工到全球生产分割:概念和理论基础。本章将厘清全球生产网络、垂直专业化、全球价值链分工和生产分割的基本概念内涵、价值链分工地位和演化机制。

第4章:全球价值链分工的演变格局与规律:国别角度考察。本章首先围绕全球价值链体系构建,介绍价值链分工的多维测度,包括生产分割阶段数测度法和增加值平均传递步长测度法。其次结合价值链构建和分解的相关理论模型,研究国际生产分割和区域生产分割体系空间分布特点和演变趋势。划分主要代表国家所属的不同区域圈层,从时间、空间的维度进行分区域比较以及细分行业比较,分析其与区域价值链的广度、深度和匹配度。

第5章:中国嵌入全球价值链分工的区域解构性质。本章主要从生产分割阶段数、增加值分解等角度介绍本土价值链的演变情况,并分析全球生产分工链条和国内价值链互动下区域转型发展之路。对八大区域进行总体回归分析并从多方面进行稳健性检验,对区域在国际和国内价值链中不同地位之间的影响机制进行实证分析,并加入区域虚拟变量进行分析,分析具有不同地理特征的本土价值链的影响因素。最后分析本土价值链演变内在机制。结合相关理论分析,梳理出关键性的作用路径,进而从计量角度加以验证分析。

第6章:全球价值链分工拓展的影响因素与机制:国别角度实证。本章首先运用固定效应模型分析影响生产阶段数的因素。接着进行稳健性检验进一步考察国别生产阶段数的差异影响因素。最后对价值链分工解构及解构机理进行分析解释。

第7章:价值链分工拓展的影响因素与机制:国内区域视角的再考察。本章进一步探索中国本土价值链中各区域分工演变的影响因素和内在机制。

第8章:提升全球价值链分工地位的政策建议。本章结合价值链分工的空间布局和演变规律及其拓展机理的研究结论提出相关对策建议。

1.4 研究创新

(1)视角创新

通过梳理现有文献,还没有发现对全球生产分割整体演变规律和内在机理的专门性考量。本书试图将分工形式与地理空间联系起来,以全球整体和区域圈层为视角探讨生产分割的演变规律,以及比较不同国家、不同产业参与生产分割的程度和特点。另一方面,本土价值链构建在打破全球价值链"链内"锁定效应的同时,也开启区域与国内、国际价值链在多链节展开合作的可能。结合定量比较与经验实证,本书提出应重视本土价值链构建,在双链竞合框架下,探讨本土价值链的未来发展与经济转型问题。

(2) 方法创新

尝试将区域投入产出表推演到连续时间序列,并且与世界投入产出表归并,考察区域在全球价值链中的地位、演变规律和分工地位状况。本书基于中国跨区域投入产出模型,对区域间价值链分工地位予以衡量;同时,鉴于产业结构等因素的内生性,运用考虑内生性的动态空间面板等方法,更精准揭示价值链分工的空间布局、演变规律及发展前景。

(3) 观点创新

中国在积极参与国际生产分工过程中虽获得了较快发展,但也存在着长远隐忧。本土价值链的构建与完善,对于打破中国参与全球价值链"低端""被动"发展旧常态而言是个重要契机,同时也是在"逆全球化"背景下加快国内产业升级转型的契机。本书在剖析中国本土价值链动态演变规律基础上,进行本土价值链发展影响因素研究,发现国内生产分工链条与国际生产分工链条存在较强替代性,但国际生产分割对总生产分割呈显著促进作用。因此在本土价值链未来发展过程中,应构建以内生动力支持的本土价值链,形成双链良性循环的价值链分工体系,以促进中国经济的高质量和可持续发展。

2 文献综述

2.1 价值链分工文献梳理

价值链分工指的是在经济全球化和知识经济快速发展的条件下,一种产品的设计、原材料提供、中间产品生产与组装、成品销售和回收等生产环节在多个国家或地区范围内分工,其中包含中间品进口和最终产成品出口两种国际分工形式。最初的价值链理论是作为管理学概念提出,在跨国公司和国际生产分工进程快速发展过程中,价值链理论和生产分工理论不断融合渗透,并且伴随中间品贸易数据和跨国投入产出数据库的不断完善,逐渐形成比较系统的价值链分工理论。

2.1.1 产品内分工和专业化理论

作为经济学中重要基础理论之一,分工理论是价值链分工理论形成的重要基础。现代经济发展初期,分工被认为是经济增长的内生动力。亚当·斯密《国富论》中以扣针为例解释了分工可以提高劳动者操作熟练度,增加单位产出,节省转换工作的时间,并会导致节省劳动力的新发明,因此他强调分工对生产效率提高的重要性和对国民经济增长的促进作用。与前者不同,马克思认为,劳动分工组织的协调是其提高生产力的主要原因,并将分工分为社会分工和工场手工业内部分工,提出社会分工以手工业内部分工为前提,手工业内部分工对社会分工有反向作用效应。分工的演变逐渐形成了经济集聚,从而产生了规模经济。Young(1928)从规模报酬递增实现的机制、市场规模与分工以及分工网络效应三方面对分工和专业化程度进行阐述。随着分工理论深入研究,经济学家发现分工的产生需要市场规模和制度的保障。斯密强调分工受到市场范围的限制,分工的发展需要以资本为工具。在斯密和杨格的分工理论基础上,杨小凯从消费者和生产者角度,并结合专业化和交易费用理论,同样认为分工取决于市场,但更多的是对交易费用和分工获益多少的权衡,而不仅仅是规模大小(Yang 和 Borland,1991)。制度体系若使得分工所获收益大于自给自足的收益,则分工不断演进会使得劳动者个人和组织间依赖程度提高,进一步促进市场规模扩大以深化分工(杨小凯,2003)。

(1) 产品内分工发展研究

20世纪中后期,国际生产分工程度加深,产品内分工和中间品贸易理论逐渐受到重视。早期产品内分工研究主要以阶段性的生产模型为主,Vanek(1968)和Warner(1971)利用两阶段生产模型分析产业内贸易,Balassa(1965)和Jones(1971)提出垂直专业化和改进的两阶段生产模型,Dixit和Grossman(1982)又提出多阶段生产模型考察各国生产工序分配情况。在早期阶段生产模型基础上,产业内分工理论逐渐完善。Ardnt(1997)最初提出了产品内分工概念,并认为产品内分工对资源的重新分配可以提高分工效率,推动国际贸易发展。Krugman等(1995)以"价值链分割"、Feenstra(1998)以"生产非一体化"概括国际贸易和产品内分工现象。基于Balassa提出的垂直专业化概念,Hummels等(1998)对垂直专业化作了更为具体的定义,并利用投入产出法衡量全球贸易增长的来源。这一阶段的研究侧重于产品内分工和垂直专业化相关概念定义及其对生产和贸易的影响等方面,实证研究上仅Hummels等(2001)开创性地提出了定量测度垂直专业化方法,即以出口产品的进口投入作为衡量指标,此后很长一段时间囿于数据可获得性,定量研究未形成系统性研究。相对于国外研究,国内对产品内分工的研究始于中国加入WTO,参与国际分工进入新的发展阶段之后。代表性研究如卢锋(2004)以服务、汽车和电子行业为例分析国际分工深入到生产环节内部特点,从理论层面建立以产品内分工概念辨析为主的分析框架,并认为比较优势和规模经济是其产生基础。孙文远(2006)同样从产品内部分工概念出发,辨析了产业间、产业内部和产品内分工的差异,分析产品内部分工的决定因素、特征及其影响,并认为跨国公司在产品内部分工发展中发挥着关键作用。定量研究方面阶段主要借鉴Hummels等(2001)的垂直专业化(VS)方法,刘志彪和刘晓昶(2001)测算了中国17个部门的垂直专业化水平,并将其与同期的一些发达国家进行比较,得出考察期内中国参与垂直专业化的水平较高的结论。围绕产品内分工和中间品贸易理论的发展是价值链分工理论的雏形,后续研究中产品内分工和价值链概念不断融合发展,而且随着相关数据库和定量分析方法的不断完善,价值链分工理论也日趋成熟。

(2) 地区分工和专业化发展研究

产业的地区专业化是一个世界性的经济现象,更是近年来国内外学者研究的热点问题之一。经济学家提出了很多理论来解释经济活动中的地区专业化现象。有的理论强调了地区之间资源禀赋差异;有的理论强调了规模报酬递增作用,即对于那些规模报酬递增行业,将生产集中在少数地方而不是分散在各地,是一种自然的趋势(Krugman,1995)。另一些理论则认为,即使对于那些规模报酬不变或者规模报酬递减的行业,一个企业的生产成本(或者其推出新产品和服务的能力)也可能会由于本地区存在其他同行业企业而降低(或增加),这种溢出效应或者说经济外部性,可能造成生产集中在个别地区。

20世纪90年代以来,随着经济全球化的深入发展,中国同其他国家(地区)之间的贸易壁垒和非贸易壁垒逐渐降低,其融入全球经济的程度越来越深。在这样的背景下,有关中国地区专业化的研究逐渐引起了国内外不少学者的关注,尽管这些研究的结论仍存在着较大的分歧。Young(2000)研究了中国各省产出结构,认为在中国改革过程中,国内市场出现了分割,从而导致了各地区专业化程度的降低。Fujita and Hu(2001)指出中国沿海和内陆地区之间产品结构的不一致性在日益上升,同时还发现有些产业自我集聚的证据。

国内这一领域外的对地区专业化的相关研究文献也日益增多,如梁琦(2004)计算了中国区域制造业分工指数及其变化率,并将其与美国、欧盟进行了比较,结果发现在一定空间范围内,产业分工与地理距离有关,地理位置靠近,空间距离较短的区域之间,其产业同构性较强。作者还比较了环渤海和长三角两大沿海经济圈内部分工,结果表明,环渤海互补性更大,而长三角同构性更强。就制造业大类而言,中国产业分工程度(1997)高于美国产业分工程度(1985),其中的一个重要原因在于中国的区域经济发展差距很大。作者最后指出,1997—2001年,中国各大区域间的专业化分工在不断加深,经济发展速度与分工指数的变化率呈正向变化,市场经济对中国资源优化配置的作用已凸显。翁媛媛[1]等(2009)研究认为,从专业化分工角度看,低度专业化地区主要从事高技术、高科技的产业,如上海、天津等地专业化程度最高的产业是通信设备、计算机及其他电子设备制造业;高度专业化地区产业大多属于低技术、低科技的产业;而中度专业化地区主要从事处于中间技术和科技含量的产业,如海南的专业化程度高的产业为农副产品加工业以及食品制造业。

白重恩[2]等(2004)通过建立中国29个地区32个产业13年间(1985—1997年)的数据集,用动态估计方法研究了中国产业区域专业化的决定因素。结果表明,产业区域专业化水平在以往享有较高利税率和国有成分比例较高的行业里,其专业化程度比较低。地方保护主义作用在决定区域专业化水平中超过了外部经济性和规模效用,仅次于历史影响的作用。研究还发现,中国产业区域专业化水平在经历了早期的微弱下降后,在经济改革近几年来有显著提高。踪家峰和曹敏(2006)则利用专业化与地理集中指数衡量了京津冀地区地方专业化水平和产业地

---

[1] 翁媛媛,高汝熹,饶文军,2009.地区专业化与产业地理集中的比较研究[J].经济与管理研究(4):39-46.
[2] 白重恩,杜颖娟,陶志刚,2004.地方保护主义及产业地区集中度的决定因素和变动趋势[J].经济研究(4):29-40.

理集中度。结果表明,天津、河北地区间专业化指数逐年上升,而京津两地专业化指数则一直处于较低水平。作者由此认为京津之间、京冀之间产业发展的状况主要是独立发展,联系不足。进一步分析还发现,在制造业20个行业中有14个行业的地理集中指数是上升的,且上升幅度均较大。京津地区各产业尤其是资本技术密集型产业,正处于区域发展的向心集聚阶段,集中方向为京津地区特别是北京地区。樊福卓(2007)在封闭经济假设和地区间需求结构一致假设下,通过构造地区专业化度量指标——地区专业化系数,对中国地区专业化发展进行了比较分析。结果表明,中国工业地区专业化水平自20世纪80年代中后期以来,有了较大程度的提高,而如果忽略地区(或行业)相对规模因素来讨论中国工业的地区专业化问题,则会高估工业的地区专业化水平。魏博通和周杰文(2007)分析了1980—2004年我国地区专业化空间分布和变动状况以及影响我国地区专业化空间分异的因素。结果表明,我国地区专业化水平在经历了20世纪80年代中期的略微下降后,出现了明显上升趋势,这在20世纪90年代表现得最为突出。专业化水平上升幅度较大的地区少数是处于东部沿海的发达地区,大多是位于内陆边疆的欠发达地区。地区专业化空间分布格局没有明显变化,深处大陆内部与边境接壤的地区专业化水平较高,东部沿海和一些不与边境接壤的中西部地区专业化水平较低。进一步从空间区位角度作的计量分析表明,地区规模、市场进入和城市化水平对我国地区专业化空间分布有显著负效应。

(3) 地区垂直专业化发展研究

就对全球生产网络环境下地区垂直专业化分工贸易发展所做的相关研究来看,尽管全球范围内垂直专业化分工贸易早在20世纪六七十年代就逐步兴起,但对这一新国际分工贸易模式带有标志性特点研究的出现则是20世纪90年代的事情。

具体来说,Hummels等(2001)最早对其予以了大量关注和较深入研究。他们发现垂直专业化分工使全球中间品贸易在现代国际贸易中的比重大大上升,其对各国生产效率以及出口绩效都产生了重大而深远的影响。Bond[①](2005)利用李嘉图模型分析了生产加工过程分散化情况下,国家之间的技术传播问题。研究特别关注了最终产品消费替代弹性(elasticity of substitution in consumption of final goods)、中间和最终生产阶段的替代弹性(elasticity of substitution between intermediate and final production stages)、生产类型(pattern of production)这三类因素是如何决定技术创新国和其他国家共享技术创新所带来收益的。Ethier 和

---

① Bond E, 2005. Market linkages with fragmented production[J]. North American Journal of Economics & Finance, 16(1): 119-135.

Markusen(1996)从考虑企业选址决策和运输成本角度出发研究发现,当允许跨国公司选择生产地点时,跨国公司能够增加高收入国家熟练劳动力和非熟练劳动力的工资差距。Grossman 和 Helpman(2002)运用一般均衡模型分析企业生产经营内部化和外包决策行为时发现,企业采取外包模式,不但可以降低经营管理成本,而且还可以获得专业化分工生产时"干中学"效应所带来的利益。Hanson 等(2005)利用美国跨国公司层面数据考察了母公司和海外子公司之间的中间品贸易情况。结果表明,当子公司面临较低贸易成本、低劳动力工资和低公司所得税时,进口投入品需求会提高。Kelsey[①] 和 Milne 等(2006)在东道国和投资国之间垂直生产一体化框架下,利用微观企业数据研究了日本和泰国企业之间行业关联性是如何影响日本企业海外直接投资的。结果表明,除了低运输成本、低劳动成本等因素外,产业关联和供应网络关系更使得 FDI 集聚凸显。Defever(2006)利用微观企业数据主要考查了影响跨国公司内部生产网络构成中不同功能环节在欧盟国家内部的分布情况及其影响因素。结果表明,研发和生产活动有相对较明显的地域协同性(co-location),而总部活动则对企业其他价值环节布局没有显著吸引力。

近年来,以北京大学中国经济研究中心课题组对中国垂直专门化程度做了具体测算为重要标志,对全球生产网络和垂直专业化分工贸易发展特点做更深入具体研究的相关文献才真正开始不断出现。

2.1.2 价值链分工研究

价值链概念最初由 Porter(1985)提出,被用作分析单个企业竞争优势,企业整体生产经营可以被分解为多项独立而具体的环节,它主要包括基本活动环节(生产、销售、运输和售后等)和支持性活动环节(原材料供应、技术、人力资源和财务管理等),这些功能各异的环节在为企业创造价值过程中相互联系,由此构成企业价值创造链条,即价值链。经由企业价值链条中各环节差异和成本分析可以剖析出企业价值创造生产过程中的优劣势。同期的 Kogut(1985)则将企业价值链概念拓展至全球,即企业利用各国(地区)的比较优势在全球各国(地区)间分布其价值链条。跨国企业的全球商业布局是在综合考虑国家的比较优势和企业竞争力两方面因素基础上做出的战略规划,也就是说,国家相对比较优势决定了价值链上各环节在每个国家(地区)空间配置格局时,企业竞争力则决定了企业内部重心偏向该价值链中的特定环节,以维持其竞争优势。Kogut(1985)的观点融入了价值链全球空间配置概念和价值链垂直分离,对后续全球价值链理论的形成起着关键作用。

---

① Kelsey D, Milne F, 2006. Externalities, monopoly and the objective Function of the Firm[J]. Economic Theory, 29(3):565-589.

随着生产全球化进程推进，企业国际间垂直分工趋势显著，跨国公司演进迅速，Gereffi(2001)在其全球商品链概念(Gereffi,1999)基础上率先提出全球价值链理论，强调从四个维度分析，即投入产出结构、空间布局、治理结构和体制框架，并从价值链动力机制角度出发将其分为采购者驱动价值链和生产者驱动价值链形式。此后一阶段相关研究以价值链治理理论(Humphrey 和 Schmitz,2000;Gereffi 等, 2005)为核心，从价值链环节价值创造产生和分配(Kaplinsky 和 Morris,2003)、价值链升级以及价值链影响下的产业升级(Humphrey,2004;Humphrey 和 Schmitz, 2002)等方面展开。存在于价值链中的公司之间通过关系和制度机制，实现链内不同环节之间价值分配的协调，可以弥补国际生产分工市场协调机制的不足，并克服垂直一体化在协调性上存在的缺陷。Humphrey 和 Schmitz(2000)根据参与主体对价值链的控制能力不同将价值链治理模式划为四类：市场型，即生产商和采购商相互独立，不存在治理结构；网络型，即企业通过信息传递共享技术，价值链环节之间为平等合作关系；准层级型，即采购商主导全球生产，制定生产规则；科层型，即垂直一体化的跨国公司及子公司形式。Gereffi 等(2005)按照价值链行为体之间的协调能力将价值链治理分为五种模式：市场型、模块型、关系型、领导型和部门层级型。价值链治理结构的细化研究一方面帮助理解价值链环节创造增加值的差异以及所创造附加值在不同环节间的分配，Kaplinsky 和 Morris(2006)曾指出参与价值链中高附加值环节可以提高企业国际竞争力，长期陷入低端路径会使企业堕入窘迫局面；另一方面反映了全球化生产进程中的经济组织变化，有助于发展中国家以价值链中的领导公司为切入点获取更多市场准入，而这一变化进一步需要其产业组织、政策和制度的相应调整(张辉,2004)。国内围绕全球价值链研究初期集中于价值链下的产业集群升级研究，代表性研究如张辉(2004)应用全球价值链地方产业集群纳入全球价值链理论的基本分析构架，阐述了全球价值链理论的实际意义；刘志彪和张杰(2009)提出基于全球价值链的总部经济是中国产业升级的新发展路径。由于经济学和管理学都关注于价值链中企业规模和内部管理费用、市场交易费用等问题，因此，在全球价值链理论发展过程中，融合了两种学科特点。但值得注意的是经济学中价值链侧重于分工概念，即产品生产的不同工序在不同地区或经济体进行零散化生产，是作为分析生产分工专业化水平的衡量工具出现的，与不同地区或经济体的要素禀赋结构、技术能力和地区间交易成本等问题相关(曾铮和王鹏,2007)。受限于相关数据的可获得性，这一阶段的研究主要局限于理论和案例分析层面，长期以来并未形成相对健全的系统性全球价值链理论和方法(Baldwin 和 Venables,2013)。

价值链理论虽作为一种管理学理论被提出，但其与产品内分工理论的分析框架是相互渗透和补充的(曾铮和王鹏,2007)，价值链的形成本身源于生产分工的深化，随着全球价值链和垂直专业化分工理论相互融合，逐渐出现价值链分工理论。价值链分工与传统国际生产分工存在显著不同，价值链形式的分工打破了国家界限，国际分工的利益更多地取决于生产分工中要素的数量和质量，而非产品生产地，因此传统贸易测度方法无法准确衡量价值链形式的国际分工水平（曹明福和李树民，2006）。伴随着全球跨区域投入产出表的编制以及中间品和最终品数据的不断完善，以多区域投入产出模型为基础的指标测度研究发展迅速，在宏观层面，Koopman 等（2010，2014）、Johnson 和 Noguera（2012）、Wang 等（2013）等学者在 HIY 方法的基础上，从贸易增加值角度拓展价值链分工测算方法及应用范围；在微观企业层面，Upward 等（2013）、张杰等（2013）、Ma 等（2015）从企业异质性角度拓展投入产出模型的增加值贸易研究。考虑价值链分工不仅仅涉及对外贸易，Wang 等（2017）从国民经济生产活动出发，提出生产分解模型（Decompose Total Production Model）以分析国家整体以及细分部门层面参与全球价值链分工的程度。

2.2 本土价值链分工的文献梳理

在经济全球化和区域发展一体化趋势下，目前国际分工已深入国家内部（李跟强和潘文卿，2016），国内价值链和国际价值链已形成交织分工网络——本土价值链。面对世界经济不确定性的提高，强调双链共轭环流的自主价值链构建的研究往往结合一国内部区域价值链分工分析双链互动对经济的影响，更具现实意义。研究更多地从国家价值链和全球价值链互动视角展开，即在国内价值链和国际价值链双重运行背景下拓展内在可持续发展能力（袁凯华和彭水军，2017；潘文卿和李跟强，2018；洪俊杰，2018）。

直接关注一个国家内部的不同区域作为研究全球价值链分工"节点"重要性的文献，主要分为两类：其一，注意到区域价值链分工某些特征，较早期研究重点围绕这些特征构建相关测度指标。陆铭和陈钊（2009）即借助各地区一般价格水平差异度指标，从市场分割角度展开分析。吴福象和朱蕾（2010）基于跨区域投入—产出表，采用区域内乘数效应、区域间溢出效应和区域间反馈效应指标，对我国东、中、西部三大区域的前向和后向联系进行了测度。早期研究虽然一定程度上揭示了区域间分工格局，但对嵌入全球价值链区域分工特点的考察主要采用的仍是较为间接的方式。其二，尝试在更好体现全球价值链分工嵌入背景下，揭示各区域价值链分工地位。这方面文献目前仍不多，刘志彪（2009）从国内价值链和全球价值链辩证关系角度，较早地阐明我国构建国内价值链的重要性。内在机制方面，张少军和刘志彪（2009）认为，关键是利用价值链分工模式下的产业转移，延长和拉伸全球价值链在国内的价值链环节,并由此增强本土不同区域依托价值链环节的协同效应。徐康宁和郑义(2011)则从本土市场规模效应角度,阐述了类似作用途径。实证角度,张少军(2009)通过生产非一体化指数来衡量广东和江苏各个行业在全球价值链和国内价值链中的嵌入程度。以中国为基准,借助贸易网络结构,刘景卿和车维汉(2019)指出全球生产分工均衡时,国内价值链和全球价值链呈互补关系;而当这一均衡被打破时,国内价值链则会对全球价值链产生替代作用。更重要的是依托国内自主价值链的构建,在提升中国全球竞争力的同时可以保障国家经济安全。

然而上述理论剖析或者实证研究都没有进一步阐述空间异质性影响,或者说没能深入国内价值链"黑箱"。黎峰(2016)、李跟强和潘文卿(2016)则在这方面做出有益拓展。他们各自借助我国跨区域投入—产出表,首次将国内价值链和国外价值链整合到统一逻辑框架,在增加值流转分析理论研究基础上,考察了中国八大区域融入全球价值链的区域内部分工状况和特点。不同之处在于,前者关注的是八大区域国家价值链分工水平、参与度和收益率状况,后者侧重区域嵌入模式比较。但在结论方面,两者又高度相似。基本观点一致,即融入全球价值链一定程度上阻碍了国家价值链发展,尤其造就我国沿海区域价值创造较高外向依赖度和内陆价值创造邻近向极性"二元"结构。上述研究拓展了区域角度考察本土价值链的实证研究,但仅仅结合区域投入—产出表的分析内在地必须假定各区域面对的外部市场联系是相同的,这实际上仍是一个较强假设。针对以上不足,特别是伴随WIOD表的系统编制,相关研究又尝试将一国内部区域和全球价值链分工视角结合分析。代表性文献中,倪红福和夏杰长(2016)重点关注了中国区域出口的增加值比率,发现内陆经由与国内其他区域垂直专业化联系的增强,间接实现了增加值出口。潘文卿等(2018)主要从增加值收益角度展开研究,国家价值链增加值收益高于全球价值链增加值收益,但全球价值链参与度的增加使得各地区国家价值链收益下降;内陆地区的国家价值链增加值收益率普遍高于沿海地区,而且各区域在增加值地域分布上呈现显著向极性:内陆对沿海地区,沿海地区则对美国和日本等发达国家在增加值供求方面联系更密切;参与国内和国际价值链分工对中国各区域带来的增加值收益特征呈现与增加值供求特征的高度契合性(潘文卿和李跟强,2018)。基于省级单元嵌入全球价值链的分析框架,苏庆义(2016)发现各省出口本地增加值份额最高,其次是国内和国际垂直专业化份额。同样基于省级角度考察,邵朝对和苏丹妮(2017)研究证实,国内价值链构建不仅有助于国内价值链与全球价值链空间互动,而且有助于增强全球价值链功能嵌入对地区生产率的外溢效应。

2.3 价值链分工测度方法

早期价值链分工理论研究囿于研究中所需的中间品数据难以获取,垂直专业化和贸易增加值研究未能形成系统性框架(Baldwin 和 Venables,2013)。随着国际投入产出数据的不断完善,已经相继出现各类跨国投入产出数据库,如欧盟的世界投入产出数据库(WIOD)、普渡大学的 GTAP 数据库、东亚国际投入产出数据、经合组织的贸易增加值数据库、世界贸易组织的国家间投入产出表(ICIO)和联合国贸发会议(UNCTAD)的 Eora GVC 数据库,相应测度方法也不断完善。基于以上数据库的测度方法主要从宏观视角展开。具体而言主要有基于单一国家非竞争性投入产出表测度方法(Hummels 等,2001;李昕和徐滇庆,2013)、基于全球投入产出表测度方法(Johnson 和 Noguera,2012;Wang 等,2013;Koopman 等,2014;王直等,2015)以及结合一国内部区域和全球投入产出表的测度方法(倪红福和夏杰长,2016)三类方法。Hummels 等(2001)开创性地提出测算一国出口产品所含直接和间接增加值的 HIY 方法,即基于单一国家投入产出表通过一国出口中本国价值比重衡量前向参与价值链分工程度,出口中所含外国进口中间投入价值比重衡量后向参与价值链分工程度(即垂直专业化)。但由于 HIY 方法存在两个较强假设:一是假定一国进口中间品加工成半成品后不存在再出口至其他国家的情况;二是假定进口中间品同比例用于内销最终品和出口最终品(Koopman 等,2010)。从单一国家视角研究一方面没有考虑到中间国家的影响,另一方面也无法考察国际上产业分工联系的真实情况。随着国际上全球投入产出表编制的不断更新与完善,基于投入产出模型的价值链分工测度方法日益完善。在 HIY 方法基础上,Koopman 等(2014)进一步放松了 HIY 方法中同比例的假定,分别估算用于出口的生产与用于国内销售的生产的投入产出系数。Wang 等(2013)、王直等(2015)在 KWW 方法基础之上提出 WWZ 贸易增加值分解方法,使得垂直专业化程度测算不仅限于国家整体层面,而是拓展至双边贸易国家和部门层面,将国家内部细化至产业层面的贸易区分为增加值出口、回流的国内增加值、国外增加值和重复计算部分,并根据增加值来源、最终消费地和产生方式的差异将其细分为十六项。上述几种方法侧重于考察国家间的价值链分工情况,并未考虑一国内部国内价值链和国际价值链之间的联系。考虑中国各区域之间差异性较大,一国内部价值链体系分工作用不容忽视,倪红福和夏杰长(2016)将 WWZ 方法拓展至嵌入区域的全球投入产出模型,将 1997 年、2002 年和 2007 年的中国区域投入产出表嵌入至全球投入产出表,用来分析一国内部区域在全球价值链中所起作用和变化趋势。但由于中国区域投入产出表未有连续年份表格,因此在变化趋势连续性上还未有相关文献进行拓展。针对HIY缺陷的另一方面研究主要是基于相关文献中要素成分的测度拓展方面,Johnson和Noguera(2012)利用投入产出表和双边贸易数据计算双边贸易的附加值含量,将一国生产而最终在外国被最终消费的增加值定义为增加值出口(VAX),利用附加值和总出口的比值(VAXR)衡量贸易增加值。Timmer等(2014)则进一步将Johnson和Noguera(2012)测度方法拓展至为各产出要素的增加值比重,将价值链收益和生产要素收入结合,提出衡量一国价值链分工显性比较优势指数。

上述方法均是从贸易增加值角度考察价值链分工,无法考察分工的细化程度和结构复杂程度。生产工序的细化会使得价值链分工网络复杂程度提升,进一步拉长或提升生产链条专业化程度,从而提高效率,因此从生产分工复杂度水平角度的研究更多从分工原理出发,可以对衡量价值链分工水平做出有效补充。生产分工联系的长度最初来源于Dietzenbacher等(2005)提出平均传递长度的投入产出模型。Dietzenbacher和Romero(2007)将该模型运用于跨国联系分析。Fally(2012)将最初投入到最终需求的距离定义为上游度,将产成品到最终消费之间的平均生产阶段数定义为下游度,以量化生产链的长度和行业在链条中的位置。Antràs等(2012)在这两个指标基础上结合前后向产业关联度进一步衡量产业层面的生产阶段数。Aroca和Jackson(2018)结合Wang等(2017)的生产分割方法,将生产分割阶段数分解为纯国内部分、传统贸易以及全球价值链相关部分,并将生产长度定义为一国特定部门增加值在生产分工链条直至被纳入最终产品过程中被统计为总产出的平均次数,提出衡量分工地位的新指标,消除现有文献中指标的不一致性。但针对生产长度及阶段数的主要研究均从国家整体角度探讨(Fally,2012;倪红福等,2016),仍未深入至一国内部区域层面生产分工复杂度水平的分析。

相对于宏观视角的分析,基于微观数据的研究较少。主要有两类,一类是基于单一产品调查数据的研究(Xing和Deter,2015),这类研究仅限于特定产品的价值链剖析,无法反映国家层面价值链分工水平。另一类同样是基于微观企业数据,但不限于特定行业,而是根据加工贸易出口数据测度国内增加值率的测算方法,即将微观企业和海关部门的贸易统计数据进行匹配,从而计算出企业层面出口中的国内增加值率(Upward等,2013;张杰等,2013;Kee和Tang,2016)。应该说,后一种角度研究能够较好反映微观企业异质性特征,但却无法揭示异质性企业所归属不同区域之间的分工联系,进而无法揭示区域分工联系下的本地附加值状况。无论微观工业企业数据还是与其相匹配海关细分条目贸易数据,均无法考察服务商品和服务生产环节增值,这也造成估计值相对偏高。鉴于服务环节已经被认为是全球价值链分工的高端环节,这部分的缺失无疑是令人遗憾的。再者,微观企业角度考察,还受限于最新年份数据可得性制约。

3 从全球价值链分工到全球生产分割：概念和理论基础

3.1 全球价值链分工概念

3.1.1 全球价值链分工内涵和特点

工业革命迅速推动了陆路运输和水上运输的发展,国际贸易在19世纪初进入繁荣时代,引发了跨地区贸易活动前所未有的扩张。大宗物流的规模经济进一步降低了运输成本,生产场所与消费地点得以分离,货物开始在世界各地流通以寻找有利可图的市场。经济体系中生产和消费之间的地理"分离"与工业区内大型工厂形成的生产活动集聚,看似是相互矛盾的。由于潜在客户通过国际贸易不断增加,大规模生产系统在当时成为合适的制造方式。制造业生产效率提高的关键在于分工,而这需要生产过程的不同阶段之间进行协调安排,不同的任务分工协作生产出同质产品。因此,不同的生产功能在同一区域内(即工厂)汇集在一起,以便促进顺畅沟通,在各种任务之间达成高效协调。20世纪80年代的信息技术革命使这一切成为可能。随着国际通信网络的发展,不同地点生产单位之间的管理协调成本和联系困难大大降低,生产功能不必再限制于邻近的空间内,生产活动的技术"分离"加快,生产过程的某些部分被转移到国外,以充分利用各国生产要素成本的优势。发达国家的跨国公司在市场竞争中,为获取最大利润改变经营战略,逐渐将在国内没有优势的劳动密集型生产环节转移到发展中国家,这种变化使国际分工从产业间转移到产品内部,从而形成了全球价值链分工。区域经济一体化等多边贸易组织推动了全球贸易和投资的自由化进程,使世界经济联系更加紧密,贸易壁垒降低,企业可接触的市场规模扩大。企业为获得较好的竞争优势,占有市场领先地位,及时掌握和响应消费者的需求变化,而将其价值链上不重要的环节转移给国外更合适的承包商,自己将更多的资金、技术、人力集中投入到最核心的研发或营销环节等。对企业来说,这使得企业能够抢先进入市场,提高企业的灵活性,减少资金占用风险,并能降低生产成本。

20世纪80年代前,国际分工的主要形式是产业间分工和水平型的产业内分工。近年来,垂直型的价值链分工快速发展。关于国际分工现状的概括,学术界的专有名词有垂直专业化分工、产品内分工、要素分工、工序分工等。以上术语究其本质是一致的,都是描述在跨国公司的推动下,特定产品生产过程中不同工序、不同区段、不同零部件在空间上分布到两个或者两个以上的国家,每个国家专业化于价值链特定环节进行生产的现象。价值链是企业在实现商品或服务价值过程中从事的研发、生产、营销、回收以及产品辅助等各项活动的集合。它涉及的过程由原材料采集作为投入开始,直至最终消费和回收处理,期间所有的增值活动都包括在价值链中。联合国工业组织(UNIO)对价值链分工的界定如下:处于价值链上的企业(以跨国公司为旗舰企业)进行着连接商品或服务从上游到下游全过程的价值增值活动,当生产技术的发展使得价值链分割成为可能时,主导企业会将价值链整体分割成为不同区段,只集中精力、发挥优势占据价值链的某一环节,进而获得该环节的市场份额和分工利益,而将其他环节外包出去,通过区位选择布局到不同国家的不同企业完成,从而形成国家间的价值链分工。价值链分工深入到产品内部,是资源配置的优化,比传统的国际分工更有效率。Hummels(2001)概括这种分工的形成条件是:① 一种产品被分解成多个连续的生产环节或阶段;② 由两个或两个以上的国家分别专业化生产某一生产环节或阶段;③ 至少有一个国家使用进口投入品进行生产,并将其生产的部分产品出口到其他国家。价值链分工打破了原有的产品生产在地理空间上不可分割的特性,将完整的生产过程拆解,分散到各国来进行,提高了企业和国家的竞争力。图3-1显示了价值链相关研究的逻辑框架。

3.1.2 全球生产网络内涵和特点

在具体了解什么是全球生产网络之前,首先来认识一下什么是生产链,如图3-2所示,所有生产过程的核心部分都有四个基本步骤,被一系列的交易联系起来,投入被转化为产品,而产品被配送和消费。同时所有这些过程又均是双向的,一方面,原材料、半成品和最终产品沿着一个方向流动;另一方面,信息(消费者需求)和金钱(购买商品和服务)沿着另一个方向流动。并且,这里生产链上的每个单元都依赖于各种各样的技术投入、金融法律和管理协调等职能。可见,生产链上的每一个单元以及它们之间的交易联系,都依赖于许多其他形式的投入(包括服务),以使整个过程得以进行。

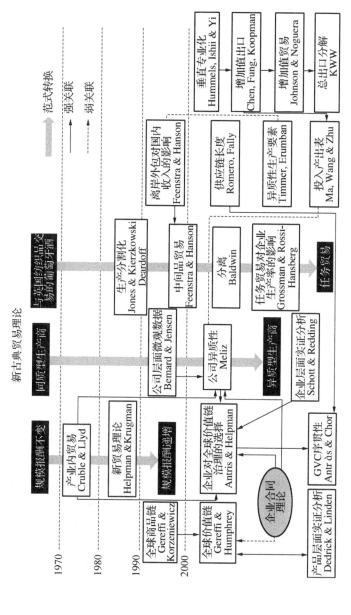

图 3-1 全球价值链分析框架

资料来源：笔者自绘。

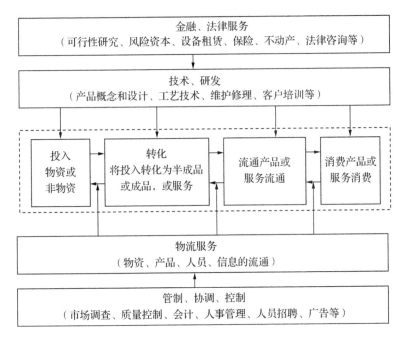

图 3-2 生产链构成情况

资料来源:彼得·迪肯,2007.全球性转变:重塑21世纪的全球经济地图[M].刘卫东,等译.北京:商务印书馆:14.

与生产链相对应的一个重要概念是价值链,这一概念最早由波特[①](2005)提出。他指出,价值链就是一种商品或服务在创造过程中从原材料到最终产品所经历的各个阶段,包括研发设计、生产制造、营运销售等诸多环节,包括所有参与者和生产销售等活动的组织及其价值、利润分配过程。由于这些环节或者活动本质上就是一个个价值创造过程,因此其前后有序的承接关系也就可以用价值链条的形式来表示了。

在当今经济全球化发展背景下,资源开始在全球范围内进行优化配置,商品的生产销售过程被片段化,在空间分布上越来越表现出离散特征。围绕着商品生产销售而形成的跨国生产组织体系,把分布在世界各地不同规模的企业、机构组织在一个一体化的生产网络中,这一网络同样表现出了前后有序承接的关系,其就是全球生产网络(Global Production Network,简称 GPN)。从价值链角度来看,即为全球价值链(Global Value Chains,简称 GVC)[②]。可以认为,从生产链(价值链)再到这里全球生产网络(全球价值链),它们本质上都强调了生产过程的分解(即广义生

---

① 波特,2005.竞争战略[M].陈小悦,译.北京:华夏出版社.
② 全球价值链指在全球范围内组织最佳的价值生产过程,这个巨大的跨国界生产链条连接设计、开发、制造、营销、销售、售后服务等各种增值活动,是价值工程在国际经济关系的体现。

产过程)和价值创造。

另一方面,对全球生产网络概念的理解也可以从跨国公司全球生产体系建立角度来重新认识,即全球生产网络指跨国公司通过在世界各地的生产资源整合,采用投资建厂或业务外包形式,建立起世界范围的工厂或制造飞地。在这一生产体系下,不同生产环节之间产生大量的零部件或中间品贸易,其中大量的零部件或中间品贸易形式体现为国际贸易或离岸贸易,并对所在地的进出口和就业产生重要影响。由于跨国公司的生产规模越来越大,面对的又是全球性的市场竞争,传统的由单一工厂再到单一市场的生产经营活动已经不能完全适应竞争的需要,逐步演变成在全球范围内构筑一个几乎能够渗透世界每一个角落的生产和销售的巨大网络。可见,全球生产网络的产生和发展本质上是跨国公司利用全球规模经济,在多国或多区域实行高度专业化分工,协调形成一体化国际生产,最大限度追求全球资源整合效率的结果。跨国公司从多国分散经营向区域一体化、再向全球一体化经营的战略转变,是全球生产网络形成的微观基础。起初,跨国公司倾向于在多个国家市场上设厂生产,分散在各东道国的子公司大多以当地市场为目标,海外分公司、子公司间的生产并非是专业化分工的,每个公司自成一个利润中心。随着现代技术所带来的跨国协调成本的降低、投资政策壁垒的消除和区域经济集团化的加强,跨国公司开始由地理上分散和不完整的生产体系转向区域性甚至全球性的一体化生产和分销体系。在跨国公司向区域和全球一体化经营体系转变的进程中,参与其中的各国的生产也随之加入到跨国公司的全球生产网络之中。

全球生产网络发展形成了对原有国际分工体系更长远而深刻的影响,使得国际分工体系表现出了更为明显的多层次特征。由于全球生产网络的发展既包含了不同产业之间、同一产业不同产品之间的分工,也包含了相同产品内不同增值环节等多个层次的分工,因而在分工特点上既表现出了一般分工类型的共性,也表现出了一定的个性特征。归纳起来,全球生产网络的发展越来越凸显出以下一些特点:

第一,全球生产网络的发展本质上是一种市场演化现象,在其当前不断向外扩展的过程中,其分工系统内部不同角色控制能力和价值增量的分配方式越来越表现出由市场基本竞争规则决定的特征。全球生产网络发展体系中控制性和支配性越强的环节,一般也是价值链上利润相对较高的环节,占据这些区段的厂商通常会在价值和利润分配上处于更有利的位置。

当然,在全球生产网络发展过程中,不同行业在其所形成的产品内国际分工体系中,供应链控制性较强的环节或者价值链中利润丰度较高的区段,在具体分布形态上还是存在着明显区别的,甚至同一行业内的某些产品生产,随着时间的推移和市场的变化,控制性和支配性较强环节也会发生一定变化。前者如服装产品全球化生产的供应链和价值链中,处于加工环节厂商的控制力很弱,而品牌商、零售商则占据了关键位置;汽车供应链体系中,最终产品品牌商和关键部件供应商具有较大支配力。后一种情况以全球电子产品生产为例,20世纪80年代早期,电子产品市场被少数以最终组装和制造为主的大型跨国公司如IBM、西门子、松下和东芝等所控制,后来随着市场的不断变化,核心组件厂商如英特尔和微软、应用软件供应商如Adobe、纯粹产品定义公司如思科等开始逐渐掌握关键控制力,并获得了相关产品生产利润的大部分。

第二,从空间地理布局上看,全球生产网络发展也越来越表现出离散性和统一性相结合的特点。尽管全球生产网络的发展把生产工序越来越细化、拆分到不同国家或者地区进行,工序的空间分布上具有了离散性;但是生产特定产品的最终目标,又使这一系统在功能协调上具有了整合性。即使生产网络具有离散性,从地理分布上看,也还是表现出了越来越明显的区域性集聚特征。各价值环节的地理集聚使得更多区域性产业集群更容易地纳入全球生产网络体系,成为全球价值链的一个组成部分。而各个区域自身的进一步发展,不仅需要挖掘集群的内部联系,更需要在全球范围内加强与域外的联系,通过改变自身在全球价值链中的位置、提升产品、改变效率或迈入新的相关产业价值链,以此促进区域内集群整体性的不断升级和可持续发展能力提升。

第三,在当前全球生产网络发展过程中,传统比较优势理论和要素禀赋理论仍然适用,但是要素的含义又进一步拓宽。其中,自然资源和劳动力等传统要素的作用趋于减弱,而技术、信息、人才和创新机制等知识要素的作用则趋于增强。可以说,此时的全球生产网络发展及其所体现的国际分工可以是传统所定义的劳动密集型产业、资本密集型产业和技术密集型产业之间的分工,更表现为依据价值链各环节所需要素比重,而定义的同一产品价值链上具有劳动密集、资本密集、技术密集或其他要素密集型性质的各个环节之间的分工。

仍以全球电子产品市场发展为例,依据企业经济活动资金和技术密集程度及其在产品价值链中的相应位置,可分为如下几个层次:第一层次是信息、技术和人才密集型企业,主要集中在美、日、欧中的部分发达国家和地区,这些企业主要从事相关产品的研发、设计和行使管理控制职能。第二层次是资本和技术比较密集型企业,这些企业主要制造各种上、中档次电子部件,如韩国的存储器、中国台湾地区的集成电路、新加坡的硬盘等等。它们一方面和第一层级的美国、日本有着密切的分工合作关系,积极承接来自上层的外包制造活动;同时,鉴于来自上层和同层其他国家、地区的竞争压力和自身沿价值链不断攀升的内在需要,也开始将更多的制造环节向第三层级发展中国家进行再转包。第三层次企业主要提供中等或中低档零部件,承担产品组装等劳动密集型区段和工序活动,在电子产品价值链构成体系中处于最低层次上,如中国部分沿海省份或者城市。

此外，前面已经指出即使是同一行业内的某些产品生产，随着时间的推移和市场的变化，控制性和支配性较强的环节也会发生一定变化。对此，从要素禀赋角度来说，即使同一个产品生产过程，在其动态发展中，所需要的要素禀赋条件和应该具备的比较优势也有所不同。全球电子产业发展历程表明，在最初的产业化阶段，技术在其发展中处于主导地位，而随着时间的推移，技术进入稳定期，对产业价值链的推动作用减弱，此时满足客户不断提高的需求就成为主导动力。

第四，全球生产网络发展的微观基础决定了其自我强化和推进机制会随着时间推移不断显现，厂商间战略性竞争行动为全球生产网络发展注入了持久动力。通常情况下，如果某个企业率先采用外包等生产方式，便能够获得先行者优势，并在市场上占据较为有利的竞争地位。在寡头结构成为很多行业市场形态特点的经济环境中，某个厂商外包策略及其增强竞争力的效果，会在竞争对手企业当中引起反响，使后者不论自身初始认识和偏好如何，也不得不认真考虑采用类似手段加以应对。

第五，从企业具体组织形式来看，全球生产网络的发展既可以通过企业内——包括同属于某个厂商分布在不同国家的附属企业之间的分工来进行，也可以通过分布在不同国家独立厂商之间的合作来完成。其中前一种组织形式即构成了单一企业垂直一体化生产方式，它最早出现在美国，相当长一段时期内，垂直一体化都是美国等西方发达国家重要产业部门的主导性产业组织模式。通过这种方式实现的产品内分工主要有两种形态：一种是通过国外直接投资，把产品某些生产环节转移到国外子公司或附属企业进行生产，而在国内仍保留部分主要工序和区段；另一种是通过并购国外某些企业，形成产品内分工。这两种方式都是母公司通过资产控制手段来协调整个产品的生产过程。

从20世纪80年代中期开始，具有垂直一体化生产组织方式的大公司由于缺乏灵活性和管理控制等方面的缺陷，从而呈现出衰退或解体的特征，随之而兴起的便是网络型分工的垂直一体化，即后一种生产组织形式。这种新型组织模式把原来一体化的上、下游关联产业分拆成一个个完全独立的产销环节，分拆后的产销环节不仅由业务范围单一的专业化公司独立经营，而且更多地依托市场机制进行内部的组织协调。近年来一些国际大公司所采取的经营战略行为，如IBM公司、福特汽车公司等大大提高了经营活动中外包、第三方解决的占比，这些都更清楚地预示着新经济时期外部一体化已经越来越成为提高跨国公司核心能力的有效手段。

3.2 全球生产分割理论

3.2.1 全球生产分割的概念界定

国内外学者从不同的侧重点出发对新型国际分工格局的概念和内涵进行界

定。Dixit 和 Grossman(1982)将产品生产工序在不同国家或地区分开配置的现象称作"多阶段生产"(Multistage Production),每一阶段生产的产品都是下一阶段的中间投入品。与其类似的概念还有"价值链片段化"表示产品价值增值链的分割(Slicing Up the Value Chain)(Krugman,1995)、"生产非一体化"(Disintegration of Production)(Feenstra,1998)等等。Deardorff[①](2001)对此的定义是,完整的生产链被分为两个或两个以上的生产环节或阶段,在时间和空间上分离并根据各阶段的特点和需求匹配分布于不同的区域零散化运作生产(Fragmented Production)。还有一些学者从比较优势和中间品贸易的角度提出了相关概念。比如 Bhagwati 和 Dehejia(1994)在传统比较优势的基础上将生产分割的现象称作"万花筒比较优势"(Kaleidoscope Comparative Advantage),张二震等(2005)定义这种国际分工形式为"要素分工"。从生产经营的主体微观企业的视角看待中间品贸易的创造过程,指出外包(Outsourcing)和转包(Subcontracting)联合经营的形式促成生产全球化(Arndt,1997)。在国际层面,跨国公司垂直一体化的生产联系被定义为"离岸生产"(Offshoring)(Egger and Falkinger,2003;Kirkegaard,2005)、"产品内专业化"(Intra-product Specialization)(卢锋,2004)、"工序分工和任务贸易"(Task Trade)(Grossman 和 Rossi-Hansberg,2008,2012)。

生产分割指的就是特定产品生产过程中不同工序、不同区段、不同零部件在空间上分布到不同国家,而每个国家都专业化于产品生产价值链的特定环节进行生产的现象,其实质是生产布局的区位选择。这些不同名词在含义上既存在相似的部分又存在相互区别的地方,使用上容易产生概念上的混乱,也不利于测度方法和工具的选择,因此清晰的概念界定是建立科学合理指标的前提需要。前述概念或者仅仅停留在生产分割现象的表面对新型分工形式进行描述,或者从分工主体的角度概括生产细化,距离准确反映生产联系和结构的复杂变化还存在一定程度的偏差。而 Fally(2012)以生产阶段数来揭示通过投入产出关系构建的分工联系和深化的现象,生产阶段数越大,表示一国与其他国家的生产联系越强,经济复杂度越高。由于 Fally 的框架是建立在单个国家封闭经济条件下,倪红福等(2016)在此基础上扩展到全球投入产出模型,将全球生产阶段数分解为国内生产阶段数和国际生产阶段数。本书对生产分割的研究主要采用 Fally 和倪红福的界定。

3.2.2 全球生产分割的产生动因

生产分割产生于生产分工的发展进程当中。从国际层面看,生产分工经历了

---

① Deardorff A V, 2001. Fragmentation in simple trade models[J]. The North American Journal of Economics and Finance, 12(2):121-137.

三个阶段：第一个阶段是17世纪开始到第二次世界大战之前，生产的专业化分工初现雏形，形成了建立在完全竞争的条件下专业化于比较优势的产业间分工；第二个阶段是二战以后到20世纪80年代，受到第三次科技革命的影响，国际分工最突出的变化是由产业间专业化转为产业内专业化方向，由传统以自然资源为基础的分工发展到以现代工艺和技术为基础的分工，是建立在不完全竞争条件下、取决于规模经济的产业内分工；第三个阶段则是20世纪90年代以来，在经济全球化趋势的推动下，国际分工进一步细化，由产品层面深入到工序层面。原本只在单个地区的完整的生产过程被分割为连续不同的生产阶段，每一个环节在跨越国界的地区进行专业化生产。这些工序可能配置于相同或邻近的厂商内，也可能配置于不同国家通过非关联企业实现。这就是国际生产分割的雏形，是由比较优势和规模经济共同决定的产品内分工。前两个发展阶段分工对象主要是制成品，在此基础上形成了根据各国要素禀赋生产比较优势产品的产品间贸易；第三个发展阶段分工对象是产品的生产阶段，基于分割生产对应形成的贸易模式是产品内贸易（胡昭玲，2007）。在该模式下，各国（地区）之间进行进出口贸易的对象是依照工序分工生产出来的中间投入产品，或者是某一特定的生产阶段或服务流程中可独立分离出来的部分，而不是过去传统贸易中的最终产品或者整体的产品生产或服务流程。随着产品内分工的迅速发展，工序分工即生产分割是目前国际分工环境中最为突出的分工现象。

已有研究认为，近年来全球网络联系成本和交通运输成本降低，贸易往来的有效性和便利性提升，加上区域一体化的推动使得世界各个国家增进相互之间文化和法律的了解，在全球范围内配置不同的生产阶段变得可行。同时，国际社会致力于消除贸易壁垒，许多国家放松对服务活动管制，鼓励了经济活动更大程度的分散。对此，一些学者对生产分割现象做了理论检验，认为"碎片化"的生产模式主要是由对中间产品多样性的偏好驱动的，他们或者沿着李嘉图模型或者沿着H—O框架集中分析了中间产品在地理上的再分配；另一些学者则强调服务行业中的创新，尤其是运输和通信行业的创新，促进了生产的国际分割。Gorg(2000)在研究美国与欧盟之间的贸易时发现比较优势决定了生产分割在国家之间的分布。Jones和Kierzkowski(2001a)把规模经济、中间产品加入到要素禀赋理论框架之中进行分析，他们认为比较优势差异为生产分割创造了可供选择的地理条件，专业化程度提高和规模报酬递增使得分散化生产有利可图。而这其中的一系列环节通过服务链连接，产生的重要原因是各国之间存在的生产率差异和工资差异。而规模经济的存在降低了各个生产环节之间的协调成本，进一步促进了生产分割向更大的地域范围和更多的产业部门扩张。Feenstra和Hanson(1996)基于要素比例模型、Kohler(2004)基于特定要素也证明了生产分割的决定因素是工资差异。卢锋

(2004)、张纪(2007)和曾铮(2009)的研究既肯定了传统比较优势与规模经济对新型国际分工形式的影响作用,又支持了运输费用和交易成本的降低推动生产分割产生和发展的观点。Yi(2003)认为关税水平是导致国际生产分割发生的重要因素,只有当关税降低到某一水平之下,分割生产所带来的成本和效率优势足以抵销关税和运输成本时,生产分割和加工贸易才有可能发生。林毅夫等(2004)和寇宗来(2004)在探讨生产分散化的动因时提出了一个不同于比较优势的解释,他们认为在需求不确定性的情况下厂商策略性地选择外包。Fujita 和 Thisse(2006)发现跨国公司总部和国外子公司之间的协调成本降低有利于生产分割的形成。国内学者高越、李荣林(2008,2009)在 DS 垄断竞争条件下发现贸易成本越大,产品间替代弹性越大、固定成本越高、生产率越高,跨国公司越倾向于在国外配置生产环节。梁碧波(2011)将国际生产分割看作是一种"帕累托最优",产生动机是企业对成本最小化或利益最大化的追求,除了要素禀赋结构外,生产分割的存在和程度还取决于制度和技术因素。Bridgman[①](2012)指出贸易成本的明显下降导致全球生产分割与相关制造品贸易急剧增长。

总的来说,生产分割是分工细化和深化的产物。分工深入和生产技术的发展,使一部分生产阶段或者环节从一体化的生产链条中逐渐剥离出来,生产阶段的可分割性增强,产品在更大地域空间和更多国家组织进行分割生产,专业化程度得到进一步提高。

全球生产分割在发展过程中呈现出新的特征:第一,在技术创新、自由贸易和资本流动的推动下,生产分割蕴含的技术水平和覆盖的地域范围不断深化扩展(Helg 和 Tajoli,2005;Olsen,2006)。第二,全球生产分割和全球化进程相互交织,相辅相成(Dicken,1992;OECD,2005)。第三,全球生产分割具有宏观经济效应,包括全球生产分割与汇率的关系(Arndt 和 Humer,2005),与国际经济周期协同的关系(Burstein 等,2008),与劳动力市场的关系(Guscina,2007;Egger,2008),与产业结构调整升级的关系(胡昭玲和张咏华,2012;张少军和刘志彪,2013),与产业内贸易、区域经济一体化的关系(Athukorala,2010)等等。

3.2.3 全球生产分割的影响因素

将已有文献关于全球生产分割决定性因素的研究进行整理,可以大致分为三类。

第一类研究是运用李嘉图模型等经典的贸易理论框架,主要从比较优势、规模

---

① Bridgman B, 2012. The rise of vertical specialization trade[J]. Journal of International Economics, 86(1):133-140.

经济与国际分工的关系入手进行研究。无论是逻辑推理、经验研究还是实证分析等研究方法，都验证了传统的贸易发展模式仍然适用于解释当今全球生产分割与产业内贸易。具体而言，影响全球生产分工与国际贸易的诱导因素和基本条件是比较优势和规模经济，两者共同推动生产分割的产生和发展：比较优势为生产过程的分散化创造了转移和替换的场所，要素禀赋差异决定了价值链在不同国家之间的配置，规模经济则进一步强化了这种分工模式，规模报酬递增为专业化生产创造更大的利润空间(Dixit 和 Grossman，1982；Helpman，1984；Jones 和 Kierzkowiski，2001a；Arndt，1997；卢锋，2004；胡昭玲，2007；Baldone 等，2010)。Hanson 等(2005)通过对美国跨国公司外包业务的考察分析，发现影响母公司与子公司内部中间品贸易额大小的因素是要素价格，即垂直专门化程度的高低取决于要素禀赋的差异及贸易成本。田文(2005)认为企业生产的国际分割以及国际垂直专业化的发展趋势，催生了中间品贸易现象，他在李嘉图模型的框架内加入中间投入品贸易，发现新型国际分工的模式由中间品价格决定，而中间品价格由比较优势决定。曾铮和张亚斌(2005)在研究不同国家在价值链中的嵌入地位时，证明了全球价值链构建的基础是由要素投入和比较优势组合连接起来的价值链环节，要素结构和分工迂回度的变化影响着一个国家在生产分割中的定位。作为最大的发展中国家，中国以比较优势切入全球生产分割格局，在全球分工格局中承担进口中间投入品并加工装配成最终产品，然后出口最终产品，这种分工结构有助于提高我国在价值链中的地位。徐康宁和王剑[①](2006)研究表明要素禀赋和地理因素二者共同决定新兴国际分工形式，并且其对国际生产分割的影响是交替变化的，近年来要素禀赋的作用力下降，而地理因素的作用力有所上升。张英涛(2016)在 Grossman 和 Helpman 两阶段谈判模型的基础上构建生产分割合作伙伴的搜寻模型，研究维系国家间进行生产分割合作的决定因素，结论是比较优势的契合是根本上影响两国生产分割联系的重要因素，技术差距总体上促进了国家间生产分割联系，而适度的技术差距的促进作用更为显著。

第二类研究从新贸易理论框架的视角，将交易成本和制度因素看作是国际生产分割与产业内贸易产生的基础。Arndt(1997)研究国际外包和转包的经济活动中的贸易协定，对国家之间的优惠政策影响对外投资和中间品贸易问题进行分析时指出，这些优惠政策能够有效消除某些贸易壁垒，达到降低国际分工与贸易的交易成本的目的，从而推动国际生产分割与贸易的发展。国际垂直专业化分工的迅速发展，总的来说，与制度、技术、交易成本和新兴市场等方面的因素都有直接关系，发现电信通讯部门对国际垂直专业化分工的方向和程度具有重要的影响(刘志

---

① 徐康宁,王剑,2006.要素禀赋、地理因素与新国际分工[J].中国社会科学(6):65-77.

彪,2001)。Antràs(2003)将不完全契约理论引入 Melitz 模型,发现产业转移对象国的契约环境对跨国企业生产组织模式的选择具有重要影响。Yi(2003)在研究国际贸易规模扩张与生产分割之间的关系时,发现生产分割的出现突出了关税等贸易壁垒削减和运输成本下降的作用,而交易成本的降低为国际贸易的深化提供可能性,是促使分工发展的动力。Acemoglu 等(2007)在不完全契约条件下研究表明,好的契约环境将转化为该国的比较优势,影响该国企业和供应商之间的技术溢出。Feenstra 和 Homsir(2007)的研究除了要素禀赋之外,还关注了贸易成本的作用,各价值链环节在国家间的配置是由各国贸易成本、要素禀赋、各价值链环节的要素密集度等因素共同决定的。Feenstra 和 Hanson(2010)研究了中国香港的转口贸易影响中国加工贸易的作用机制,通过转口中介,有助于降低交易双方参与国际分工与贸易的风险和不确定性,而随着加工贸易的发展和规模的扩大,起重要助推作用的因素是贸易壁垒、运输成本、汇率和税收制度等因素。随着经济全球化与投资一体化的发展,世界各国的经济贸易由引领国际分工发展风向的跨国公司紧密地组织、联系在一起,科技革命、经济贸易自由化和产品内分工是跨国公司开展外包业务的根本原因(张玉珂等,2006),影响经济技术和分工贸易的各种因素都是外包活动的动力因素。国内和外商投资资本、人均国内生产总值、全社会就业人数等经济环境因素和国际市场开放程度、国际运输和通信成本是国际工序分割和中间产品贸易迅速发展的主要原因(王爱虎和钟雨晨,2006;张纪,2007)。曾铮和熊晓玲(2008)运用"零散化"离岸生产成本模型研究美国的离岸外包行为时,发现影响跨国公司外包决策的主要因素是要素成本和外包交易成本。高越和李荣林(2008)将生产分割内生化,认为贸易成本、产品间的替代弹性等因素决定一国在产业链中所处的位置。高越等(2015)研究认为,如果产品的生产环节可以任意分割,跨国公司进行关于价值链环节在东道国的配置和产出质量水平的决策时,需要权衡比较优势、运输成本和质量生产成本这三者影响因素。尹宗成和刘文(2015)则研究发现金融发展水平显著促进国际生产分割,金融发展效率较之金融发展规模更能推动生产分割水平的提升。倪红福等(2016)在实证研究 20 个国家全球生产分割及其解构的影响因素时,发现研发强度、资本密集程度、经济(人口)规模显著促进整体生产分割长度,而金融发展水平不利于整体生产分割。

第三类研究由宏观视角转向微观化,主要分析企业生产组织形式和外包业务的选择。Grossman 和 Helpman(2003,2004)在不完全契约的假设前提下研究企业外包生产或者对外直接投资的选择问题,结果显示企业决策主要取决于各方相互的博弈,包括外包活动相关的合作商之间能否达成一致缔结合约、投资国与东道国工资水平的差异和各国产业相对规模大小等影响因素。Antràs 和 Helpman(2004)引入 Melitz 模型考查了部门生产率异质性对企业全球化决策的影响。根据该模型的预测,全球化活动的不同进入成本,会影响具有不同生产率的企业对全球化模式的选择。其中,生产率最高的企业选择外商直接投资,生产率次之的企业选择进行独立企业间的离岸外包,如此类推,生产率最低的企业选择仅参与国内采购。Caballero 等[①](2007)深入研究了外包行为的影响因素,指出跨国公司自身能力决定其选择内包、离岸外包还是对外直接投资,这里的能力具体是指跨国公司治理结构中的组织方式或者委托形式以及进行改善的能力;此外,接受外包的国家的接包能力也直接影响着外包地的选择,该接包能力包括信息科技的发展带来通信费用的降低进而降低生产要素成本等各个方面。高越和李荣林(2009)将异质性企业与内生国际生产分割结合起来研究发现,跨国公司参与国际市场的模式和生产率的差异相关,生产率较高的企业倾向于在国外配置生产环节,并且生产率水平越高,在东道国配置的价值链环节也越多。Antràs 和 Chor(2013)以及 Alfaro 等(2015)引入了另一个维度的分析,考虑价值链的关键属性——生产阶段的技术排序,将有序化的生产位置引入产权模型中,研究了在序贯生产中企业的生产组织决策,发现对于价值链生产过程中的每一个环节,企业做出外包或者自行生产的决策主要取决于购买者的需求弹性和中间投入品的可替代性,如果前者大于后者,企业就会更倾向于在其上游实行外包,而对下游产业实施一体化。为了从一系列交易中优化其收益,主导企业应根据其供应商位于上游还是下游来选择其治理形式。

总体来说,已有研究对于国际分工模式从理论层面到实证分析已经取得一定的认识和成果,但在以下方面还存在进一步拓展的空间:第一,大多数研究将生产分割视为前提条件,在生产分割的背景下研究价值链演进、贸易发展和产业结构升级等宏观经济效应,缺乏对全球生产分割的专门性研究,尤其是从整体分布和区域层面考察生产分割的情况,这方面的研究较少;第二,关于生产分割决定性因素的研究角度单一化、平面化,该问题基本停留在对于某一因素单独的分析,影响生产分割发展因素的综合性考察显得更为欠缺;第三,国内外的文献对国际生产分割与国内生产分割互动关系的研究非常少,更多学者专注于研究国际生产分割,忽视了国内生产分割的作用;第四,由于主导全球分工与贸易发展的跨国公司主要来自发达国家,所以有关生产分割的研究对象也主要集中在发达国家。从发展中国家,特别是中国的角度,通过生产分割研究产业转型、价值转移和升级以及新型开放等相关的主题有待丰富和完善,这为中国学者提供了研究的方向和问题。例如,面临发展中国家在全球价值链中"低端锁定"的现状,如何利用生产分割寻找或培育新的比较优势,促进价值链不同层级之间的交流合作,缩小技术差距。

---

① Caballero R J, Antràs P, 2007. Trade and capital flows: A financial frictions perspective[J]. Scholarly Articles, 117(4):701-744.

3.3 全球生产分割的演变机理

3.3.1 生产过程的分散化机制

根据 Jones 和 Kierzkowski(1990)论证,工业化发展的过程伴随着专业化生产和劳动力分工的发展。由于生产规模和范围的不断扩张,劳动力进一步分工的替代技术出现,产品的生产可以被分解为不同的环节和工序,并且这些环节和工序由各种生产要素组合完成。随着各种生产环节逐渐实现独立和分离,基于产业价值链的分割生产使得生产效率提高,同等投入下产出水平比原来上升,进一步倒逼分工深化,生产分割现象不断增加。

对企业来说,是否采用分割生产的形式,选择生产分割能否降低成本扩大收益,取决于特定条件和因素。为了研究影响企业生产决策、生产活动分节化程度和形式的因素,本书借用 Jones 和 Kierzkowski 的外包模型进行说明。首先,设定背景是某个企业采用的生产形式是价值链分割,其中只有两个生产环节从价值链中分离出来。该企业选择分别将这两个环节分配在比较优势更为明显的地区 1 和地区 2,由他们完成生产并将最终产品汇集在地区 3 进行整合。其次,模型必须符合如下条件:① 产业价值链的不同环节所需的要素投入比例不相同;② 不同地区拥有不同的要素禀赋。

图 3-3 说明了拥有规模收益递增生产技术的企业产出水平(市场规模)与总生产成本之间的关系。L_1 表示"传统方法"的成本线,所有生产阶段都集中在一个地区,即地区内一体化生产形式。其中,c_1 为固定投资,斜率表示可变成本。当技术进步使得生产分割成为可能时,基于价值链的专业化生产得以实现。考虑要素禀赋的差异,产品可分割的生产环节由更具有比较优势的地区完成。例如外包给国内合作伙伴时,成本曲线从 L_1 移动到 L_2 所示,会发生两个变化:第一,成本曲线变得更平缓,图中表现为分割生产的成本线斜率 L_2 小于传统一体化生产的成本线 L_1,这是由于分割生产使得可变成本降低,表明分工带来了生产率的提高;第二,曲线与纵轴截距向上移动,是因为生产分割的实现需要在两地进行一定的固定投资(比如买卖土地、建设工厂等),同时,不同地点的生产单位之间需要协调配置,因此分割生产的固定成本高于单一生产地的固定成本,图中显示为从 c_1 增加到 c_2。从图中可以看出,当市场规模低于 q_1,地区内一体化生产的成本比分割生产的成本低,企业不会选择分割生产。但在产出水平达到 q_1 情况之后,企业的最优决策是从单一地区一体化生产转向分割生产和外包。根据 L_1 和 L_2 代表的生产情况,可以得出这样的结论:市场规模影响企业关于是否做出分割生产的决策,当市场规模

超过一定水平时,企业应当合理利用要素禀赋理论,选择合适的地区进行外包生产,达到降低成本、提高整体竞争力的目的。

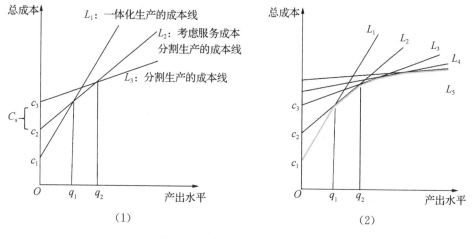

图3-3 外包决策的最优形式

资料来源:根据Jones和Kierzkowski(1990)绘制。

考虑到生产分割的展开需要增加协调成本,用于发展仓储、运输、通信等生产性服务来连接不同地区的片段化生产,模型中引入表示生产分割带来的额外服务成本C_s。在这样的情况下,分割生产的成本线L_2将向上移动C_s单位至L_3。L_3较之L_2的截距多出来的部分是C_s。相比之下,分割生产降低成本的前提条件是产出水平从q_1上升到q_2。当市场规模超过q_2时,分割生产的总成本相较一体化生产要低。这些特征由L_3表示,则为生产率提高的较平坦的斜率和额外固定成本上升的(从c_2到c_3)更高截距。那么在产出水平为q_2时生产的最优形式将从国内外包转为跨境外包(即离岸外包)。根据L_2和L_3代表的生产情况,可以得出这样的结论:分割生产决策受到服务成本的约束。当服务成本下降时,将有利于生产分割的发展,同时也促进企业总生产成本的降低,扩大利润空间。

当外包方案选择扩大到包含国际环境时,另外两个方面进一步得到考虑。① 生产要素成本在国家之间被认为比在一个国家内更具差异性,因此,根据比较优势,跨国界进行外包时,生产率将会上升得更多。② 连接位于不同国家的生产单位比位于同一国家的生产单位的成本更高。国际物流一般较贵,而且还有进口关税和其他用于清关的各种费用。另外,协调具有不同语言、法律制度和商业伦理的不同国家的生产单位也会产生不容忽视的沟通成本。

更进一步,可以考虑多个国家参与生产过程(L_3,L_4,…)的情况。我们可以为各种外包选项绘制不同的成本线,如图3-3(2)所示,阴影边界定义了每个产出水平下的最优生产组织形式。该模型对全球生产安排的意义是三方面的,假定其他条件不变,在以下情况下生产过程将更容易出现国际层面的分节化:① 目标市场规模较大,因此有更大空间来吸纳由更有效率的跨境劳动分工所带来的商品供给的增加;② 连接位于不同国家生产活动的费用较低;③ 参与生产网络的国家在要素成本方面更有差异,因此离岸外包企业有更好的机会利用比较优势。由此可知,成本因素是企业进行生产决策的重要因素。是否选择生产分割将一部分生产环节外包出去主要取决于生产技术、市场规模和服务成本。当今世界随着区域经济一体化的发展,企业面临的市场越来越广阔,科学技术的进步帮助企业降低服务成本,这些都使得企业具有分割生产、选择外包的诉求,生产分割在全球范围内得到发展。

3.3.2 功能分离与空间分离

可以借鉴 Romero(2011)的研究用来分析生产分割演变的内在机理,主要遵循功能和空间分离的思路。首先,从功能(组织)的角度,生产过程被看成是一系列功能的组合,将各项生产要素投入(劳动、资本、技术、原材料、能源、中间投入等)经过不同环节加工转化为最终产品。对企业来说,生产过程可以看作是由内部交易连接组合而成的一系列功能整体,包括研发设计、生产加工、运营销售等功能。如果企业将部分功能外包给其他企业个体,意味着之前在单一企业独立完成的功能,现在分布在多个企业,并通过投入产出联系进行交易,最终完成产品功能的整合,这就是产生了功能分离。功能分离主要受到技术水平的影响。随着生产技术日新月异地发展,产品生产线上的功能要求不断精细化、标准化和模块化,使得越来越多的生产阶段或任务或功能可以剥离出来成为独立的一部分。除了技术水平的影响之外,功能分离的实现还受到其他因素的影响,包括交易成本、协调成本和政策体制等。典型的例子是,中国在过去计划经济体制下,企业内部的许多功能原本在技术上是存在进行功能分离的可能性的,但是由于"大一统"体制的原因,这些可分离的功能被内部化,不仅增加了企业成本,而且也降低了生产效率。空间分离是指生产过程中可分离的功能集合分布在国内或者国外的不同地域,即功能集合在空间布局上的优化选择。如果这些功能仅仅分布在一个国家内部,则称为国内生产分割或者国内外包;如果功能跨越国界分布在不同国家(地区),则称为国际生产分割或者国际外包。由此可见,功能分离是空间分离的前提,只有先产生生产过程的功能分离,才会出现空间分离。一般而言,空间分离的影响因素主要是交易成本。这是因为功能集合发生空间分离后需要通过服务来建立联系、协调各方,例如运输服务、保险服务、信息通讯、管理和质量控制等。而贸易自由化的发展和交通通信技术的进步在很大程度上加速了空间分离。贸易自由化降低了关税成本、外商投资成本以及不同功能集合之间的联系成本。运输和信息技术的发展降低了配套的服务成本。因此,交易成本的降低促使跨国公司重新考虑生产功能集合的空间分布,在更广阔的空间范围重新分配生产。比如美国把原来配置在本国的工厂向发展中国家转移,寻求更低的总生产成本。在这样的情况下,国际生产分割代替了国内生产分割,美国的生产过程本质上没有发生新的更多的功能分离,只是改变了空间分布,也就是说全球生产分割长度不会变化。鉴于此,从功能分离和空间分离的两个维度,表3-1将企业生产分割模式分类呈现出来。

表3-1 生产分割的模式框架

类型		空间维度	
		国内(区域内)空间分布	国际(区域间)空间分布
功能维度	功能集中	类型一:垂直一体化的大型企业	该类型生产分割一般不存在
	功能分离	类型二:以大型企业为中心,外围分布国内(区域内)的中小型企业(工厂),即国内(区域内)生产分割	类型三:以跨国公司为中心,中小型企业(工厂)分布在全球各地,即全球生产分割

资料来源:根据倪红福(2016)的研究绘制。

除了从企业层面上分析生产分割的演变,还可以从部门(行业)层面分析部门间的生产分割联系。图3-4呈现了三种生产分割模式演变的具体影响。如果企业发生了功能分离,从垂直一体化的模式(类型一)走向国内外包(类型二)或国际外包(类型三),企业所在的投入产出部门(行业)的全球生产分割长度将会变长,直接表现为投入产出表中对角线上的元素变小,但国内生产分割和国际生产分割长度的变化有所差异。具体来说,如果企业从类型一向类型二转移,那么其国内生产分割长度变长,但国际生产分割长度变化不大。如果企业从类型一向类型三转移,那么其国际生产分割长度变长,国内生产分割长度变化不大。如果企业从类型一同时转向类型二和类型三,则部门(行业)的全球生产分割长度变长,生产结构复杂度提高,同时,国内生产分割长度和国际生产分割长度一致增加,国内和国际的技术复杂度提高。最后,如果企业从类型二向类型三转移,那么其全球生产分割长度基本不变,国内生产分割长度变短,而国际生产分割长度变长。这样的情形在现实中体现为近阶段发达国家向发展中国家的产业转移,造成的结果是国内生产结构复杂度降低而国际生产结构复杂度提高,国内产业空心化。比如美国的大型企业为了降低生产成本,重新进行部门(行业)的空间布局,将一部分生产阶段从国内高成本地区转向中国、印度等成本低廉的国家完成。由于美国自身产业技术水平相当发达,企业可进行功能分离的环节相对较少,因此,美国生产分割长度的变化趋势很可能是:全球生产分割长度基本保持不变甚至有所减少,国内生产分割长度可能下降而国际生产分割长度上升,国内生产分割和国际生产分割呈现出替代效应。

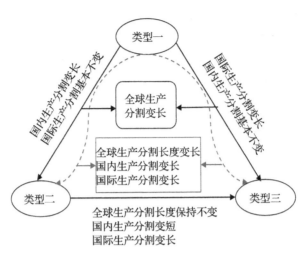

图 3-4 生产分割模式的演变关系

资料来源：根据倪红福（2016）笔者绘制。

生产分割具有丰富的经济内涵。从表层来看，它反映了生产链条包含的中间环节的数量，体现出企业之间的生产联系和生产结构复杂程度。从国家层面来看，生产分割长度的变化与产业结构变迁息息相关。企业在发展过程中根据外部形势和行业环境的变化做出的不同战略和选择，影响着一个国家和其产业的生产链长度，并在全球价值链中呈现出不同的生产分割演进路径，见表 3-2 所示。在全球价值链分工生产网络中，企业可选择的路径有：同时嵌入并延长国内和国际价值链、从国内价值链向国际价值链转移、从国际价值链回归至国内价值链、同时缩短国内和国际价值链等。对于中国来说，中国企业具备功能分离的巨大潜力，这种功能分离一方面可以增加国内企业之间的联系，提升国内产业结构复杂度，另一方面产业链向外延伸，积极融入全球价值链，自身与国际企业间的生产联系也会增强，产业的国际生产分割长度也会加长。中国产业的全球生产分割长度、国内生产分割长度和国际生产分割长度都会变长，即中国产业最可能沿路径一演进。

产业转移发生的背景是市场需求环境或者要素禀赋结构改变，原本在某个国家（地区）的产业受其影响向其他国家（地区）进行迁移的经济现象。产业转移的理论依据是比较优势理论和产业集聚理论，具体包含两方面：一是结合国际贸易理论和对外投资理论形成的基于比较优势的产业转移理论，如雁行形态理论、产品生命周期理论、国际生产折中理论等；二是古典区位理论和新经济地理理论。在比较优势理论的分析框架下，产业布局在由要素禀赋决定的具有比较优势的地区。比较优势改变会引起产业转移和重新布局。不同于比较优势理论突出外生要素禀赋的重要性，产业集聚理论强调市场规模、产业关联等对产业转移的作用。如果同类企业通过迁移在某个区域出现集聚的趋势,由于集聚效应释放的竞争优势,产业转移将会伴随时间推进发生。该理论内生化经济活动的空间结构,认为随着产业集聚的演进,产业转移的方向会沿着集聚区位从中心到边缘。实质上,产业转移是企业在发展过程中根据外部形势和行业环境的变化做出的区位选择,通过在承接区域与承接企业进行生产要素和资源的整合匹配,强化产业关联效应,逐渐在承接地区形成新的集聚经济的过程。

表3-2 生产分割长度的演进路径分析

演进路径	主要特征	国内生产分割长度	国际生产分割长度	全球生产分割长度
路径一:同时嵌入国内和全球价值链	嵌入全球生产网络使得国内和国际产业链同时延长,产业分工深化,国内外包与国际外包呈现互补效应。具体的嵌入机制是跨国公司在全球范围内进行功能布局和空间布局,每个企业专业化从事某一个特定的生产环节或功能	变长	变长	变长
路径二:产业链向国外转移	国内生产结构的复杂度降低,国际和国内外包呈替代效应,国际生产代替国内生产,国内产业出现空心化。整体生产链长度变化不确定,变化方向取决于国内和国际生产链变化的幅度	变短	变长	不能确定
路径三:产业链向国内回流	生产过程没有发生功能分离,只有空间分离。生产链向国内转移,国际生产链变短。国内和国际分工出现替代效应,全球生产链变化取决于国内和国际生产链变化的幅度	变长	变短	不能确定
路径四:同时缩短国内和国际产业链	企业兼并收购其上下游企业,功能布局和空间布局同时减少。产业在国内和国外的分工程度降低,生产复杂程度降低,产业的国内联系和国外联系均下降。国际和国内外包呈互补效应。出现功能合并与逆全球化	变短	变短	变短

资料来源:笔者绘制。

根据产业转移的程度或者产业承接地是否具备独立完成该生产过程的能力,产业转移可以分为完全转移和不完全转移。产业的完全转移发生在要素密集度发生变化时,原生产地失去比较优势,从而相关企业寻求具有比较优势的新地区。由于众多相互关联的企业逐渐迁移在新地区形成集聚,产业空间布局根本改变。产业的完全转移伴随着国家性或地区性产业链条的整体转移,而非单独转移价值链上的某个环节或者某个企业。因此,产业承接地独立完成生产销售的全过程。不完全产业转移是企业建立在价值链分工基础上的分割生产的行为。价值链分割产生于分工深化,一条完整的价值链被片段化,一些生产环节逐渐独立,从一体化的生产过程中剥离出来离散地分布于世界各地。科技革新简化了大多数产品的生产流程和管理方案,价值链上可分割的环节越来越多。价值链上各个环节对要素密集度的需求存在差异,每个地区依据自身的初始要素禀赋,选择具有区位成本优势的环节进行生产,比如劳动力相对丰裕的地区根据比较优势原则匹配的是需要大量操作工的加工装配环节。价值链分割生产使得企业不需要采用传统的垂直一体化的方式去完成整个价值链的生产,只需要在其中某一个环节找到自己的定位和优势,进而专业化生产以获取该环节的分工利益和市场份额。其他环节将通过比较优势下的区位选择,分割到不同国家不同企业进行生产,各个环节的生产活动实际上发生了空间分离。在价值链分割的模式下,被分离出来的生产环节在一个地区聚集时,就发生了产业的不完全转移。与产业完全转移不同的是,产业不完全转移的对象仅仅是价值链上的部分环节,不是整个价值链。在此基础上,企业只专业化某一环节或者只提供某个关键零部件即可,甚至可以不生产任何产品,只要占据产业价值链上下游的位置,典型的例子比如耐克公司自己保留设计和销售环节,生产加工由中国、印尼等国家负责。因此,承接地只是负责转移过来的这些环节的生产。随着科学技术的发展和贸易成本的降低,跨国公司借助对外投资、外包等方式,将连续的价值链条分割为诸多片段,在空间上离散于不同的国家,引起了产业价值链上某些环节在地区之间的转移。产业不完全转移使得跨国公司实现了价值链上游至下游不同环节在地域空间上的分离。20世纪80年代后期至今,发达国家跨国公司为追求利润的最大化和赢得国际竞争力,纷纷以国际化的眼光调整并且部署全球战略,将价值链上劳动密集型的低附加值工序或者环节转移到发展中国家。这些经济活动带来了外包业务的大幅增加和产业内贸易的快速发展,形成了以价值链分割为基础、不完全转移为特点的第三次国际产业转移。

改革开放以来,我国东部沿海地区积极承接产业不完全转移,负责国际化产品的生产制造环节,积极嵌入相关产业的全球价值链体系,成为新一轮国际产业转移受益最大的国家之一。然而,在产业不完全转移背景下,承接地只是承接了来自发达国家产业价值链中低端环节,长期位于"微笑曲线"低端,再加上要素价格上涨和资源环境的压力,难以自动实现价值链的升级。如何突破发展中国家对"低端环节"的路径依赖,改善国际分工地位,推进企业向价值链两端攀升,是承接地需要思考和解决的问题。以产业转移的一种具体形式——产业集群转移为例,Kaplinsky和Morris研究指出,生产低附加值环节的集群企业通过加大对技术、质量与交易的控制,更有效地制造产品(同一产品、同一生产环节),制造更复杂的产品(不同产品、同一生产环节),以及向新的高附加值的生产环节转移(不同产品、同一产业链高端环节或新产业链),从而提升价值获取的能力,最终实现集群价值链整体升级。伴随着集群企业的升级过程,原有的低附加值环节与高附加值环节的生产活动相分割,需要被转移到新的区域。这些被剥离转移的环节或者分散于其他地方,或者以抱团迁徙的方式在新的地区集聚,即发生了产业集群的不完全转移。可见,产业集群的不完全转移过程与价值链升级过程相伴相生,它包含两个同时发生的子过程,即低附加值环节的异地转移和高附加值环节的本地升级。产业集群不完全转移过程关系到新旧两个产业集群,而集群升级主要指旧集群在不完全转移过程中,由于原有的高附加值环节得到保留与巩固,产生虹吸效应,吸引众多同类相关、上下游配套合作的企业入驻。依托生产环节的分割剥离,产业集群升级遵循从工艺流程升级到产品升级,再到产业功能升级,最后收敛于链条升级的路径。但该条路径并非是一个顺序的过程,生产分割下产业升级具有多样性,可以是多种方式混合升级。概括来说,集群在价值链上的升级途径主要有两种:"渐进式"升级和"跨越式"升级。如图3-5所示,原集群A可以根据外部环境和自身发展状况"相机选择",沿着链条向高端环节逐渐攀升,可以采取从集群A→A1→A2,或者A→A3→A4的渐进式升级;也可以通过突破性的创新和变革,直接嵌入价值链的高附加值环节,实现从集群A→A2或A→A3的跨越式升级。在这两种升级途径中都有可能出现老集群的不完全转移。原集群A在不完全转移过程中分裂成为A、B两个集群,通过"渐进式"或"跨越式"升级途径,原集群A实现了在价值链上的升级,集群B则是原集群A中低端环节与承接地产业相结合而形成的新集群现象。由于集群B是因承接集群A的转移而形成的,因此其主要的价值链环节是集群A中原有的低端环节,新集群B与集群A原本所处的价值链环节基本一致,依然处于价值链上的低端。

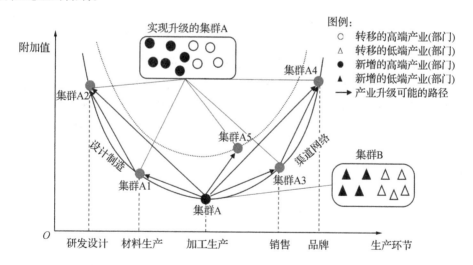

图3-5　基于集群不完全转移的价值链升级途径

资料来源:根据胡汉辉(2013)的研究绘制。

4 全球价值链分工的演变格局与规律：国别角度考察

4.1 价值链分工测度与解构

4.1.1 生产分割的解构

在封闭经济下，Fally(2012)首次将一个国家或者区域的生产分割长度定义为在某个产品的序贯生产中，参与工厂数量的加权总和，该指标可以反映参与某个产品完整生产过程的平均生产阶段数。生产分割长度的严格表达式为：

$$N_i = 1 + \sum_j a_{ij} N_j \tag{4-1}$$

其中，a_{ij}是直接消耗系数矩阵里的某个系数值，其意味着生产1单位产品i需要消耗a_{ij}单位中间投入品j。

显然，假如产品i的生产过程不存在任何形式的中间投入j，那么产品i的生产阶段数就为1。当然，对于更一般情形，产品i的生产阶段数因为由中间投入环节的多少和中间产品本身的生产阶段数共同决定，因而产品i的实际生产阶段数会大于1。国内学者倪红福(2016)在Fally(2012)所构建生产分割测度基础上，将该指标进一步扩展到多国、多区域情形。特别的，研究根据全球投入—产出模型，将全球生产分割长度进一步分解为国内和国际生产分割长度两个部分。具体而言，假定在一个由I个国家、K个行业组成的全球投入—产出生产体系，任何一个国家i、部门k的总生产分割长度为：

$$L_k^i = 1 + \sum_{j,l} \alpha_{lk}^{ji} L_l^j \tag{4-2}$$

其中，L_k^i测度的是i国k产品总生产分割长度，即该产品的生产过程所经历的全部生产环节；α_{lk}^{ji}意味着生产1单位价值的i国k产品需要投入j国α_{lk}^{ji}单位价值的产品l。

显然，如果产品生产过程中没有任何中间品投入，则该产品的生产阶段数为

1；然而，如果生产过程中投入了大量进口中间品，则生产阶段数大小由单位价值产品消耗的中间品数量α^{ii}_{hk}以及使用的中间产品自身的生产阶段数量L^i_j共同决定，生产阶段数就会大于1。

式(4-2)的矩阵形式表达为：$\boldsymbol{L}=\boldsymbol{U}+\boldsymbol{A}^{\mathrm{T}}\boldsymbol{L}$。其中$\boldsymbol{L}$、$\boldsymbol{U}$和$\boldsymbol{A}$分别代表全球生产阶段数列向量、单位列向量和中间品投入—产出关系矩阵，T表示矩阵转置。将其移项并改写为包含Leontief逆矩阵的表达式：

$$\boldsymbol{L}=\boldsymbol{U}(\boldsymbol{I}-\boldsymbol{A})^{-1}=\boldsymbol{U}\boldsymbol{B} \qquad (4-3)$$

其中，$\boldsymbol{I}$为相应维数的单位矩阵，$\boldsymbol{B}=(\boldsymbol{I}-\boldsymbol{A})^{-1}$为Leontief逆矩阵。采用矩阵分解方法，将$\boldsymbol{L}$表示为包含$i$国的分块矩阵：

$$\boldsymbol{L}=\begin{pmatrix} B^{11} & \cdots & B^{i1} \\ \vdots & & \vdots \\ B^{1i} & \cdots & B^{ii} \end{pmatrix}_{i\times i}\begin{pmatrix} u \\ \vdots \\ u \end{pmatrix}_{i\times 1} \qquad (4-4)$$

$$\boldsymbol{L}^i=[B^{1i}\cdots B^{ki}]_{1\times i}\begin{pmatrix} u \\ \vdots \\ u \end{pmatrix}_{i\times 1}=(B^{ii}-G^{ii}+G^{ii})u+\sum_{j\neq i}B^{ji}u \qquad (4-5)$$

$$=G^{ii}u+(B^{ii}-G^{ii})u+\sum_{j\neq i}B^{ji}u$$

若$i=2$，以分块矩阵形式表示如下：

$$\begin{bmatrix} \boldsymbol{I}_{2\times 2}-\boldsymbol{A}^{11} & -\boldsymbol{A}^{11} \\ -\boldsymbol{A}^{21} & \boldsymbol{I}_{2\times 2}-\boldsymbol{A}^{22} \end{bmatrix}\begin{bmatrix} B^{11} & B^{12} \\ B^{21} & B^{22} \end{bmatrix}=\begin{bmatrix} \boldsymbol{I}_{2\times 2} & 0 \\ 0 & \boldsymbol{I}_{2\times 2} \end{bmatrix} \qquad (4-6)$$

根据分块矩阵乘法法则，两边同时乘以逆矩阵$\boldsymbol{G}^{ii}=(\boldsymbol{I}_{2\times 2}-\boldsymbol{A}^{ii})^{-1}$，可得：

$$B^{11}-G^{11}A^{12}B^{21}=G^{11} \qquad (4-7)$$

$$-G^{22}A^{21}B^{12}+B^{22}=G^{22} \qquad (4-8)$$

推广到n个国家可以得到$B^{ii}-G^{ii}=\sum_{j\neq i}G^{ii}A^{ij}B^{ji}$，将其代入式(4-5)，可得：

$$\boldsymbol{L}^i=G^{ii}u+\sum_{j\neq i}G^{ii}A^{ij}B^{ji}u+\sum_{j\neq i}B^{ji}u \qquad (4-9)$$

$\boldsymbol{L}^i$为i国隐含的全球生产阶段数，$\boldsymbol{G}^{ii}=(\boldsymbol{I}-\boldsymbol{A}^{ii})^{-1}$，代表$i$国的局部Leontief逆矩阵。$G^{ii}u$是封闭条件下的一国国内生产阶段数。在全球投入产出的框架下，这意味着i国产品的生产全部在该国区域内完成，没有与国外进行贸易往来，i国总产出的增加是由最终需求生产引起的。B^{ji}表示的是1单位i国最终产品生产的增加带来j国产品产出的增加数量。A^{ij}是j国单位产品的生产需要进口i国的中间投入产品数量。$A^{ij}B^{ji}$表示j国的生产对i国中间投入产品的需求，$G^{ii}A^{ij}B^{ji}$表示这部分中间产品的出口所带来i区域的产出增加。该项主要反映了中间产品国际贸易的影响机制，所以可将其归为区际生产阶段数。$\sum_{j\neq i}G^{ii}A^{ij}B^{ji}u$测度了所有

国外产品生产对 i 国中间产品需求引致的 i 国生产阶段数增加；$\sum_{j\neq i} B^{ji}u$ 测度了 i 国生产最终品对国外中间品需求引致的 i 国生产阶段数增加。后两项均是 i 国与其他国家的贸易往来，因而可以用这两项的和来测度国际生产分割。在测算出产品生产阶段数 L^i 之后，国家（地区）整体的生产阶段数就表示为产品生产阶段数 L^i 的加权平均，权重为产品最终需求份额。

4.1.2 增加值平均传递步长测度

Dietzenbacher 等（2005）首次提出平均传递步长（APL）这一概念。此后，传统平均传递步长被广泛应用于分析全球生产的分割长度、全球价值链的复杂程度和产业部门在全球价值链中的位置等。根据 Dietzenbacher 的定义，两个产业部门 i 与 j 之间的平均传递步长是指生产 1 单位最终产品的产业部门 j 对 i 产生影响需要历经的平均阶段数。平均传递步长（APL）是研究价值链的重要工具，从长度这一维度来衡量产业间的联系。APL 及其相关指标在实证研究中得到大量应用，如测算生产复杂度和上游度等。本书以增加值的传递视角，从产业部门对产业部门、产业部门对产业部门组合、产业部门组合对产业部门、产业部门组合对产业部门组合四个角度定义增加值平均传递步长。同时，本书的增加值平均传递步长基本把既有测度全球价值链位置（或距离、长度）的指标囊括在一个逻辑框架中。

广义的增加值平均传递步长是在全球范围内的生产网络体系中，某产业部门（或产业部门组合）在传递 1 单位的增加值到某最终需求的产业部门（或最终需求的产业部门组合）的过程中所历经的平均阶段数。本书运用投入产出模型中的生产循环机制来阐述增加值传递过程中所历经的阶段数。假设需要生产的最终产品（U2）为 y_2^u 单位，取 1。具体过程如下：

从 0 阶段传递的来自 C1 的增加值：0

从 1 阶段传递的来自 C1 的增加值：

$$v_1^c \times a_{12}^{cu} \times 1 = v_1^c \times a_{12}^{cu} \times y_2^u = \left[\hat{V}A\right]_{12}^{cu}$$

从 2 阶段传递的来自 C1 的增加值：

$$v_1^c \times (a_{11}^{cc} a_{12}^{cu} + a_{12}^{cc} a_{22}^{cu} + a_{11}^{cu} a_{12}^{uu} + a_{12}^{cu} a_{22}^{uu}) \times 1 = \left[\hat{V}A^2\right]_{12}^{cu}$$

从 3 阶段传递的来自 C1 的增加值：

$$v_1^c \times \begin{Bmatrix} a_{11}^{cc} a_{11}^{cc} a_{12}^{cu} + a_{11}^{cc} a_{12}^{cc} a_{22}^{cu} + a_{11}^{cc} a_{11}^{cu} a_{12}^{uu} + a_{11}^{cc} a_{12}^{cu} a_{22}^{uu} \\ + a_{12}^{cc} a_{21}^{cc} a_{12}^{cu} + a_{12}^{cc} a_{22}^{cc} a_{22}^{cu} + a_{12}^{cc} a_{21}^{cu} a_{12}^{uu} + a_{12}^{cc} a_{22}^{cu} a_{22}^{uu} \\ + a_{11}^{cu} a_{11}^{uc} a_{12}^{cu} + a_{11}^{cu} a_{12}^{uc} a_{22}^{cu} + a_{11}^{cu} a_{11}^{uu} a_{12}^{uu} + a_{11}^{cu} a_{12}^{uu} a_{22}^{uu} \\ + a_{12}^{cu} a_{21}^{uc} a_{12}^{cu} + a_{12}^{cu} a_{22}^{uc} a_{22}^{cu} + a_{12}^{cu} a_{21}^{uu} a_{12}^{uu} + a_{12}^{cu} a_{22}^{uu} a_{22}^{uu} \end{Bmatrix} \times 1 = \left[\hat{V}A^3\right]_{12}^{cu}$$

....

那么,从 n 阶段传递的来自 C1 的增加值: $\left[\hat{V}A^n\right]_{12}^{cu}$

所以,为生产 1 单位的 U2 最终产品,经由 C1 到 U2 所传递的增加值为:

$$\left[\hat{V}(I+A+A^2+A^3+\cdots+A^n+\cdots)\right]_{12}^{cu}=v_1^c b_{12}^{cu} \quad (4-10)$$

即由 C1 传递到 U2 的 $v_1^c b_{12}^{cu}$ 单位的增加值,其中 $v_1^c b_{12}^{cu}$ 单位增加值由 1 阶段传递,$v_1^c \times (a_{11}^{cc}a_{12}^{cu}+a_{12}^{cc}a_{22}^{uu}+a_{11}^{cu}a_{12}^{uu}+a_{12}^{cu}a_{22}^{uu})$ 单位增加值由 2 阶段传递,依次类推,通过全球生产网络体系,由 C1 到 U2 传递 1 单位增加值的平均传递步长为:

$$VAPL=\frac{\left[\hat{V}(0\times I+1\times A+2\times A^2+3\times A^3+\cdots)\right]_{12}^{cu}}{\left[\hat{V}B\right]_{12}^{cu}}=\frac{\left[\hat{V}(B^2-B)\right]_{12}^{cu}}{\left[\hat{V}B\right]_{12}^{cu}}$$

$$(4-11)$$

上述关于增加值平均传递步长的定义是基于产业部门对产业部门的。此外,还可以从产业部门对产业部门组合、产业部门组合对产业部门、产业部门组合对产业部门组合三个角度进行定义。通过类似推理即可得到产业部门对产业部门组合、产业部门组合对产业部门、产业部门组合对产业部门组合的一般情形,同时可扩展到多个区域、多个部门的全球投入产出模型中。

$$VAPL=\frac{\mathbf{E}^T \times \left[\hat{V}(B^2-B)\right] \times \mathbf{Y}}{\mathbf{E}^T \times (\hat{V}B) \times \mathbf{Y}} \quad (4-12)$$

其中,E 是由 0、1 两个元素构成的列向量,被考察的产业部门取值为 1,反之为 0;Y 是最终需求产业部门组的列向量,且假设已标准化,即所有元素平方和为 1。那么,取 $E=(1,0,0,0)^T,Y=(0,0,0,1)^T$,就可以得到前述的产业部门对产业部门的增加值平均传递步长。此外,E 和 Y 取某些特定值时,式(4-12)的增加值平均传递步长与其他众多文献中所定义的上游度、下游度、平均传递步长等测度指标相同或仅相差某固定值。总之,广义增加值平均传递步长为全球价值链位置的测度提供了一个统一的逻辑框架。

4.2 全球生产分割的国别比较

4.2.1 时间维度考察

图 4-1 和图 4-2 分别给出世界和中国的生产分割状况及它们各自的解构特点。不难注意到,两者总体演变特点相同,即在考察时期内(2000—2014)的总生产

阶段数持续上升,这表明无论世界整体还是中国的生产复杂度都在不断提升。解构特征方面,世界各国平均国内生产阶段数占据主体,其水平虽略有下降,但总体保持在1.6左右,而国际生产阶段数则在2009年以后缓慢持续上升。比较而言,中国国内生产分割不仅构成其总生产分割的主体,而且在考察期内呈现较为明显的持续攀升,该特点在2009年以后变得尤为明显;不同于国内生产阶段数,中国国际生产阶段数仅在2002—2005年间有所提升,2009年以后总体呈下降趋势。随着世界和中国经济的快速发展,产业分工日益深化,产业之间关联程度增强,产业链条不断延伸。较之发达国家主要依靠拓展国际价值链以实现分工细化,我国主要通过深入推进改革开放,承接国外产业转移和外包、引入外商投资等渠道参与价值链分工,加强与全球价值链分工联系,并在这一过程中,显著释放国内生产链条的分工能力和国内生产的复杂度。2008年全球金融危机的爆发,使得世界各国的国际生产分割在2008—2010年期间出现明显震荡。中国也不例外,其国际生产阶段数由2008年的0.31下降到2009年的0.25,降幅达20%。

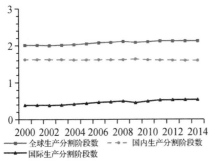

图4-1 世界生产分割及其解构

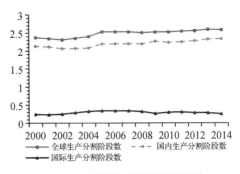

图4-2 中国生产分割及其解构

资料来源:图4-1、图4-2均根据WIOD 2016提供投入—产出表计算并整理得到。

表4-1列出了世界主要国家在1995—2014年间分五个时间段三种生产分割长度的变化情况[全球生产阶段数(GPSL)、国内生产阶段数(DPSL)、国际生产阶段数(IPSL)]。其中,世界平均生产阶段数是取44个国家(地区)的简单算术平均值。首先,美国和中国的全球生产分割长度远高于世界平均水平。美国的国内生产分割长度从2000年开始就一直高于世界平均水平,国际生产分割长度始终明显高于世界平均值。中国的全球、国内生产分割长度较高,但国际生产分割长度低于世界平均水平。如2011—2014年中国的GPSL和DPSL分别为2.56和2.29,分别比世界平均水平(2.12和1.59)高0.44和0.70,并且是44个国家和地区中的最高水平,但这期间对应的中国的IPSL(0.27)只有世界平均水平(0.53)的一半左

右。这表明中国在国际生产中的产业链条相对较短,国际生产结构复杂程度相对较低,中国产业参与全球分工体系的水平有待提高。

表4-1 1995—2014年主要国家(地区)生产阶段数比较

国家	分类	1995—1998	1999—2002	2003—2006	2007—2010	2011—2014
美国	GPSL	2.05	2.14	2.27	2.34	2.39
	DPSL	1.58	1.64	1.73	1.77	1.82
	IPSL	0.46	0.49	0.54	0.56	0.57
中国	GPSL	2.42	2.36	2.45	2.51	2.56
	DPSL	2.18	2.12	2.13	2.21	2.29
	IPSL	0.24	0.24	0.32	0.30	0.27
德国	GPSL	1.91	1.96	2.01	2.08	2.11
	DPSL	1.64	1.65	1.66	1.67	1.64
	IPSL	0.27	0.31	0.35	0.41	0.47
日本	GPSL	1.98	1.95	1.99	2.09	2.10
	DPSL	1.85	1.82	1.80	1.83	1.79
	IPSL	0.13	0.14	0.20	0.26	0.31
巴西	GPSL	1.85	1.86	1.86	1.85	1.85
	DPSL	1.72	1.68	1.67	1.66	1.63
	IPSL	0.13	0.17	0.19	0.19	0.22
世界平均	GPSL	2.02	2.01	2.04	2.09	2.12
	DPSL	1.62	1.62	1.61	1.61	1.59
	IPSL	0.41	0.39	0.43	0.48	0.53

资料来源:根据WIOD 2016提供投入—产出表计算并整理绘制。

其次,一些发达国家的国内生产分割长度有所下降,但其全球生产阶段数和国际生产阶段数均在上升。比如日本的DPSL在1995—2014年间总体呈下降趋势,从1.85下降到1.79,然而GPSL和IPSL在这期间持续上升,其中IPSL从0.13上升到0.31,增长了138%。究其原因,发达国家由于产业外迁和向发展中国家外包,延长了国际产业链和全球产业链,可以说在一定程度上,国际产业链替代了国内产业链。这和Fally(2012)等学者的结论一致。一些发展中国家国内生产阶段数有所下降,但是国际生产阶段数稳步上升,全球生产阶段数保持稳定。比如巴西在1995—2014年间GPSL保持在1.85左右,DPSL从1.72下降到1.63,而IPSL

上升快速,从 1995—1998 年的 0.13 增加到 2011—2014 年的 0.22,增长了接近 70%。

4.2.2 空间维度考察

从绝对数值来看,除了极个别国家,十年间全球生产阶段数都明显提高,而且中国始终处在第一梯队"领头羊"的位置。印度、爱尔兰和澳大利亚这三个国家最新的全球生产阶段数均低于十年前的水平,这是由于他们的国内生产阶段数下降幅度大于国际生产阶段数的增长,导致整体全球生产阶段数明显下降。总体来看,欧洲国家生产分割长度的涨幅高于亚洲国家,发达国家生产分割长度的涨幅高于发展中国家。得益于国际生产分割的扩张,马耳他和韩国是全球生产阶段数涨幅最高的两个国家。马耳他从 1.98—2.08 的中游水平跃升至 2.34—2.48 的上游水平,韩国也成为仅次于中国和美国的第三大生产分割长度国家。

表 4-2 列出了按照发达国家和发展中国家分类的全球生产阶段数排名前十的国家。捷克在 21 世纪以前是发达国家中全球生产分割最长的国家,但 2000 年以后逐渐被美国、韩国超越。美国在 1995 年时整体生产阶段数并不突出,但增长稳定而且快速。韩国则是在 2000 年前后全球生产分割长度显著上升,这主要源于韩国在国际生产分工上的联系不断增强,生产结构复杂度稳步提高。而像土耳其、卢森堡、奥地利这样的国家,1995 年甚至都还未排进前十的序列,2000 年时土耳其位列第八,到 2005 年跃居第三位,此后稳定在第四,卢森堡和奥地利也后来居上。这些国家具有的一个共同特点就是国土面积很小,这决定他们国内价值链分工体系的构建必然"先天不足",因而更需要依托国际分工联系来加以弥补,因此生产链条的变化得益于国际生产分割的有效扩张。

表 4-2 全球生产分割排名前十位发达国家和发展中国家

排名	发达国家					发展中国家				
	1995 年	2000 年	2005 年	2010 年	2014 年	1995 年	2000 年	2005 年	2010 年	2014 年
1	捷克	捷克	美国	捷克	美国	中国	中国	中国	中国	中国
2	匈牙利	美国	捷克	韩国	韩国	俄罗斯	俄罗斯	保加利亚	马耳他	马耳他
3	比利时	匈牙利	土耳其	美国	捷克	爱沙尼亚	保加利亚	俄罗斯	保加利亚	保加利亚
4	爱尔兰	比利时	韩国	土耳其	土耳其	保加利亚	爱沙尼亚	爱沙尼亚	波兰	拉脱维亚
5	澳大利亚	葡萄牙	匈牙利	比利时	比利时	罗马尼亚	波兰	波兰	拉脱维亚	爱沙尼亚
6	韩国	意大利	比利时	意大利	意大利	斯洛伐克	拉脱维亚	罗马尼亚	爱沙尼亚	俄罗斯

续表

排名	发达国家					发展中国家				
	1995年	2000年	2005年	2010年	2014年	1995年	2000年	2005年	2010年	2014年
7	西班牙	澳大利亚	葡萄牙	卢森堡	卢森堡	波兰	斯洛伐克	拉脱维亚	俄罗斯	波兰
8	葡萄牙	土耳其	西班牙	西班牙	奥地利	立陶宛	斯洛文尼亚	马耳他	斯洛伐克	斯洛伐克
9	美国	爱尔兰	意大利	奥地利	法国	拉脱维亚	罗马尼亚	斯洛伐克	罗马尼亚	罗马尼亚
10	意大利	韩国	芬兰	法国	芬兰	印度	克罗地亚	斯洛文尼亚	斯洛文尼亚	斯洛文尼亚

资料来源：根据WIOD 2016提供投入—产出表计算并整理得到。

在发展中国家行列，中国的全球分割长度始终处于领先位置。尽管受金融危机的影响，中国经济增速下滑，中国全球生产阶段数略有下降，但仍然具备绝对优势。俄罗斯的全球生产阶段数在2005年之前一直处于发展中国家的领先位置，但是在之后全球生产阶段数排名大幅度下降。与此形成鲜明对比的是，东欧的一些小国如马耳他在1995年还未进入发展中国家前十，到2010年全球生产阶段数已跃居发展中国家第二。

表4-3显示了中国生产分割长度与各国的生产分割相关系数。中国和美国、韩国的生产分割相关系数均显著大于0。其中，中国与韩国的全球生产阶段数、国内生产阶段数的相关系数最高，均达到0.8以上，呈现高度相关。与此相对应的是，中国与美国的国际生产阶段数的相关系数最高，达到了0.72。中国与德国、日本的全球生产阶段数的相关系数分别达到了0.76和0.88，而国际生产阶段数的相关系数均在0.40左右。在国内生产阶段数方面，中国与德国、日本均表现为负相关。同为发展中国家，中国与巴西的全球生产阶段数的相关系数只有0.06，国内生产阶段数呈负相关，仅在国际生产阶段数呈明显正相关。

表4-3　中国与其他国家生产分割相关系数

相关系数	中国		
	GPSL	DPSL	IPSL
美国	0.74***	0.60***	0.72***
德国	0.76***	−0.35	0.43*
日本	0.88***	−0.13	0.48**
巴西	0.06	−0.40*	0.42*
韩国	0.89***	0.87***	0.53***

资料来源：根据WIOD 2016提供投入—产出表计算并整理得到。*、**、***分别表示在10%、5%、1%水平上显著。

在表4-1的基础上将这几个国家的生产分割情况反映在图4-3中。整合三个时间段的样本数据绘制如图,即t_1表示2000—2004年,t_2表示2005—2009年,t_3表示2010—2014年。直方图的高度显示了全球生产阶段数的大小,它被分割为国内生产阶段数和国际生产阶段数两部分。从图4-3中可以看出,巴西作为发展中国家,其整体生产阶段数低于其他国家,特别是国际生产阶段数与发达国家的差距较大。同美国相比,t_1时期两国的国内生产阶段数均在1.67左右,到t_3时期美国逐渐上升到1.82,而巴西却下降到1.63,相差的幅度达11%。巴西国际生产阶段数大约只占美国的三分之一,这严重制约了巴西整体生产分割的拓展,限制了产业链条的延伸和发展,直接影响巴西经济和贸易的发展。同时,与其他国家不同,德国和日本这样的发达国家国内生产阶段数并没有保持上升的趋势,而是在近五年出现了下降的情况,尽管平均来看下降的幅度并不大,远低于其国际生产阶段数上升的幅度,但是这也反映了这些国家国内和国际的生产分工和外包出现替代效应,产业链条逐渐向外迁移。最后比较中国和美国,中国的整体全球生产分割长度略高于美国,其中,中国的国内生产阶段数始终高于美国,而美国的国际生产分割长度远超中国。如t_3时期中国的国际生产阶段数为0.276,美国则是0.561,仅为美国国际生产分割长度的一半。而且美国的国内生产阶段数并没有像德国、日本等国一样出现下降趋势,即使在金融危机前后也取得了显著增长。t_3时期中美两国的国际生产阶段数都出现了下降,美国IPSL从0.562降为0.561,中国IPSL从0.313下降到0.276,降幅高达12%。这可能是受到全球经济增长下滑和先进资本主义国家实施"制造业回归"的双重影响。

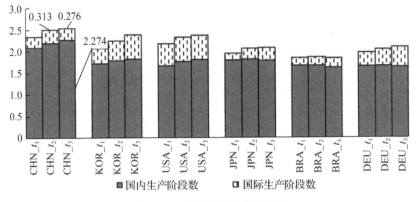

图4-3 生产阶段数国别比较

资料来源:根据WIOD 2016提供投入—产出表计算并整理绘制。

选取美、日、英、德、法五国,研究首先关注他们在过去20年全球生产分割的演变情况(图4-4),其中图(a)、(b)、(c)分别显示其全球生产分割、国内生产分割和国际生产分割的演变情况。总体而言,五国全球生产分割阶段数均不断上升,其中美国全球生产分割阶段数最长,表明其生产的复杂程度最高,在全球价值链分工中处于最上游位置;尤其1999—2005年间,美国全球生产分割阶段数增长最快,这可能与同期(2001—2005年)中国加入WTO有关。2005—2014年间,美国全球生产分割阶段数由高速增长转为持续缓慢提升。发达国家中,全球生产分割阶段数排在第二位的是法国,但相比美国,还是有明显差距。日本、英国和德国全球生产分割阶段数的差距不大,在2010年后基本趋于稳定。

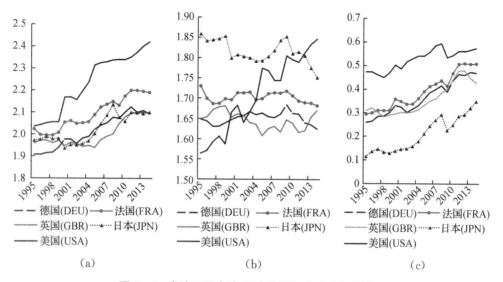

图4-4 发达五国全球、国内和国际生产阶段数情况

资料来源:根据WIOD 2016提供投入—产出表计算并整理得到。

相比全球生产分割阶段数较为一致的演变趋势,发达五国国内生产分割阶段数变化的分异性特点更明显。美国国内生产分割阶段数在1995—2014年呈"一枝独秀"式的上升特点(1.563提升到1.846);与美国正好相反,局限于国内市场规模的狭小,日本国内生产分割阶段数呈单边持续下滑态势,由1995年的1.858下降到2014年的1.751。法国和德国的国内生产阶段数变化方向基本趋同,在大多数时期内,这两国服务业国内生产分割阶段数总体较为稳定;但受金融危机影响,在2009—2014年,法德两国略微下降。同样受到国内市场狭小"瓶颈"的约束,英国国内生产分割阶段数则在1995—2008年期间持续下降;但此后,尤其在2011—2014年间,上升较为明显。

发达五国国际生产分割阶段数平均水平明显低于国内生产分割阶段数,但其变化趋势却较国内生产分割阶段数更一致,如图4-4(c)所示,在大多数时期均呈明显上升特点。这预示着发展中国家与发达国家服务领域的生产合作会进一步加强,同时也意味着该领域国际市场的争夺会变得更加激烈。当然,对比美国主要基于国内生产阶段数上升带动的全球生产阶段数增长特点,日本和欧洲国家全球生产分割阶段数的增长源于国际生产阶段数增长。这在一定程度上进一步表明,在发达国家服务业全球价值链体系的扩张与构建过程中,日本和欧洲国家主要定位于区域市场扩张,美国则真正实现以国内为依托,定位于全球市场扩张。

图 4-5 显示了以"金砖四国"为代表的发展中国家生产分割的变化情况。在过去二十年里,"金砖四国"中只有中国全球生产分割阶段数经历较为明显上升,其他三个国家都经历了不同幅度的震荡式下跌的过程。结合中国总的全球生产分割阶段数序列来看,大致以 2002 年为拐点,其变化呈现"V"字形结构。比较而言,全球生产分割阶段数下降最为明显的是俄罗斯和印度。印度在 1995—2000 年经历了断崖式下跌,但在 2000 年以后,其基本维持在较稳定水平。巴西全球生产分割阶段数的起伏相对稳定一些,在整个考察期内,其基本维持在均值 1.83 附近。

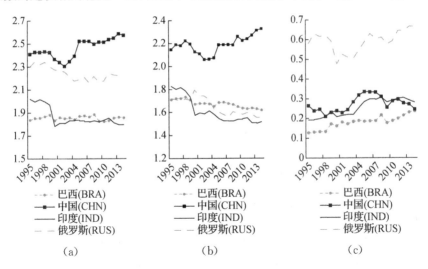

图 4-5 金砖四国全球、国内和国际生产阶段数情况

资料来源:根据 WIOD 2016 提供投入-产出表计算并整理得到。

从图 4-5(a)、(b)中可以看出,全球生产阶段数的下降主要是源于国内生产分割长度不同程度的下降,只有中国的国内生产分割长度呈现出先降后升的趋势。1998—2002 年期间,中国国内生产分割长度从 2.22 下降到 2.06,下降了 7.2%。这个时期国内生产分割长度的下降可能是由于国家实行体制改革,国有企业兼并重组改变了原有经济体系下的分工结构,生产过程被压缩重新组合,削弱了产业间的中间投入关联。在这之后中国国内生产分割长度出现了两个阶段的上升态势。第一个阶段是 2003—2009 年,国内生产分割长度急剧上升。这时期由于中国加入了WTO,中国的进出口迎来了一波繁荣。发达国家在华投资设厂,快速进行产业转移,中国凭借承接外包任务跻身制造大国行列。与此同时,国内产业分工进一步细化,产业链不断延伸。第二个阶段是2010年以后,国内生产分割长度稳健增长。在这一时期中国经济呈现出新常态,经济增长速度放缓,经济结构优化升级,同时对国内价值链的构建和发展的重视,使得中国国内产业之间联系加强,国内生产阶段数稳中有进。

国际生产分割变化趋势图4-5(c)中,俄罗斯遥遥领先于其他三国。能源资源丰富的俄罗斯经济发展主要依靠出口能源产品、金属制品和化工产品,这样的经济结构决定了俄罗斯与外部的联系紧密,对国际经济环境也颇为依赖。因此,俄罗斯的国际生产分割长度远高于其他金砖国家,但是波动的幅度也是最大的。中国和印度国际生产分割阶段数在多数年份不相上下,并且它们的演变趋势也比较一致。这主要表现在经历了2001—2005年的增长以后,中国和印度国际生产分割阶段数呈"双降"的走势特点。巴西国际生产分割阶段数相对最低,但是总体上稳步上升。作为资源输出国的巴西主要出口矿产、农产品和初级工业品,在工业化过程中实行进口替代本国生产的战略,对外国资本的依赖使得国民经济内向性问题日益严重,国内低端产业需要欧洲发达国家的技术支持,本国始终没有掌握自己的核心技术,稳定创收的支柱产业为外国所垄断和控制,导致出口部门缺乏活力。

巴西在全球化时代忽略经济转型,近年来国内消费和固定资产投资规模同时缩减,经济增长的传统动力未能发挥应有的推动作用,巴西整体的生产分割都没有得到良好的发展。

图4-6显示了2011—2014年五个代表性区域的生产分割情况。亚洲五强选取的代表分别是中国、日本、韩国、印度和中国台湾地区。八个贸易国是与中国进出口贸易联系最密切的八个国家:加拿大、德国、法国、英国、日本、韩国、俄罗斯、美国。一带一路沿线国家涵盖了亚欧大陆的17个主要国家。从图上看,五个不同区域全球生产阶段数相差不大,整体生产分割长度最长的区域是八个贸易国。由于其中有七个国家都是世界领先的发达国家,因此平均下来生产复杂度最高。国际生产分割长度方面,亚洲五强在分类中最低,均值为0.33,最高的欧盟为0.6,是亚洲五强IPSL的1.8倍。欧盟作为世界上最大的资本输出和商品与服务出口的国家集团,拥有先进统一的管理制度和立足全球的眼光,在国际价值链分工中占据有利的位置。一带一路沿线国家的国际生产阶段数比较高,说明这些国家具有一定的国际产业链基础,国际价值链分工的参与度较高,一带一路倡议的实施更能调动这些国家拓展市场、参与产业分工的积极性。欧盟的DPSL相比其他区域还存在一定的上升空间。

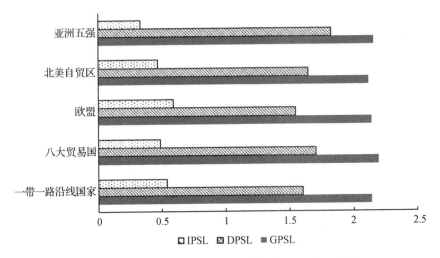

图 4-6　代表性区域的生产分割情况（2011—2014 年）

资料来源：根据 WIOD 2016 提供投入—产出表计算并整理得到。

以人口数量的多少区分大国和小国，选取 42 个样本国家中最大的四个国家和最小的四个国家研究国际生产分割指数（即国际生产阶段数占全球生产阶段数的比例）的特征差异。图 4-7 中前四个国家依次为中国、印度、美国和印度尼西亚，后四个国家依次为爱沙尼亚、塞浦路斯、卢森堡和马耳他。它们按照人口数量从高到低的顺序排列。

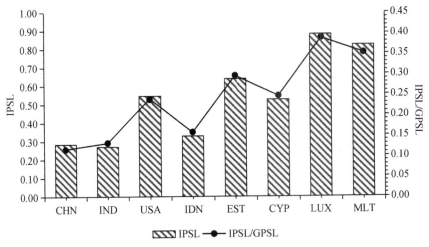

图 4-7　大国和小国生产分割情况

资料来源：根据 WIOD 2016 提供投入—产出表计算并整理得到。

首先从柱形图看，小国的国际生产阶段数远高于大国，最高的卢森堡 IPSL 达到 0.88,是印度的 IPSL 三倍多。除了美国外,大国的国际生产阶段数普遍不高,只有 0.3 左右,而小国平均在 0.6 以上。从折线图来看,小国的国际生产分割指数高于大国,中国虽然是世界上人口最多的国家,但它的国际生产分割指数在该分类下是最低的,只有 0.11,不到卢森堡的三分之一。总体趋势来看,人口越少的国家,对外部市场的依赖程度越高,国际生产分割指数越高。而大国凭借国内丰富的资源和劳动力,国内生产技术复杂度相对更高,生产链条更集中分布在国内,以满足本国就业和国内市场需求。平均来看,小国的生产分割指数是大国的两倍。从要素禀赋的角度来看,小国尽管国土面积小,人口少,但它可能得天独厚地享有某些特殊的有利条件,比如地理位置优越,使得他们在某些产品和服务的出口上具有优势。像国际生产阶段数和国际生产分割指数均为最高的卢森堡,地处欧洲内陆,被法国、德国、比利时包围,凭借欧盟的经济支持和庞大的市场,其生产的工业产品和加工农产品主要用于出口欧盟国家,经济对外依赖性大。同时,这四个欧盟国家拥有开放、自由的市场环境,航运、货运和电讯设施优良,金融服务业和商务服务业发达,是实现生产的空间分离必不可少的条件。

4.3 全球生产分割的行业异质性特点

表 4-4 比较了中国、美国和韩国三次产业的生产分割长度。从时间维度来看,这三个国家三次产业的生产分割长度几乎都随时间变长,除了中国第一产业和第二产业的国际生产分割长度在 2010 年至 2014 年这个时间段内有所下降。

表 4-4　中美韩三国三次产业生产阶段数

部门	国家	分类	2000—2004 年	2005—2009 年	2010—2014 年	变化幅度/%
第一产业	中国	全球	2.01	2.27	2.34	16.61
		国内	1.85	2.03	2.12	14.78
		国际	0.16	0.23	0.22	37.70
	美国	全球	1.72	1.86	1.93	11.74
		国内	1.45	1.55	1.61	11.14
		国际	0.27	0.31	0.31	14.90
	韩国	全球	1.77	1.99	2.13	20.41
		国内	1.56	1.67	1.70	9.01
		国际	0.21	0.33	0.43	105.43

续表

部门	国家	分类	2000—2004 年	2005—2009 年	2010—2014 年	变化幅度/%
第二产业	中国	全球	2.98	3.28	3.41	14.52
		国内	2.57	2.78	2.95	14.78
		国际	0.41	0.50	0.46	12.86
	美国	全球	2.68	2.91	3.01	12.21
		国内	1.95	2.11	2.20	13.00
		国际	0.73	0.80	0.81	10.12
	韩国	全球	2.63	2.89	3.03	15.09
		国内	2.00	2.10	2.10	5.22
		国际	0.63	0.79	0.93	46.21
第三产业	中国	全球	2.06	2.14	2.12	3.07
		国内	1.86	1.92	1.94	4.06
		国际	0.20	0.22	0.19	−6.25
	美国	全球	1.98	2.08	2.10	6.05
		国内	1.55	1.61	1.64	5.62
		国际	0.43	0.47	0.46	7.61
	韩国	全球	1.81	1.95	2.09	15.35
		国内	1.60	1.65	1.70	6.37
		国际	0.21	0.30	0.39	83.32

资料来源：根据 WIOD 2016 提供投入—产出表计算得到。

首先，从分产业绝对值看，工业部门的生产分割长度显著大于农业部门和第三产业部门，这与现实情况相符。一般来说农业部门的生产工艺相对简单，技术水平要求不高，服务业由于无形性使得产业之间相互独立，关联程度相对较低，因此产业链条较短。

其次，国家比较而言，中国三次产业的全球生产阶段数始终领先于韩国和美国，这主要得益于国内生产分割长度占据绝对优势，但在国际生产分割方面中国与他们还存在一定的差距。中国第一产业的全球和国内生产阶段数几乎均在 2 以上，明显高于美国和韩国。这说明中国第一产业国内生产链条高度细化，而国际生产阶段数还有较大幅度的增长空间。

最后，从变化幅度看，韩国和中国在第一产业层面增长明显，尤其是在国际生产链条上的增长，韩国第一产业的国际生产分割长度在三个时期里增长了一倍多，高达105.43%。

三国在第二产业整体生产分割的变化幅度差异并不明显,韩国稍稍领先的原因在于其在国际生产阶段数上增长幅度最高,接近50%,而其国内生产阶段数的变化幅度却是最低的,只有5%。值得注意的是,韩国第三产业的增长也呈现类似特征,其全球和国际生产分割增长最快,分别为15.35%和83.32%,国内生产阶段数只增长了6%左右。然而中国的第三产业生产阶段数不仅增长最慢,而且其国际生产阶段数呈现下降趋势。

表4-5分别对三次产业各代表性行业在2000年和2014年的生产阶段数排在世界前三位的国家做了相应的统计。鉴于表中选取的代表性行业的生产阶段数上升趋势,我们主要关注其国内和国际生产阶段数在2014年相比2000年的变化情况。括号里"一"表示下降,"+"表示上升,第一个符号表示2000—2014年国内生产阶段数的变化趋势,第二个符号表示2000—2014年国际生产阶段数的变化趋势。作为第一产业的代表,中国的采矿行业在2014年挤进了世界第二的位置,这和其拓宽了国内和国际生产链条息息相关。2004—2014年这十年是中国加入WTO之后经济处于高速发展的时期。中国的制造业在世界上处于领先地位,表中选取的六个代表性制造行业中,除了食品饮料和烟草业中国没有排进前三,其他均在前三行列中。分析可知,食品饮料和烟草业的国际生产分割阶段数下降了近三分之一,国内生产分割阶段数仅上升大约15%,因此全球整体的生产阶段数上升幅度较低。而在服务业领域,中国的生产技术复杂度不高,仅在住宿和餐饮服务业排名进入世界前三。

表4-5 代表性行业生产阶段数前三名国家变化路径

年份	行业分类	第一	第二	第三	路径
2000	采矿业	马耳他(-+)	芬兰(-+)	拉脱维亚(-+)	路径3
2014		马耳他(-+)	中国(++)	日本(-+)	
2000	纺织品,服装和皮革制品业	中国(+-)	瑞典(-+)	韩国(++)	路径1
2014		中国(+-)	土耳其(++)	韩国(++)	
2000	化学原料及化学制品制造业	中国(++)	马耳他(--)	土耳其(++)	路径1
2014		土耳其(++)	中国(++)	日本(++)	
2000	计算机,电子和光学产品制造业	中国(++)	匈牙利(-+)	美国(++)	路径1
2014		中国(++)	美国(++)	俄罗斯(-+)	
2000	食品饮料和烟草业	匈牙利(-+)	芬兰(++)	俄罗斯(-+)	路径1
2014		韩国(++)	芬兰(++)	西班牙(++)	

续表

年份	行业分类	第一	第二	第三	路径
2000	石油加工、炼焦加工业	拉脱维亚（--）	马耳他（-+）	巴西（-+）	路径3
2014		马耳他（-+）	荷兰（-+）	中国（++）	
2000	机械制造业	中国（++）	马耳他（-+）	美国（++）	路径1
2014		中国（++）	美国（++）	土耳其（++）	
2000	金融服务业	马耳他（-+）	卢森堡（++）	俄罗斯（--）	路径3
2014		马耳他（-+）	卢森堡（-+）	加拿大（-+）	
2000	法律和会计活动	加拿大（-+）	澳大利亚（-+）	英国（-+）	路径3
2014		加拿大（-+）	美国（++）	英国（-+）	
2000	住宿和餐饮服务业	中国（+-）	澳大利亚（-+）	印度（-+）	路径3
2014		中国（+-）	马耳他（++）	匈牙利（-+）	

资料来源：根据WIOD 2016提供投入—产出表计算并整理绘制。括号内符号依次表示国内、国际生产分割长度变化，"+"表示上升，"-"表示下降。

国内和国际生产分割长度的演变主要存在以下三种路径：其一，国内和国际生产阶段数（生产结构的复杂度）两者均增加。这种情况下该产业分工深化，产业链不断延长，国内和国际外包呈现互补效应。其二，国内生产分割长度增加（生产结构复杂度提高），而国际生产分割长度减少（生产结构复杂度降低），国内和国际外包呈现替代效应，生产链条逐渐由国外向国内转移。其三，国内生产分割长度减少，而国际生产分割长度增加，国内和国际生产分工相互替代，生产部门从国内向国外调整，国内产业收缩。由表格中归纳可知，三次产业代表性行业生产分割长度最长的国家，其国内和国际生产分割的演变主要遵循路径1和路径3。即三次行业生产复杂度提高主要是国内和国际生产分割长度同时推动或者至少是国际生产分割推动的。这进一步说明，产业分工细化，联系增强，与积极融入全球价值链紧密相关。当国家把产业发展的视野从局限于国内到向全球扩张，很大程度上意味着改善资源配置和增强国际产业联系，有助于提高产业整体的生产分割长度。

5 中国嵌入全球价值链分工的区域解构性质

5.1 嵌入全球价值链的区域价值链测度与分解

5.1.1 生产分割测度的区域拓展

由于生产分工细化,产业中分割出的生产环节增多,生产结构复杂度不断提升,产业价值链条逐渐向国内其他区域或国外延伸。Fally(2012)利用单国(区域)投入—产出模型测度生产分割阶段数,并将生产分割长度定义为参与产品序列生产的工厂的加权平均数量,其中权重为在各生产阶段增加的增加值比值。为克服Fally(2012)割裂一国之内价值链条与全球价值链条联系的缺陷,倪红福等(2016)基于全球价值链视角,构建了区分国内和国际生产分割长度的指标,同时指出生产分工复杂度越高,产业结构就越高度化,即生产和中间交易环节越多,生产分割阶段数越大,进而该产业的生产链条越长。为进一步考察一国之内次区域参与本土价值链生产分工情况,本章基于前面构建的连续时间序列 WIOT-IRIOT 链接表,并拓展倪红福等(2016)的研究思路,从区域角度出发,进一步剥离出一国次区域内、国内区域外和国际生产分割长度,借助生产分割测度指标从生产过程和生产分工联系角度考察跨区域价值链分工水平。

具体生产分割阶段数测度指标解构过程如下:

首先,定义国家(区域)i部门k的生产分割阶段数为:

$$P_k^i = 1 + \sum_{j \neq i} x_{jk}^{ji} P_j^i \tag{5-1}$$

为更清晰地展现,以两区域两部门的区域投入—产出模型为例:

$$\begin{pmatrix} P_1^1 \\ P_2^1 \\ P_1^2 \\ P_2^2 \end{pmatrix} = \begin{pmatrix} 1 \\ 1 \\ 1 \\ 1 \end{pmatrix} + \begin{pmatrix} a_{11}^{11} & a_{21}^{11} & a_{11}^{21} & a_{21}^{21} \\ a_{12}^{11} & a_{22}^{11} & a_{12}^{21} & a_{22}^{21} \\ a_{11}^{12} & a_{21}^{12} & a_{11}^{22} & a_{21}^{22} \\ a_{12}^{12} & a_{22}^{12} & a_{12}^{22} & a_{22}^{22} \end{pmatrix} \begin{pmatrix} P_1^1 \\ P_2^1 \\ P_1^2 \\ P_2^2 \end{pmatrix} \quad (5-2)$$

即：$P=U+A^\mathrm{T}P$，将其移项并转化为包含 Leontief 逆矩阵形式：$P=(I-A)^{-1}U=BU$。其中 P、U 和 A 分别代表全球生产阶段数列向量、单位列向量和中间投入一产出关系矩阵，Leontief 逆矩阵 $B=(I-X)^{-1}$。

$$B=(I-A)^{-1}=\begin{pmatrix} B^{11} & B^{21} \\ B^{12} & B^{22} \end{pmatrix}, U=\begin{pmatrix} u \\ u \end{pmatrix} \quad (5-3)$$

$$P=\begin{pmatrix} B^{11} & B^{21} \\ B^{12} & B^{22} \end{pmatrix}\begin{pmatrix} u \\ u \end{pmatrix} \quad (5-4)$$

进而推广至 n 区域（国）k 部门构成的全球投入一产出生产框架，下面将 P 表示为包含 n 区域（国）的分块矩阵：

$$P=BU=\begin{pmatrix} B^{11} & \cdots & B^{n1} \\ \vdots & & \vdots \\ B^{1n} & \cdots & B^{nn} \end{pmatrix}_{n\times n} \begin{pmatrix} u \\ \vdots \\ u \end{pmatrix}_{n\times 1} \quad (5-5)$$

$$\begin{aligned} P^i &= (B^{1i}\cdots B^{ni})_{1\times n}\begin{pmatrix} u \\ \vdots \\ u \end{pmatrix}_{n\times 1} \quad (5-6) \\ &= (B^{ii}-H^{ii}+H^{ii})u+\sum_{j\neq i}B^{ji}u \\ &= H^{ii}u+(B^{ii}-H^{ii})u+\sum_{j\neq i}B^{ji}u \end{aligned}$$

由于 $B^{ii}-H^{ii}=\sum_{j\neq i}H^{ii}A^{ij}B^{ji}=\sum_{j\neq i}B^{ij}A^{ji}H^{ii}$，将其代入式（5-6）并进一步考虑区域内、国内区域外和国际生产分割空间差异，可得：

$$\begin{aligned} P^i &= H^{ii}u+\sum_{j\neq i}H^{ii}A^{ij}B^{ji}u+\sum_{j\neq i}B^{ji}u \\ &= H^{ii}u+\Big(\sum_{j\in\Omega_f}H^{ii}A^{ij}B^{ji}u+\sum_{j\in\Omega_f}B^{ji}u\Big)+\Big(\sum_{j\in\Omega_r}H^{ii}A^{ij}B^{ji}u+\sum_{j\in\Omega_r}B^{ji}u\Big) \end{aligned} \quad (5-7)$$

式（5-7）中，$H^{ii}u$ 为各区域（国家）封闭条件下的区域内（国内）生产分割阶段数，下文统一称为纯域内生产分割阶段数。其中 $H^{ii}=(I-A^{ii})^{-1}$，代表 i 区域（国家）局部 Leontief 逆矩阵。$\sum_{j\in\Omega_r}H^{ii}A^{ij}B^{ji}u$ 和 $\sum_{j\in\Omega_f}H^{ii}A^{ij}B^{ji}u$ 分别为一国某区域同国内其他区域价值链分工下的生产复杂度联系（国内域外）和一国某区域同其他国家、地区价值链分工下的生产复杂度联系(国际域外);$\sum_{j\in\Omega_r}B^{ji}u$ 和 $\sum_{j\in\Omega_f}B^{ji}u$ 分别为区域 i 生产最终品对国内域外和国外中间品需求而引致的区域 i 生产分割阶段数增加。换言之,$\sum_{j\in\Omega_r}H^{ii}A^{ij}B^{ji}u$ 和 $\sum_{j\in\Omega_r}B^{ji}u$ 反映区域 i 与国内其他区域的中间品贸易联系;$\sum_{j\in\Omega_f}H^{ii}A^{ij}B^{ji}u$ 和 $\sum_{j\in\Omega_f}B^{ji}u$ 反映区域 i 和其他国家的中间品贸易联系。因此本章用两种类型生产分割阶段数加总衡量国内区域外和国际域外生产分割长度,下文将指标分别称为国内域外生产分割阶段数和国际域外生产分割阶段数。

基于上述生产分割解构方法,立足区域视角,研究首先将每个区域整体的生产分割阶段数划分为纯域内生产分割部分和区域外生产分割部分,而域外生产分割又分为国内域外生产分割和国际域外生产分割两部分。即深入区域层面分析价值链生产分工合作后,区域整体的生产分割可以细分为纯域内生产分割、国内域外生产分割和国际域外生产分割三部分。从中国整体视角来看,纯域内生产分割和国内域外生产分割可视为国内部分生产分割,国际域外生产分割为国际部分生产分割(图5-1)。

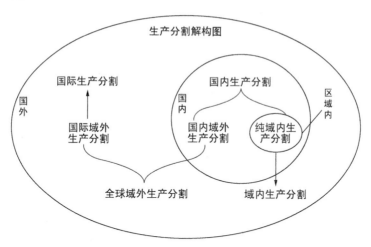

图 5-1 生产分割解构图示

资料来源:根据倪红福(2016)研究绘制。

5.1.2 增加值角度的解构说明

生产分割阶段数主要侧重从生产环节和分工联系复杂度这两个方面描述生产价值链,增加值则侧重从价值增值,即经济效益角度考察跨区域价值链分工水平。研究垂直专业化问题中,贸易增加值分解研究思路主要参考 Leontief 逆矩阵思想,

即生产一单位产出所需要的中间投入品数量和种类可以根据各国和各部门的投入一产出结构来估计。表示成矩阵形式,即:

$$VA^{rF} = V^r L Y^F = \begin{pmatrix} V^1 & 0 & \cdots & 0 \\ 0 & V^2 & \cdots & 0 \\ \vdots & \vdots & & \vdots \\ 0 & 0 & \cdots & V^n \end{pmatrix} \begin{pmatrix} L^{11} & L^{12} & \cdots & L^{1n} \\ L^{21} & L^{22} & \cdots & L^{2n} \\ \vdots & \vdots & & \vdots \\ L^{n1} & L^{n2} & \cdots & L^{nn} \end{pmatrix} \begin{pmatrix} Y^{11} & 0 & \cdots & 0 \\ 0 & Y^{21} & \cdots & 0 \\ \vdots & \vdots & & \vdots \\ 0 & 0 & \cdots & Y^{n1} \end{pmatrix}$$

$$= \begin{pmatrix} V^1 L^{11} Y^{11} & V^1 L^{12} Y^{21} & \cdots & V^1 L^{1n} Y^{n1} \\ V^2 L^{21} Y^{11} & V^2 L^{22} Y^{21} & \cdots & V^2 L^{2n} Y^{n1} \\ \vdots & \vdots & & \vdots \\ V^n L^{n1} Y^{11} & V^n L^{n2} Y^{21} & \cdots & V^n L^{nn} Y^{n1} \end{pmatrix}$$

(5-8)

式(5-8)中,V^r 中非零元素为 r 区域的增加值率,其余元素为 0 的行向量;L 为 WIOT-IRIOT 中 Leontief 逆矩阵;Y^F 为 F 国的最终产品需求向量;VA^{rF} 为 r 区域到 F 国的增加值。矩阵中的每一个元素表示原产国(区域)原产部门直接或间接用于原产国(区域)最终产品生产的增加值。每一行代表由一个国家(区域)部门创造的、用于所有国家部门的增值分配情况。每一列代表所有国家各个部门对某一特定国家(区域)部门生产的最终产品的增加值的贡献。进一步利用分块矩阵对增加值出口进行分解可得:

$$VA^{r_0 F} = V^{r_0} (L^{r_0 r_0} \quad L^{r_0 r_1} \quad L^{r_0 F_0} \quad L^{r_0 F_1})(Y^{r_0 F_0} \quad Y^{r_1 F_0} \quad Y^{F_0 F_0} \quad Y^{F_1 F_0}) \quad (5-9)$$
$$= V^{r_0} L^{r_0 r_0} Y^{r_0 F_0} + V^{r_0} L^{r_0 r_1} Y^{r_1 F_0} + V^{r_0} L^{r_0 F_0} Y^{F_0 F_0} + V^{r_0} L^{r_0 F_1} Y^{F_1 F_0}$$

式(5-9)中的第 1 项表示 r_0 区域出口最终产品到 F_0 国所引致的增加值出口,该项可对应生产分割阶段数中纯域内生产分工链条。第 2 项表示 r_0 区域向国内其他区域 r_1 投入中间产品,r_1 区域生产最终产品再出口到 F_0 国,作为其最终需求产品所引致的增加值出口,这一项主要是通过区域间投入一产出联系创造的增加值。第 3 项表示 r_0 区域向 F_0 国出口中间产品,且 F_0 国生产最终产品并被自身最终消费所引致的增加值出口。第 4 项表示 r_0 区域向 F_1 国出口中间产品,且 F_1 国生产最终产品再出口到 F_0 国作为最终需求产品所引致的增加值出口。这两项增加值主要是由国际(国家与国家或国家与区域之间)中间投入联系所引致的增加值出口。但是这种分解方法中,将国内区域层面分块逆矩阵(r_0,r_1)全部归结为由国内生产链条(纯域内和国内域外生产分工)实现的,但实际上,基于前文嵌入一国之内次区域所得 WIOT-IRIOT 链接表,区域间分块矩阵 $L^{r_0 r_1}$、$L^{r_0 r_0}$ 是通过嵌入国内次区域的全球投入一产出表中的直接消耗系数计算得来,其实质上受国际间投入一产出联系的影响,而非代表真正意义上纯粹的国内价值链。针对该问题,本章借鉴并拓展倪红福和夏杰长(2016)的假想提取法思路进行处理,得到经由纯域内价值链、国内域外价值链和国际域外价值链的增加值分解三部分。具体过程如下:假设嵌入区域的全球投入—产出表中国家间中间投入联系不存在,即嵌入次区域的全球投入—产出表的直接消耗系数矩阵 A 变为 A^d:

$$A^d = \begin{pmatrix} A^{RR} & 0 & 0 \\ 0 & A^{FF} & 0 \\ 0 & 0 & A^{GG} \end{pmatrix}; \quad B^d = \begin{pmatrix} A^{dRR} & 0 & 0 \\ 0 & A^{dFF} & 0 \\ 0 & 0 & A^{dGG} \end{pmatrix} \quad (5-10)$$

$$\begin{aligned} VA^r = & \left(\sum_{s \neq r} v^r B^{drr} Y^{rs} + \sum_{s \neq r} v^r B^{drs} Y^{ss} + \sum_{s \neq r} \sum_{t \neq s, r} v^r B^{drs} Y^{st} \right) + \\ & \left[\sum_{s \neq r} v^r (B^{rr} - B^{drr}) Y^{rs} + \sum_{s \neq r} v^r (B^{rs} - B^{drs}) Y^{ss} + \sum_{s \neq r} \sum_{t \neq s, r} v^r (B^{rs} - B^{drs}) Y^{st} \right] + \\ & \left(\sum_{C \in \{F,G\}} \sum_{t \neq r} v^r B^{rC} Y^{Ct} \right) + \left(\sum_{C \in \{F,G\}} v^r B^{rC} Y^{CC} + \sum_{C \in \{F,G\}} \sum_{K \in \{F,G\}, K \neq C} v^r B^{rC} Y^{CK} \right) + \\ & \left[\sum_{C \in \{F,G\}} v^r (B^{rr} - B^{drr}) Y^{rC} + \sum_{s \in \{E,M,W\}, s \neq r} \sum_{K \in \{F,G\}} v^r (B^{rs} - B^{drs}) Y^{sK} \right] + \\ & \left(\sum_{C \in \{F,G\}} v^r B^{drr} Y^{rC} + \sum_{s \in \{E,M,W\}, s \neq r} \sum_{K \in \{F,G\}} v^r B^{drs} Y^{sK} \right) \end{aligned}$$

$$(5-11)$$

式(5-11)为倪红福(2016)提出的增加值分解四部分公式,第 1 个括号中的式子主要代表区域 r 通过国内价值链的增加值流出。第 2 个和第 3 个括号表示区域 r 通过国际价值链的增加值流出。第 4 个和第 5 个括号表示区域 r 通过国际价值链的增加值直接出口部分。第 6 个括号表示区域 r 通过纯国内价值链的增加值直接出口。

$$\begin{aligned} VA^r = & \left(\sum_{C \in \{F,G\}} v^r B^{drr} Y^{rC} + \sum_{s \neq r} v^r B^{drr} Y^{rs} \right) + \\ & \left(\sum_{s \neq r} v^r B^{drs} Y^{ss} + \sum_{s \neq r} \sum_{t \neq s, r} v^r B^{drs} Y^{st} + \sum_{s \in \{E,M,W\}, s \neq r} \sum_{K \in \{F,G\}} v^r B^{drs} Y^{sK} \right) + \\ & \left[\sum_{s \neq r} v^r (B^{rr} - B^{drr}) Y^{rs} + \sum_{s \neq r} v^r (B^{rs} - B^{drs}) Y^{ss} + \sum_{s \neq r} \sum_{t \neq s, r} v^r (B^{rs} - B^{drs}) Y^{st} \right] + \\ & \left(\sum_{C \in \{F,G\}} \sum_{t \neq r} v^r B^{rC} Y^{Ct} \right) + \left(\sum_{C \in \{F,G\}} v^r B^{rC} Y^{CC} + \sum_{C \in \{F,G\}} \sum_{K \in \{F,G\}, K \neq C} v^r B^{rC} Y^{CK} \right) + \\ & \left[\sum_{C \in \{F,G\}} v^r (B^{rr} - B^{drr}) Y^{rC} + \sum_{s \in \{E,M,W\}, s \neq r} \sum_{K \in \{F,G\}} v^r (B^{rs} - B^{drs}) Y^{sK} \right] \end{aligned}$$

$$(5-12)$$

为与生产分割阶段数结合讨论,本章将增加值分解重新组合,式(5-12)中第 1 个括号表示纯域内生产分工链条产生的增加值,其中第 1 项表示 r 区域内部生产出最终产品直接出口到 C 国所引致的增加值出口;第 2 项表示 r 区域内部生产出最终产品直接流向同一国家内的其他区域 s,作为区域 s 的最终需求产品引致的增加值流出。第 2 个括号表示国内域外生产分工链条的增加值产出,其中第 3 项表示 r 区域向国内其他区域 s 提供中间品,区域 s 将其加工成最终产品并成为区域 s 的最终需求产品产生的增加值;第 4 项表示 r 区域将中间品输入 s 区域,由 s 区域加工成最终产品并最终流入区域 t,成为 t 区域的最终需求产品引致的增加值流出;第 5 项表示 r 区域向国内其他区域 s 投入中间产品,由 s 区域将其加工成最终产品再出口到 K 国,作为 K 国最终需求产生的增加值。剩下的 8 项均为国际域外生产分工链条的增加值产出。其中第 6 项和第 12 项分别为国际价值链嵌入区域内部生产分工引起的增加值流出和出口;第 7、8 项和第 13 项为国际价值链嵌入区域之间(即国内域外生产分割阶段)引起的增加值流出和出口;第 9 项表示 r 区域出口中间产品至 C 国,并由 C 国加工成最终产品回流至国内其他区域 t 引起的增加值回流;第 10 项和第 11 项分别代表由 r 区域出口中间产品至 C 国,并由 C 国加工成最终产品,分别在 C 国本地和其他国家 K 最终消费引起的增加值流出。

5.2 本土价值链分工的区域差异和演变

5.2.1 生产分割视角的解构和比较

(1) 总体角度的考察

由于中国区域间投入—产出表 2002 年、2007 年、2012 年的编制本身涉及行业调整等技术性问题;再者,仅通过三个独立年份反映的规律存在偏差,即规律的延续性不够。因此为从连续时间上更全面地考察中国本土价值链的演变趋势,研究将已有的 2002 年、2007 年和 2012 年的区域间投入—产出表推演至 2000—2014 年连续时间序列表。

图 5-2 和图 5-3 从中国本土价值链整体视角描述了 2000—2014 年生产分割演变情况与分解特点。

如图 5-2,总生产分割呈小幅上升趋势,波动幅度较小,而且 2011 年之后上升至一个新的高度并在此后几年保持稳定。这一变化表明中国整体生产复杂度正稳步提升,生产链条长度正逐渐延伸。与总生产分割不同的是,生产分割阶段数解构的各部分演变趋势各异,而且上升或下降趋势显著,变化呈现明显的阶段性特征。

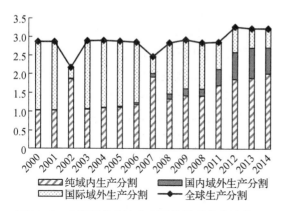

图 5-2 中国整体生产分割解构及其演变趋势（2000—2014）

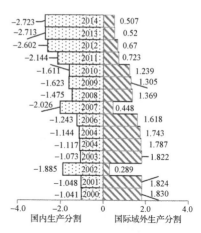

图 5-3 整体视角国内和国际生产分割演变趋势

资料来源：图 5-2、图 5-3 中数据系笔者根据公式计算得到。

细化到国内生产分割阶段数内部来看，纯域内生产分割和国内域外生产分割均呈显著上升趋势。具体而言，纯域内生产分割的上升表明中国各区域内部生产分工不断细化，复杂度提升，链条延长趋势显著；国内域外生产分割阶段数的提升则反映了区域间生产分工联系的深化与延伸。2002 年中国加入世界贸易组织后国内生产组织结构的调整导致纯域内生产分割显著增长；而 2007 年金融危机引起了国内经济分工结构的显著波动，纯域内生产分割阶段数和国内域外生产分割均明显上升。更值得关注的是相对于纯域内生产分割，国内域外生产分割阶段数的增长历程颇为坎坷，2007 年之前一直位于低位，2008—2010 年增幅有限，直至 2011 年之后才有了显著增长。这进一步反映了金融危机后国际世界不确定性的增强使得中国更加重视国内市场，区域间生产联系显著加强，而且经过长期的调整，各区域的分工地位与功能定位逐渐清晰，区域间生产分工链条得以深化与拓展。与此同时，从绝对数值上来看，纯域内生产分割一直高于国内域外生产分割，国内各区域整体而言还是以各自域内生产分工为主，依托内部生产分工协作发展经济。但两部分生产分割阶段绝对数值之间的差距在逐渐缩小，这又反映了区域间分工联系的加强，本土价值链分工体系的完善与升级已经初见成效。

从国内生产分割和国际生产分割的比较来看（图 5-3），国内和国际生产分割部分均呈现阶段性变化趋势。国内生产分割阶段数在 2002 年迎来爆发式增长，在此之后的几年国内生产分割阶段数缓慢增长。同样的变化趋势反映在 2007 年及之后的几年。产生这种变化趋势的原因有三点。第一，2001 年加入 WTO 后，中国积极嵌入全球价值链分工，带动国内生产分工不断细化，因此国内生产分割阶段数迎来增长。第二,金融危机时期,国内经济受到一定程度冲击,经济下行压力大,国内生产分割阶段数呈现下降趋势。第三,危机调整期过后,企业逐渐将发展重心收回国内,区域间联系相对加强,使得价值链分工的国内部分继续深化。反观国际生产分割阶段数部分,加入全球生产分工网络初期,中国依托制造业承接发达国家产业转移,该阶段国际生产分工复杂度较高。此后,金融危机对国际生产分工冲击较大,国际生产分割阶段数显著下降。危机后的调整期间,国际生产分割虽呈现小幅上升,但大部分企业国际生产分工链条受损,在国际经济形势波动不断的背景下,企业重心转移,因此,调整期过后国际生产分割阶段数呈现进一步下降趋势。

从生产分割阶段数的绝对数值来看,2000—2008年的大部分年份国际生产分割阶段数均大于国内生产分割,这里主要存在三点原因。首先,这一阶段中国国内经济市场化发展尚不完善,虽然企业生产的功能分离技术层面逐渐可以实现,但仍存在管理成本和体制等因素的影响。其次,该阶段更注重外向型经济发展,通过国际贸易与合作积极嵌入全球价值链条,相对而言国际分工细化程度高于国内部分。与此同时,国际先进技术的引进对国内生产分工的专业化与国内经济发展起到明显促进作用。2008年之后,国内生产分割阶段数逐渐反超国际生产分割。这是由于国际金融危机带来的冲击使得长期外向型经济发展的弊端显现,所以在外部经济不确定性增加的情况下本土价值链构建与升级对国际生产价值链形成一定的替代。

综上所述,中国生产分割虽然整体上波动较小,但其分解各部分均呈现阶段性变化,尤其是加入WTO与全球性金融危机之后的阶段性调整。近几年国内生产分割和国际生产分割的趋势均趋于稳定,而且生产分割阶段绝对数值上国内生产分割阶段和国际生产分割呈现此消彼长的趋势,国内生产分割数已经逐渐超过国际部分。由此分析可见,中国在嵌入全球价值链过程中不仅拓展了其国际生产分工链条,而且极大地促进了中国本土价值链的构建与完善,这一结果进一步印证了倪红福和夏杰长(2016)的结论。

(2)行业层面的比较

图5-4给出了中国本土价值链细分行业生产分割阶段数在2002年、2007年、2010年、2012年和2014年的演变情况。细分17个行业生产分割阶段数演变情况与中国整体生产分割阶段数演变趋势基本一致,整体均呈上升趋势。比较来看,农林牧渔业、商业和运输业及其他服务业总生产分割阶段数逐步增长,因开放范围相对狭窄,故受国际经济波动影响较小,增长趋势平稳;而制造业是对外开放进程中的"排头兵",演变趋势容易受世界经济及中国参与国际生产分工程度的影响,因此普遍呈波动增长趋势。中国嵌入全球生产分工初期主要是依托制造行业较低要素成本和交易成本,因此制造业生产分工细化程度远高于农业和服务业,相应的金融

危机对制造业的冲击也是最大的,2010年制造业整体生产分割阶段数显著下降。经历危机后的调整,制造行业转型升级取得一定成效,生产分割阶段数2012年和2014年呈稳定增长趋势。从生产分割阶段数绝对数值上看,制造行业在全行业中仍然占据主要份额,农业生产分工链条限于其行业特性生产分割水平提升有限,而服务业因长期以来的不可分割性故生产分割阶段数仍位于低位。就制造业内部来看,交通运输设备制造业、电子机械及电子通信设备制造业、机械工业和金属品冶炼及制品业等技术密集型制造业生产复杂度相对其他制造业较高。

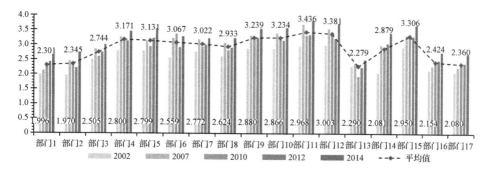

图5-4 中国整体视角下分行业生产分割阶段数演变情况①

资料来源:图中数据系笔者根据公式计算得到。

为进一步探析细分行业生产分割阶段各解构部分演进特征,图5-5给出了中国细分行业的纯域内、国内域外和国际域外生产分割阶段数比较情况。从行业层面看,纯域内生产分割和国际域外生产分割是构成总生产分割阶段数的主体部分。由图5-5可见,国际域外生产分割的行业异质性较强。电气机械及电子通信设备制造业、机械工业、造纸印刷及文教用品制造业、交通运输设备制造业和金属品冶炼及制品业等制造业国际域外生产阶段数排在前五位,其中四行业属于技术密集型制造业,这主要有两个方面的原因。一方面,这些行业自身生产复杂度较高;另一方面,中国长期嵌入国际价值链条,引入国际先进技术,技术密集型制造业的生产链条国际延伸相对传统制造业而言更容易。与国际域外生产分割不同的是,纯域内生产分割的行业异质性相对而言不明显。就大区域层面而言,各区域内部生产分工体系相对较为完善,因此纯域内生产分工复杂程度差异较小。纯域内生产分割阶段数排名前五位的行业除交通运输设备制造业外,其余四行业(电力及蒸汽

---

① 本图中部门代码含义如下:部门1.农林牧渔业;部门2.采掘业;部门3.食品制造及烟草加工业;部门4.纺织服装业;部门5.木材加工及家具制造业;部门6.造纸印刷及文教用品制造业;部门7.化学工业;部门8.非金属矿物制品业;部门9.金属品冶炼及制品业;部门10.机械工业;部门11.交通运输设备制造业;部门12.电气机械及电子通信设备制造业;部门13.其他制造业;部门14.电力及蒸汽热水、煤气、自来水的生产和供应业;部门15.建筑业;部门16.商业、运输业;部门17.其他服务业。本章同下。

热水、煤气、自来水的生产和供应业,纺织服装业,建筑业和木材加工及家具制造业)属于传统制造业和生活性服务业。

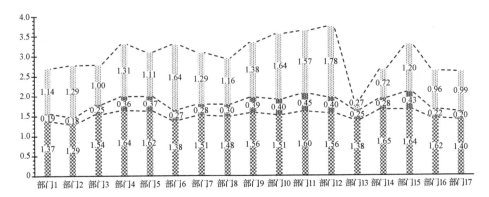

图5-5 细分行业生产分割解构状况及异质性特征比较

资料来源:图中数据系笔者根据公式计算得到。

图5-6给出了典型行业(农林牧渔业、纺织服装业、化学工业、机械工业、交通运输设备制造业、电气机械及电子通信设备制造业、商业运输业)的生产分割解构各部分2000—2014年演变情况。第一幅图为典型行业总体生产分割阶段数的演变情况;后三幅图为总生产分割解构的三部分,分别为国际域外生产分割阶段数(RIPSL)、纯域内生产分割阶段数(RDPSL)、国内域外生产分割阶段数(RRPSL)的演变情况。这里主要关注于行业间差异的演变。从总生产分割阶段数来看,制造业和服务业的差距逐渐拉大;但制造业内部各行业间生产分割的差距在近几年呈缩小趋势。相比较而言,国际域外生产分割的典型行业间差距近四年来逐渐缩小,而且均呈现下降趋势。与总生产分割和国际域外生产分割变化趋势不同的是,纯域内生产分割和国内域外生产分割阶段数的行业异质性则由低位趋同到分散,最后逐渐演变为高水平趋同。2000—2007年所选典型行业国内部分生产分工水平差异较小,而且相对集中于低位,2008—2012年金融危机之后行业间差距明显增大,但2013年之后,行业间差距又一次缩小,并且整体生产分工复杂度高于第一阶段。总的来看,制造业内部生产复杂度差距并不明显,但制造业生产分割仍然显著高于服务业。造成这一现象的原因一方面由于服务业自身特性,即服务的不可分性较强,服务业提供中间品的消费更多依赖"面对面"交流(倪红福,2016),服务生产链条的拓展往往受到众多隐性限制,因此服务业生产链条相对较短。除此之外,服务的生产与消费往往需同时发生,服务贸易的实现相对商品贸易更复杂,这种贸易的复杂性也限制了服务生产链条的拓展。服务生产与提供需依托交通、信息技术、通讯和语言文化等条件(Hoekman,2010),服务业生产链条更倾向于在有

限空间范围内独立拓展,但与此同时服务的需求市场依赖于大空间,需求规模约束下,其大空间范围生产链条拓展必须"寄生"制造环节。另一方面,相比制造业,服务业领域的市场化进程依然比较缓慢。由于服务业在国家经济和政治安全、金融稳定、就业和意识形态等方面较为敏感,因此,各国制定服务业对外开放政策时更加谨慎,考虑国家安全等因素,对服务业会采取比货物更严格的限制性措施(俞灵燕,2005)。中国的服务业领域中同样存在国有企业垄断比重过高的现象,而且中国服务业发展水平滞后于世界其他国家,尤其是以知识和先进技术为基础的现代服务业(姚战琪,2019)。近几年国家对服务业对外开放重视程度逐渐提升,同时意识到对服务业的严格限制措施一定程度会阻碍经济的持续发展(Borchert 等,2012),这也导致了考察期内服务业跨国、跨区域乃至区域内分工协作特点还很不明显。伴随着"负面清单"制度的推出,服务业对外开放开始迈出坚实的一步。

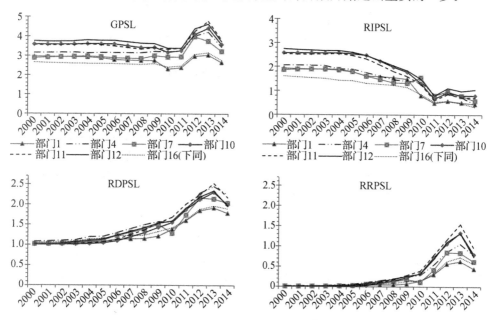

图5-6 典型行业总生产分割及其分解的演变情况

资料来源:图中数据系笔者根据公式计算得到。

5.2.2 增加值视角的解构和比较

(1)增加能力的总体考察

上文生产分割阶段数的分解揭示了本土价值链条拓展的过程,而增加值解构则从价值链条分工的结果角度侧面反映了价值链拓展程度。为进一步结合全球价值链和国内价值链分析方法,从国内生产价值增值角度分析本土价值链演变情况,本章借鉴倪红福和夏杰长(2016)的方法,将国内增加值(DVA)分为十三项,并按纯域内生产链条、国内域外生产链条及国际域外生产链条将其重新组合为三部分：纯域内增加值（经由纯域内价值链流出到国内域外部分和出口到国际部分的增加值）、国内域外增加值（由区域 a 产出中间品流向国内其他区域 b，并加工成最终品流出至国内其他区域 c 和出口至国家 C 产生的增加值）、国际域外增加值（由区域 a 出口中间品至国家 B，并由 B 国加工成最终品出口至国内区域 c 和国家 C 产生的增加值）。具体增加值分解见图 5-7 所示。

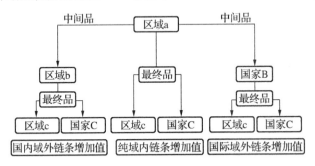

图 5-7　增加值分解三部分图示

资料来源：图中数据系笔者根据相关公式计算得到。

图 5-8 给出了中国 2000—2014 年增加值演变及分解三部分变化趋势。整体来看，中国增加值总额呈上升趋势，尤其 2010 年之后增长速度明显加快。从分解三部分绝对数值来看，纯域内、国内域外和国际域外增加值三部分均有所增长。然而从各部分占增加值总额比重来看，纯域内链条增加值占主体，国际域外链条增加值居中，但近几年呈显著下降趋势，国内域外链条增加值占比观察期前期最低，但后期呈上升趋势。具体而言，增加值三部分比重演变趋势同样呈现阶段性特征。2000—2005 年分解的三部分链条增加值组成较为稳定，纯域内生产增加值占主体，国际域外增加值居中，国内域外生产增加值最少。造成这一变化趋势的原因主要是长期以来，中国嵌入全球价值链更多依托加工贸易，经由国际价值链出口中间品至其他国家，因此国际域外链条增值比重在危机前显著高于国内域外链条增值。2006—2009 年纯域内链条增加值和国内域外链条增加值占比呈显著反向变化，纯域内链条增加值的占比显著降低，而国内域外链条增加值占比显著上升。与此同时，国际域外链条增加值占比保持稳定。2009—2010 年调整期间，纯域内链条增加值所占份额上升，国内域外链条增加值份额与国际域外链条增加值份额下降。2010 年之后，纯域内增加值和国际域外链条增加值占比一直呈下降趋势，国内域外增加值部分呈上升趋势。这主要是由于金融危机后国际价值链条受国际经济冲击较大，面对国际经济不确定性的增强，中国转而主要依托国内区域间价值链创造增加值，国内区域间生产合作分工联系增强，对经由国际价值链的增加值产生了显著的替代效应。因此，积极加强国内价值链构建与升级，与中国所在的全球价值链形成"共轭环流"（洪俊杰，2018），对本土价值增值的量的突破具有重要意义。

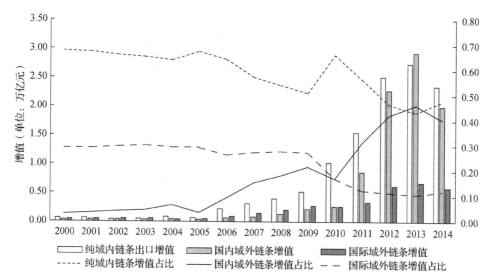

图 5-8 中国区域整体视角下增加值解构状况比较 (2000—2014)

资料来源:数据系作者根据公式计算得到。

(2) 增值能力的行业差异

为进一步分析增加值的行业分布演变情况,结合价值链分工和中国产业结构演变趋势,本节选取传统制造业中的纺织服装业、化学工业,制造业基础行业——机械工业,技术密集型制造业——电气机械及电子通信设备制造业和商业、运输业等五个典型行业进行分析。

表 5-1 和表 5-2 分别给出了 2002 年和 2012 年典型行业的国内增加值来源分布情况。相比 2002 年,2012 年典型行业增加值投入均显著增加,生产分割不断细化、效率提升的同时带来价值增值提高的现象,在各行业均有所体现。绝对数值上,2002 年和 2012 年服务业增加值投入总数虽然低于化工和机械等具有传统优势的制造行业,但是提升速度显著高于纺织服装业和电气机械及电子通信设备制造业等制造行业。造成这一现象的主要原因有两点:一方面服务业的生产复杂度及生产环节标准化程度仍不及基数较大的化工和机械制造业,加之对外开放进程也以制造行业为主,中国制造业纵深发展较快。服务业则受限于其行业特性与技术发展及应用速度,更多依赖面对面行为,价值增值投入相对这些制造业而言有限。另一方面依托劳动资源的纺织服装业的发展和需要技术支撑的电气机械及电子通信设备制造业的增值投入增速相对而言较慢。

与增加值投入相比,典型行业增加值来源分布差异较大。总体来看,制造行业增加值来源于自身部分的较少,增加值中原材料和商务运输业及其他服务业比重相对较高,而服务业增加值过半数是由服务业自身创造的,并且对其他四个制造业的增值创造贡献也较高。具体到行业,纺织服装业这一传统劳动密集型制造业的增加值中农林牧渔行业贡献比重较高,而采选业对化学工业的增加值贡献超过一半,这一特征在2012年表现得更明显。总的来说,纺织服装业和化学工业这类传统制造业结构变化较小。机械工业和电气机械及电子通信设备制造业2012年增

表5-1 2002年典型行业增加值来源分布情况

部门	部门4 数值	占比	部门7 数值	占比	部门10 数值	占比	部门12 数值	占比	部门16 数值	占比
1	2.03	20.81%	1.21	1.98%	0.09	0.58%	0.04	0.69%	0.18	5.99%
2	0.31	3.22%	31.14	50.85%	3.40	22.56%	1.01	16.56%	0.19	6.25%
3	0.23	2.33%	0.42	0.69%	0.07	0.44%	0.03	0.56%	0.06	1.87%
4	1.35	13.82%	0.15	0.24%	0.03	0.21%	0.02	0.38%	0.03	0.98%
5	0.11	1.11%	0.21	0.34%	0.10	0.65%	0.04	0.57%	0.02	0.50%
6	0.13	1.32%	0.46	0.75%	0.10	0.70%	0.08	1.25%	0.03	0.08%
7	0.36	3.70%	3.44	5.62%	0.34	2.23%	0.18	2.96%	0.15	4.97%
8	0.03	0.36%	0.20	0.32%	0.07	0.44%	0.03	0.47%	0.01	0.32%
9	0.09	0.87%	0.82	1.35%	4.45	29.50%	1.40	22.94%	0.04	1.45%
10	0.09	0.95%	0.48	0.78%	0.28	1.83%	0.10	1.71%	0.02	0.72%
11	0.04	0.44%	0.17	0.29%	0.04	0.29%	0.03	0.42%	0.03	0.82%
12	0.07	0.69%	0.40	0.66%	0.10	0.64%	0.19	3.07%	0.05	1.48%
13	0.00	0.00%	0.00	0.00%	0.00	0.00%	0.00	0.00%	0.00	0.00%
14	0.14	1.44%	1.10	1.80%	0.69	4.55%	0.23	3.81%	0.04	1.44%
15	0.14	1.39%	1.28	2.08%	0.26	1.73%	0.11	1.79%	0.06	2.00%
16	2.12	21.69%	6.82	11.14%	1.89	12.52%	0.85	13.86%	0.40	13.12%
17	2.52	25.87%	12.94	21.12%	3.19	21.12%	1.77	28.95%	1.75	57.11%
合计	9.76	1.00	61.25	1.00	15.09	1.00	6.12	1.00	3.06	1.00

资料来源:表中数据系笔者根据公式计算得到。

表5-2 2012年典型行业增加值来源分布情况

部门	部门4 数值	占比	部门7 数值	占比	部门10 数值	占比	部门12 数值	占比	部门16 数值	占比
1	17.32	35.23%	8.75	1.29%	1.39	0.61%	0.22	0.70%	2.85	4.02%
2	3.22	6.54%	396.11	58.46%	92.01	40.46%	8.85	28.51%	3.17	4.48%
3	0.88	1.80%	2.48	0.37%	1.02	0.45%	0.21	0.69%	0.87	1.22%
4	2.30	4.67%	0.62	0.09%	0.29	0.13%	0.05	0.15%	0.09	0.12%
5	0.15	0.31%	0.98	0.14%	1.22	0.54%	0.11	0.37%	0.21	0.29%
6	0.32	0.65%	1.55	0.23%	0.68	0.30%	0.16	0.53%	0.38	0.54%
7	1.05	2.14%	8.52	1.26%	3.23	1.42%	0.58	1.87%	1.07	1.52%
8	0.09	0.18%	1.33	0.20%	0.55	0.24%	0.08	0.27%	0.20	0.29%
9	0.05	0.11%	1.03	0.15%	16.50	7.26%	2.25	7.24%	0.18	0.26%
10	0.30	0.60%	5.64	0.83%	6.11	2.69%	0.79	2.55%	0.44	0.63%
11	0.18	0.36%	1.58	0.23%	0.68	0.30%	0.14	0.46%	0.77	1.09%
12	0.31	0.64%	5.72	0.84%	2.37	1.04%	1.07	3.45%	0.80	1.13%
13	0.00	0.00%	0.00	0.00%	0.00	0.00%	0.00	0.00%	0.00	0.00%
14	1.00	2.04%	14.05	2.07%	8.77	3.86%	1.17	3.78%	1.23	1.74%
15	0.83	1.68%	16.18	2.39%	4.77	2.10%	0.62	2.00%	1.78	2.51%
16	10.17	20.70%	73.33	10.82%	34.55	15.19%	5.42	17.46%	6.19	8.73%
17	10.98	22.34%	139.74	20.62%	53.25	23.42%	9.31	29.99%	50.65	71.44%
合计	49.16	1.00	677.63	1.00	227.38	1.00	31.06	1.00	70.91	1.00

资料来源:表中数据系笔者根据公式计算得到。

加值来源中金属品冶炼及制品业的贡献显著下降,而更多的来源于采选业这一原材料供应行业,同时商业、运输业和其他服务业对其增值贡献比重也有所提升,这两类技术密集型制造业的增加值结构变化较大,中间品创造的增加值有所下降,而原材料和服务业供应创造增值显著提高。关于服务业供应创造增值显著提高的原因主要有以下两点:首先,制造行业在过去较长时期内是中国发展的主体行业,制造业的开放度和市场机制均优于服务业,而且中国现代服务业发展需要依托工业现代化,大经济体的特性决定了其需要依托实体经济建立较为完善的产业体系。其次,制造业的发展既可以为服务业,尤其是生产性服务业的发展提供需求和市场,又可以在工业化进程中为其提供人力资源等要素供给(裴长洪和谢谦,2009),因此服务业更多是嵌入制造行业部门,其对增加值的贡献更多地体现在提高制造行业增加值。随着现代信息技术的发展与广泛应用,以技术和知识为基础的生产性服务业的不可分性有待被逐步打破,其生产环节可以被细化分割;同时,制造业投入服务化又依托企业生产分工和服务外包促进技术扩散,提升行业整体水平(刘维刚和倪红福,2018),从而进一步增加其增值创造能力。经过分析可以发现,服务专业化中投入的增值空间有逐渐增强趋势。Hoeckman和Mattoo(2010)曾提出开放经济条件下制造行业竞争力的提升往往需要依托低成本和高质量的生产性服务投入,因此在本土价值链升级转型过程中,产业结构调整应重视生产性服务业与制造业的融合发展。

图5-9描述了2002年和2012年典型行业的国内增加值流向分布情况。直观上2012年五个典型行业增加值流向分布行业相对2002年而言更多地流向制造业,尤其服务业所创造增值更多地流向制造业,进一步验证制造业服务化趋势。纺织服装业和化学工业2002年创造的增加值多数流向本身行业,而2012年纺织服装业增加值流向自身行业相对减少,但仍是主要流向之一,其他行业分布于金属品冶炼及制品业、机械工业和交通运输设备、电气机械及电子通信设备制造业等技术密集型制造业;化学工业创造的增加值则主要分布于采选业和化工行业自身,其他同样主要流向机械工业和交通运输设备制造业。机械工业和电气机械及电子通信设备制造业同样2012年增加值流向以采选业、化工行业和技术密集型制造业为主。综合四个典型制造行业增加值流向,可以发现劳动、技术等要素创造增值能力远高于单纯中间投入物质性资源,其创造增值主要流向资源型行业和技术密集型制造业。服务业创造增加值流向分布和技术密集型制造业增值流向大致相同,这进一步表明服务行业创造增值的间接性,主要以嵌入制造行业部门的间接形式创造增加值。从增加值绝对数值上看,服务业所创造的增加值流出远远大于制造行业增加值流出总额,但中国长期使用物质产品体系(MPS)进行国民经济核算,使得服务行业直接创造的增值难以直观体现,因此在中国本土价值链的未来发展中服

务行业创造增值的能力有待进一步被发现与挖掘。

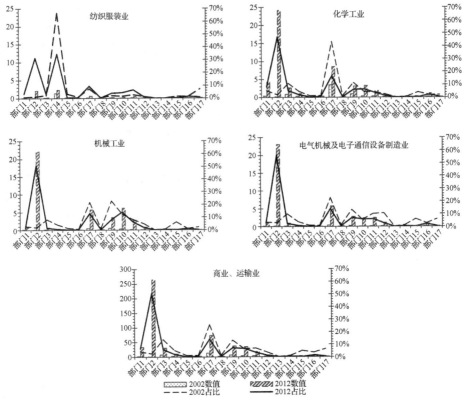

图 5-9　2002 年和 2012 年典型行业增加值流向分布情况

资料来源：图中数据系笔者根据公式计算得到。

5.3　价值链分工在八大区域的时空演变

5.3.1　八大区域生产分割及其解构特点

（1）时间维度的演变规律

在中国本土价值链的整体演变趋势分析基础上，本节将基于八大区域分割阶段数剖析本土价值链条演变状况，并考虑从区域视角将国内域外和国际域外生产分割阶段数相加为全球域外生产分割阶段数，以考察区域内部和外部生产分割阶段数演变差异。

图 5-10 显示的是中国八大区域 2000 年、2005 年、2010 年、2014 年生产分割阶段数及其解构三部分的演变情况。整体上八大区域总生产分割阶段数绝对数值

均有所增加,生产分工整体细化程度明显加深。与整体视角下总生产分割阶段数不同的是,构成总生产分割的三部分绝对数值变化各异。纯域内部分和国内域外部分明显呈上升趋势,尤其纯域内生产分割部分显著高于其国内域外和国际生产分割水平,这说明纯域内生产分割在较大程度上决定一个区域参与全球价值链分工和国内价值链分工复杂度总体水平。相反,国际域外生产分割呈下降趋势,国内和国际部分呈此消彼长之势。图 5-11 为 2000—2014 年八大区域平均水平下纯域内生产分割和全球域外生产分割的演变情况。从域内和全球域外视角来看,域内和全球域外生产分割阶段数整体同样呈现此消彼长趋势,但因国内域外生产分割阶段数的提升使得二者差距并不如国内和国际生产分割间差异显著,这进一步体现了国际经济不确定性增加带来国内区域间价值联系的增强。

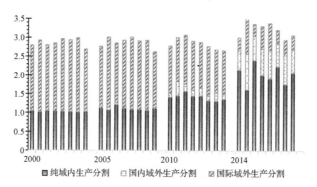

图 5-10 中国八大区域生产分割解构演变情况[①]

资料来源:图中数据系笔者根据相关公式计算得到。

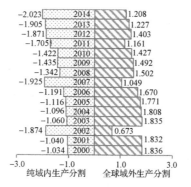

图 5-11 区域内和区域外生产分割演变情况

资料来源:图中数据系笔者根据相关公式计算得到。

总生产分割区域差异比较上,纵向看区域间差异逐渐增强。2000 年八大区域

---

① 柱形图从左到右依次为东北区域、京津区域、北部沿海、东部沿海、南部沿海、中部区域、西北区域、西南区域,本章下同。

间生产分割阶段绝对数值差异很小,此后几个典型年份区域间差异逐渐拉大(图5-10)。横向比较方面,至2014年,京津、南部沿海、北部沿海、东部沿海等沿海区域总生产分割阶段数显著高于其余四大内陆区域;而内陆区域中,中部区域明显高于西北、西南和东北区域。细化到生产分割各组成部分,情况又有不同。纯域内生产分割阶段数差异方面,沿海区域中仅北部沿海区域位列第一,靠前的更多为内陆区域(中部区域、东北区域、西南区域)。京津和南部沿海区域纯域内生产分割阶段数明显低于其他区域,原因如下:京津区域由于其自身地理空间范围有限,纯域内生产分割阶段数发展空间受限,故其绝对数值不占优势;南部沿海区域长期偏向外向型经济的发展,虽然区域整体经济规模位列靠前,但区域内部生产分工联系相对薄弱,易受外部经济波动的影响,内部生产分工联系有待加强。总的来看,纯域内生产分割的分布现状一定程度上契合了黎峰(2016)提出的各区域国内价值链嵌入度呈现"西高东低"梯度递减格局。与纯域内生产分割阶段数不同的是,国内域外生产分割区域差异比较方面,京津区域较长期均位于第一,一方面由于北京的较高经济结构服务化水平,其总部经济特点突出;另一方面天津是国内重要装备制造基地,因此京津区域的国内域外辐射影响会很大,在国内价值链分工体系中扮演着"关键"角色。比较之下,沿海区域其他三大区域的国内域外生产分割阶段数与内陆区域差异较小,经济辐射影响并不是很突出。国际域外生产分割阶段数的比较上,京津区域、南部沿海和东部沿海区域位列前三,沿海的区位优势使然;尤其是南部沿海,其较高国际生产分割水平在很大程度上提升了全球生产水平与位次。相比而言,内陆各区域更主要通过区域间价值链条向沿海区域供应原料或中间品间接嵌入国际价值链分工,因此国际生产分割阶段数普遍偏低。

结合2000—2014年平均条件下八大区域生产分割阶段数分解特点来看(表5-3),四大沿海区域生产分割阶段数在总量上优于内陆区域。但从分解各部分来看,京津区域纯域内生产分割阶段数受其地理空间条件限制难以大幅提升,国内域外和国际域外生产联系优势突出,彰显其核心地位;其他三大沿海区域生产分割各部分

表5-3 中国八大区域生产分割解构状况比较

区域	全球生产分割				全球域外	国内
	纯域内	国内域外	国际域外	合计	国内域外+国际域外	纯域内+国内域外
东北	1.569	0.172	1.087	2.829	1.260	1.742
京津	1.365	0.427	1.296	3.088	1.723	1.792
北部沿海	1.697	0.272	1.097	3.066	1.370	1.969
东部沿海	1.538	0.223	1.283	3.043	1.506	1.760
南部沿海	1.452	0.261	1.334	3.047	1.595	1.714
中部	1.520	0.221	1.183	2.9233	1.404	1.740
西北	1.373	0.293	1.154	2.820	1.447	1.666
西南	1.508	0.216	0.973	2.697	1.189	1.724

资料来源:表中数据系笔者根据相关公式计算得到。

相对均衡,但仍有拓展升级空间,尤其国内域外生产分工联系。内陆区域在拓展域内生产分割阶段数的同时,同样应重视国内域外生产分割联系,以加强与沿海区域合作分工,优势互补,从而构建良好的可持续性本土价值链条。

以上分析了八大区域2000—2014年平均条件下区域生产分割阶段数,图5-12从三个时间段揭示了八大区域视角下本土价值链分工的演变规律。第二阶段相对第一阶段而言,域内、国内域外生产分割及整体生产分割阶段数小幅上升,国际域外生产分割小幅下降,而这一变化在第三阶段中更加显著。与此同时,区域间差异也愈加显著,这在一定程度上表明,国际上的分工与合作会重塑国家和区域间价值链联系,在嵌入全球价值链分工过程中,各区域差异性更突出。融入国际价值链分工初期,即第一阶段,各区域国际域外生产分割阶段数占较大份额,除京津区域国际域外生产分割略高于其他区域外,区域间差异不明显。第二阶段八大区域纯域内和国内域外生产分割长度提升较为明显,国际生产分割长度则小幅下降。此阶段融入的国际价值分工链条不稳定性提升,导致纯域内和国内域外价值链分工已经较为明显转而替代国际价值链分工,八大区域价值链分工方面差异更趋明显。第三阶段,八大区域纯域内和国内域外生产分割阶段数呈现更大幅度提升,国际生产分割长度则有更大幅度下降,区域国内价值链分工联系的重要性突出。除此之外,各区域生产分割分解三部分特征各异,八大区域的分工定位更加清晰,区域间有机联系下的错位分工发展格局已经初步形成。

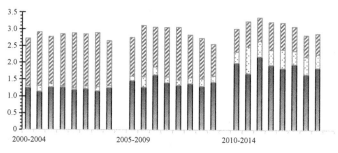

图5-12 八大区域分阶段生产分割分解三部分演变情况

资料来源:图中数据系笔者根据相关公式计算得到。

(2) 区域生产分割的行业差异构成

行业层面,中国参与价值链分工过程中以制造行业为主,其中代表性行业,如纺织服装业通常被认为是发展中国家工业化发展的起点,作为传统制造业的代表性行业,也是最早的出口行业之一;机械工业则为制造行业中的主导行业,同样是参与价值链分工的基础行业;电气机械及电子通信设备制造业作为技术密集型制造业代表行业,在现阶段价值链分工链条升级过程中的重要性突出。因此本节主要通过选取这三个代表性制造行业(纺织服装业、机械工业、电气机械及电子通信设备制造业)和商业、运输业这一服务业行业来比较八大区域生产分割演变趋势及特点。

图5-13给出了八大区域四行业总生产分割阶段数演变特点：纵向比较上，四个典型行业上升趋势并不显著；但分阶段而言，制造业三大典型行业均呈现阶段性上升趋势，即2000—2007年和2010年之后分别呈小幅上升趋势。区域间演变差异方面，主要以2007年和2012年为分界分为三大阶段。2000—2007年，三大制造行业区域间低位趋同，同时呈小幅上升趋势，该阶段制造业主要依托廉价要素优势及较低交易成本，生产分工阶段数有所上升，但整体水平相对不高；2008—2012年区域间差距显著扩大，北部沿海、东部沿海、京津和南部沿海区域为代表的沿海四大区域全球生产分工联系整体上高于其余四大内陆区域；2013—2014年各区域差距再次缩小，但平均水平高于第一阶段，经过金融危机后一段时间调整期，产业升级转型初见成效，生产分工水平相对有所提升。而以商业、运输业为代表的服务业区域间差异演变趋势正好相反，2010年之前区域间差异较为显著，2010年之后区域间发展趋势逐渐趋于一致。

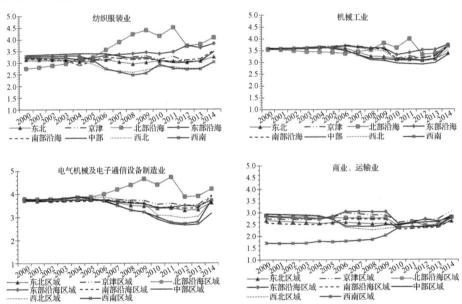

图5-13 四大典型行业总生产分割阶段数演变趋势

资料来源：图中数据系笔者根据相关公式计算得到。

为分析八大区域行业生产分工情况，这里借助八大区域行业层面生产分割分解各部分演变趋势进行研究分析(图5-14至图5-17)，其中位于上方的折线图为纯域内生产分割阶段数，位于下方的折线图为国内域外生产分割阶段数，柱形图为国际域外生产分割阶段数。

图5-14给出了纺织服装业各区域生产分工情况。作为中国传统优势产业，纺织服装业演变趋势和整体趋势相同，纯域内和国内域外生产链条拓展呈上升趋势，而国际生产分工链条拓展有所下降。就纯域内生产链条复杂度而言，以北部沿海和东部沿海区域最为成熟，长期以来大量纺织服装企业集聚于此，并将纺织服装业域内生产分割维持在较高水平。随着纺织服装业逐渐向中西部地区转移和国家"东锭西移"战略推进，东部沿海区域地区纺织服装业企业逐渐加大向中西部地区的投资力度，中部区域纺织服装业纯域内生产分工联系增强较为显著，西北地区的域内生产分工复杂度虽较其他区域而言较为落后，但其国内域外生产联系显著增强。吴爱芝等(2013)曾指出该阶段东部沿海的浙江、广东、江苏、河北、上海等和中部的湖北、河南纺织服装业结构变化系数较高，这与本节观察结论较为一致。与此同时，和北部沿海毗邻的京津区域在纺织服装业上发挥了其较强的国内域外生产分割联系作用。但在国际生产分工联系方面，北部沿海的发展较为滞后，中部区域的国际生产链条平均水平上与京津和东部、南部沿海区域相差无几。值得注意的是，北部沿海区域以河北、山东为主，其纺织服装业主要面向国内市场发展，国内生产链条的完善导致其出口主要以最终品形式参与国际贸易，因此其纯域内和国内域外生产分工复杂度较高，而国际分工联系较弱。东部沿海地区同样为纺织服装业发达区域，其纺织服装业生产分工链条规模已达较高水平，但参与价值链分工水平较低，在全球该行业价值链中利润的大部分被掌握品牌市场等高价值增值环节的欧美国家获取。因此在产业向中西部转移的同时，沿海区域主要将重心移至设计、品牌等高价值增值环节的创新方向，把握核心生产环节。

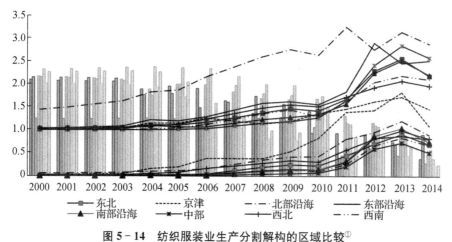

图5-14 纺织服装业生产分割解构的区域比较[①]

资料来源：图中数据系笔者根据相关公式计算后得到。

[①] 图5-14至图5-17的折线图从上至下分别为纯域内生产分割和国内域外生产分割，柱形图为国际域外生产分割。

图 5-15 给出了机械工业各区域生产分工情况，对比机械工业域内和国内域外生产分割水平可见，整体而言趋势和纺织服装业类似，纯域内和国内域外生产分工联系增强，国际生产分工链条金融危机后有所下降。然而机械工业区域间差异性相比纺织服装业而言较小，尤其在金融危机之前，区域间差异极小，这正反映了机械行业在国民经济中的基础性特征：各区域机械行业发展体系相对较为完善。具体来看，北部沿海、东部沿海和东北区域机械工业纯域内生产分工复杂度长期保持较高水平，京津、南部沿海和东部沿海区域及西北区域国内域外和国际生产分工复杂度均排位靠前。沿海区域主要依托其政策优惠、资源和区位优势，机械工业区域内部和区域外部生产分工联系发展相对较快。作为老工业基地的东北区域受历史因素影响区域内部机械工业发展较为突出，计划经济时期投入的大量资源使得东北区域内部功能相对完整，从而呈现出区域内部循环的封闭性特征（刘洋和金凤君，2009），使其市场化改革面临更大阻碍，因此即使产业结构调整进程不断推进，其区域外部生产分工发展相对其他区域仍较为落后。同样由于历史因素，西北区域产业发展长期以重工业为主，导致其轻重工业比例失调，也引起其重工业内部自我繁殖机制差和资源错配等问题，其区域内部机械工业的新技术和结构的调整更新慢，因此其区域内部机械工业生产分工复杂度相对其他区域较低，但其重工业基础决定了西北区域机械工业具备生产分工细化能力，故其区域外部生产分工联系较强（岳珑，2009）。综合来看，沿海区域中机械工业纯域内生产联系上北部沿海较为突出，京津、南部沿海区域域外生产分工联系较强，东部沿海机械工业生产分工域内域外联系较为均衡。内陆区域中西北区域机械工业域外生产联系明显强于其他内陆区域，依托其良好的重工业基础，应结合其区域外部生产分工价值链，积极调整其内部价值链结构，促进本土价值链的良性循环。

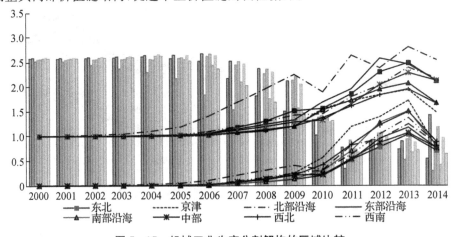

图 5-15　机械工业生产分割解构的区域比较

资料来源：图中数据系笔者根据相关公式计算得到。

图 5-16 给出了电气机械及电子通信设备制造业生产分割解构的区域比较。由图 5-16 可见,作为技术密集型制造业的代表行业,该行业区域间差异性明显高于机械工业和纺织服装业。其中,纯域内生产分工复杂度的区域间差异相对最大,北部沿海、东北、东部沿海和西南区域占据前四位置。虽然南部沿海区域在该行业发展方面同样具有优势,但其域内生产分割水平仅位列第五。与纯域内生产分割阶段数不同的是,从国内域外和国际域外生产分割阶段数来看,京津和南部沿海区域处于前列。这从另一个角度揭示上文反映的这两个区域参与价值链分工发展问题——较高"飞地"经济特色和较低内向分工联系。综合价值链分解三部分的区域差异来看,沿海区域整体而言依托其丰富的人力资本和技术创新资源,电气机械及电子通信设备制造业的生产分工复杂度相对内陆区域而言更高,内陆区域整体而言在技术密集型制造行业仍不具备优势,这与中国制造行业实际情况相符。

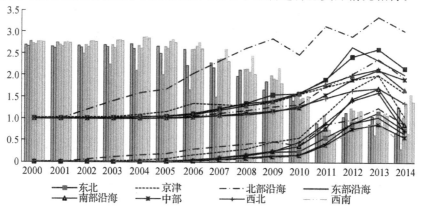

图 5-16 电气机械及电子通信设备制造业生产分割解构的区域比较

资料来源:图中数据系笔者根据相关公式计算得到。

图 5-17 给出了商业、运输业生产分割解构的区域比较。与制造业不同的是,八大区域服务行业域内和国内域外生产分割区域差异均是四个行业中最小的。这主要是由于服务行业自身长期以来的不可分性导致其价值链条发展需要在区域内部形成完整链条,再加上中国服务行业市场化改革进程滞后,因此各区域内部商业、运输业生产分工链条差异性较小。除此之外,各区域的区位特征在一定程度上影响服务业的生产分工复杂度。其中,地理区位特征在较大程度上导致了东北区域该行业纯域内生产分割水平最高;而区域"枢纽"服务功能定位和辐射能力,则导致京津区域该行业国内域外生产分割水平是最高的。就国际域外生产分割水平而言,京津、南部沿海和东部沿海区域因其地理区位优势使得国际域外生产分割阶段数仍远高于其他区域。伴随着国家对服务业对外开放重视程度逐渐提升和"负面清单"制度的推出,服务业对外开放进程推进速度显著提升,同时在开放过程中承

接国外先进技术和提升自主创新能力,使得生产性服务业的可分性得到有效提升,因此沿海区域商业、运输业的国际域外生产分工复杂度提升显著。

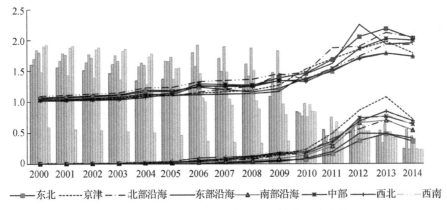

图 5-17 商业、运输业生产分割解构的区域比较

资料来源:图中数据系笔者根据相关公式计算得到。

5.3.2 八大区域增值及其解构特点

图 5-18 和表 5-4 分别给出了 2000—2004 年、2005—2009 年和 2010—2014 年三个时间段八大区域增加值分解三部分所占比重和增加值绝对数额的演变情况。总体上看,八大区域国内域外链条增加值比重和国际域外链条增加值比重呈显著反向变化趋势,纯域内链条增加值比重呈小幅下降趋势。第一阶段(2000—2004 年)八大区域国内增加值中以纯域内生产链条为贡献主力,国际域外和国内域外生产分工创造增值比重内陆和沿海区域呈现不同特征。东北、中部、西北和西南四大内陆区域通过国内域外生产分工联系创造的增加值比重较多,表明该阶段内陆区域主要依托区域间价值链向沿海区域提供其所需资源来创造增值的特点。沿海区域普遍国际域外生产分工创造增值份额较多。其中,南部沿海作为中国最早对外开放区域,其国际域外链条所创造增值比重远高于其他沿海区域。第二阶段(2005—2009 年)整体情况与第一阶段类似,纯域内链条增值仍占国内增加值主体,域外链条创造增值上,内陆区域以国内域外链条为主,沿海区域以国际域外链条为主。与第一阶段不同的是,该阶段八大区域国际域外生产分工所创造增加值比重均有所提升,国内域外和纯域内价值链创造增值比重小幅下降。这主要是由于随着中国融入全球价值链分工程度不断加深,国际域外生产链条挤占了部分国内域外价值链条,在增加值创造上表现为国际域外生产分工创造增值比重上升。其中,东部沿海在该阶段变化最为显著,国内域外生产分工创造增值比重大幅降低,国际链条增加值比重显著提升。第三阶段(2010—2014 年)变化趋势与第二阶

段正好相反。区域内部链条创造增值比重上升,区域外部链条上国内部分创造增值逐渐替代国际部分所创造增值。金融危机后生产链条回归国内的特征在该阶段增加值演变上得到显著体现。纯域内链条增值中,东部沿海和京津区域内部分工创造增值比重靠前,主要是由于这两个地区集聚大量优质人力资源,科技创新能力显著高于其他区域,因此作为经济转型主要领头区域,区域内部生产分工创造增值能力突出。国内域外链条增值中,四大内陆区域和沿海区域中北部沿海、京津区域占比均较高。随着沿海区域产业逐渐转移到内陆区域,内陆区域间价值链条创造增值能力逐渐提升;而沿海区域中京津区域因其核心枢纽地位,通过区域间创造价值增值的比重较高。北部沿海凭借其与京津区域的毗邻地理位置,并承接部分京津区域转移产业,通过区域价值链创造增值比重显著高于其他沿海区域。国际价值链条增值中,南部沿海区域因其长期以来的外向型经济发展战略,该部分略高于其余区域,但仍只占很小部分。从三个阶段来看,各区域增加值分解三部分发展整体趋势相同。国内域外链条增值逐渐替代国际域外链条增值,这说明各区域更多依托国内价值链创造增值。不同的是,内陆区域更多依托国内域外生产分工创造增值,而沿海区域更多从区域内部提升创造增值能力。其实这也反映了危机后,面对国际环境不确定性的增强,中国在参与国际价值链分工过程中,经济增速逐渐放缓,转而注重"质"的发展,着力提高国内价值链创造增加值的能力。

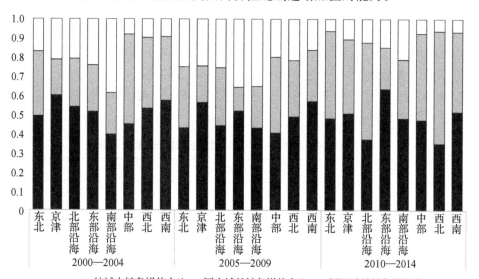

图 5-18 中国八大区域增加值分解三部分比重演变情况

资料来源:图中数据系笔者根据相关公式计算得到。

表 5-4　中国八大区域增加值分解情况

区域	2000—2004				2005—2009				2010—2014			
	纯域内	国内域外	国际域外	总增加值	纯域内	国内域外	国际域外	总增加值	纯域内	国内域外	国际域外	总增加值
东北	4 751	3 249	1 655	9 655	28 675	21 370	16 738	66 783	168 463	159 216	22 759	350 439
京津	3 802	1 200	1 341	6 343	35 641	11 790	15 441	62 871	128 081	98 334	26 781	253 196
北部沿海	8 777	4 064	3 390	16 232	46 723	32 087	27 182	105 992	230 143	313 385	78 267	621 796
东部沿海	13 952	6 508	6 640	27 099	77 361	19 024	53 282	149 667	510 189	175 560	121 463	807 212
南部沿海	10 173	5 527	10 009	25 710	45 451	22 719	37 507	105 676	312 228	196 458	138 051	646 737
中部	6 506	6 682	1 196	14 384	38 043	36 737	18 978	93 758	381 499	364 856	62 322	808 677
西北	2 884	2 026	524	5 434	45 216	27 194	20 106	92 516	127 327	214 006	23 697	365 029
西南	5 638	3 261	939	9 839	38 113	17 765	10 783	66 661	177 148	142 669	23 086	342 902

资料来源：表中数据系笔者根据相关公式计算得到。

5.4　价值链分工跨区联系的流向性

表 5-5 反映了八大区域总生产分割的变化趋势，直观上，2002 年八大区域间总生产分割水平差异较小，而 2012 年东部地区，尤其是沿海地区（东部沿海、南部沿海、京津区域、北部沿海区域）总生产分割水平显著高于西南和西北区域，中部区域相对地位变化并不大。随着沿海地区生产复杂度的提高，各地区的分工地位逐渐明晰，但内陆地区的生产分割水平仍有待提高，以进一步提高资源利用效率，促进本土价值链的构建与升级。

表 5-5　2002 年和 2012 年八大区域总生产分割阶段数

区域	2002 GPSL	2012 GPSL
东北	2.42	3.147
京津	2.707	3.322
北部沿海	2.595	3.345
东部沿海	2.746	3.642
南部沿海	2.533	3.387
中部	2.469	3.208
西北	2.464	2.851
西南	2.442	2.872

资料来源：表中数据系笔者根据相关公式计算得到。

区域间投入产出关系是区域间价值链分工联系构建的核心与基础,通过比较各区域生产分割阶段数和增加值分解指标可以发现,八大区域投入产出关系主要呈现以下特点:

一是各区域产出中流向本区域的占主体部分。

二是内陆区域产出流向除京津区域以外的其他沿海区域的趋势加强。潘文卿和李跟强(2018)同样发现中国内陆区域的增加值供给表现出明显的邻近"向极性",增加值供给的区域非均等性特征明显。内陆区域自我创造的增加值更多地供向邻近经济发达地区。东北区域较为明显体现出流向北部沿海和东部沿海,而且向西南、西北区域投入明显减少,转而向中部地区投入增加。中部区域因其过渡性的地理位置,对沿海区域投入虽略高于内陆其他区域,但与其他内陆区域不同,其产出流向区域偏向性较低,即流向各区域的产出占比差异较小。西南、西北区域与中部及沿海区域生产链条联系显著加强,但两区域之间以及两区域和东北区域的联系 2012 年显著降低。这一定程度上反映了内陆区域逐渐通过加强与沿海区域生产分工联系,打破原有内陆区域间低水平平衡,进而提高其生产复杂度。

三是沿海区域产出流向主要变化体现在沿海区域内部之间,对内陆区域流向无显著降低。京津区域对邻近的北部沿海和东部沿海投入增加,与沿海区域中南部沿海的国内域外联系显著降低。从投入产出关系来看,区域间"腾笼换鸟"趋势显著,沿海地区将现有的传统制造业转移至中西部地区,并引入以先进生产力,从而促进产业升级和价值链的转型。

6 全球价值链分工拓展的影响因素与机制:国别角度实证

6.1 变量与数据说明

本章的计量方程主要采用固定效应模型,基本形式为:

$$Y_{it} = \alpha + \beta X_{it} + \varepsilon_i \tag{6-1}$$

具体而言,本章基本计量模型设定如下:

$$GPSL_{it}(GNPS_{it}、GIPS_{it}) = \beta_0 + \beta_1 X_{it} + \tau_i + \eta_t + \varepsilon_{it} \tag{6-2}$$

其中,下标 i 表示国家;下标 t 表示年份;τ_i、η_t 分别代表国别和年份虚拟变量;X_{it} 表示一系列重要解释变量;ε_{it} 为随机误差项。

本章的被解释变量主要为全球生产阶段数(GPSL)及其分解的国内生产阶段数(GNPS)和国际生产阶段数(GIPS),以及细分行业的三类生产阶段数,制造业依次表示为 MGPS、MNPS 和 MIPS,服务业依次表示为 SGPS、SNPS、SIPS。由于生产分割长度与微观企业的垂直一体化或外包紧密相关,实证部分在参考大量全球价值链分工相关文献的基础上,确定如下的解释变量集合作为影响生产分割长度的主要因素。

(1) 要素禀赋相关变量

资本密集程度(PCAP)、人力资本(EDU)、劳动力(EMPLOY)和创新能力(RD)。根据传统国际贸易理论,国际贸易流量及流向的重要影响因素是国家间要素相对丰裕程度。生产全球一体化的背景下,生产环节的分布与转移主要取决于资本、劳动和技术的比较优势。劳动力成本高的国家会将劳动密集型产品转移到劳动力成本较低的国家进行生产、加工和组装,之后进口成品到本国销售。① 资本密集程度(PCAP):从微观角度来看,资本密集度高的企业对技术和设备的依赖程度高,因而拥有较高的生产率,生产率高的企业更可能选择对外投资,选择国际化市场业务(叶娇等,2018)。因此,预期资本密集程度高的国家,其生产阶段数较多,生产分割长度较长。这里用人均资本存量来衡量,计算公式为 $Pcap_{it}=K_{it}/L_{it}$。它不仅可以显示一个国家物质资本的相对丰裕程度,还能反映劳动力的相对丰裕程度。数据来源于 Penn World Table, Version 9.0。② 人力资本(EDU):人力资本的高低反映了劳动者整体素质水平,而人才的有效供给是外包企业发展的关键因素,故人力资本对生产分割长度的影响预期为正。这里用政府在教育方面的经费支出占 GDP 的比重表示,数据来源于 World Bank WDI 数据库。③ 劳动力(EMPLOY):劳动力数量是支撑企业发展生产、扩大规模和提高利润的决定性因素之一。这里用15岁以上劳动人口占总人口的比重表示,预期符号为正。④ 创新能力(RD):一个国家开展研发活动的强度一定程度上反映了其创新能力,研发处于价值链上游高增加值环节,若该国的企业研发强度越高,就越倾向于将附加值低的生产加工环节外包出去。这里用研发强度即研发支出占 GDP 的比重表示,预期符号为正。

(2) 经济发展相关变量

能源消耗(ENERCON)、市场规模(GNIP)和产业结构(STRUC)。① 能源消耗(ENERCON):根据"污染避难所"假说,发达国家在参与全球生产分割的过程中将高污染、高能耗和高资源投入的产业转移到环境规制相对宽松的发展中国家(Copeland 和 Taylor,1994)。可以认为能耗越大的国家,生产分割长度越长。这里用最终能源消费表示,数据来源为 International Energy Agency Global Energy Data(2017 edition)。② 市场规模(GNIP):本章用各国人均国民收入代表不同国家市场规模。该指标具有双重经济内涵:一方面,市场规模越大的国家经济复杂度越高,但另一方面人均国民收入间接反映出该国劳动力工资水平,它作为企业直接成本的一部分,影响企业战略决策的选择。劳动力成本是技术先进国家选择将其某些生产环节转移到其他国家生产的重要影响因素,劳动力成本高的国家中间品贸易相对较少。不能确定市场规模对一个国家生产分割长度的作用方向,可正可负。③ 产业结构(STRUC):用服务业增加值占 GDP 的比重表示。相比制造业,服务业本身具有无形性和可贸易程度低的特点,这决定了其生产阶段数较短,因此服务业占比的提高可能会降低该国整体生产分割的长度。但同时服务业的发展在一定程度上推动制造业的生产分割,而且国内服务企业在本土市场发展成熟的基础上会寻求海外更大的市场容量,易于外包。因此产业结构也有可能促进生产分割的发展。

(3) 制度环境相关变量

基础设施建设(INFR)、金融发展(CREDIT)、贸易开放程度(OPEN)和法律制度(LEGAL)。① 基础设施建设(INFR)：生产垂直一体化离不开通信网络的支持，通信网络为全球生产体系提供信息化管理手段、业务商贸往来平台，影响国家间进行贸易联系的效率和成本，进而影响生产分割的拓展。这里用互联网用户数占总人口的比重表征基础设施的完善程度。该指标的预期符号为正。② 金融发展(CREDIT)：金融发展水平的高低使得国家之间在专业化分工模式的选择及对外贸易中的角色地位产生显著差异，是国际分工产生的基础(杨珍增和陆建明，2011)。Bellone 等(2010)和 Feenstra 等(2017)等学者在研究贸易增长的二元边际发现，出口增长的扩展边际与金融发展水平正相关，对于出口企业较紧的金融约束被视为提高了出口企业的贸易成本。该指标用国内金融机构提供的信贷量占 GDP 的比重表示，预期符号为正。③ 贸易开放程度(OPEN)：良好的开放环境有助于中间品贸易的繁荣和生产环节的外包，因此预期开放程度对生产分割的边际影响为正。这里用一国贸易总额(货物和服务的进口与出口总值之和)与国内生产总值的比例来大致反映服务开放程度。④ 法律制度(LEGAL)：开放的市场环境必然要求对外贸易法律体系的更新与完善，但一国的法律制度的根本目的是为了保护国内产业，增加出口，限制进口，在激烈的国际竞争环境下可能成为影响企业开展经营贸易活动的间接成本因素。法律制度的数据来源于全球治理指数中的法治程度(Rule of Law)指标，预期该指标对一国生产分割长度的影响方向为负。

其他控制变量还包括：① 共同的语言基础(LANG)，相同的语言使得国与国之间的交流沟通更加高效便捷，可以更顺畅地进行各项业务往来，有利于降低部分联络成本，预期符号为正。② 距离变量：国家内部距离(DIS_INT)和各国到美国的距离(DIST)。距离因素对国家之间的生产分割联系存在反向相关关系。距离越远，物理成本越大，中间产品贸易的运输成本越高，开展贸易的可能性与贸易流量就越小。传统的距离变量使用根据国家首都经纬度计算的直线距离来衡量，该项的符号预期为负。③ 经济地理属性(ECGEO)，用实际有效汇率与沿海内陆属性的交互项表示。该部分数据均来源于 CEPII 数据库。

囿于全球价值链分工测度指标只有截至 2014 年的数据，考虑到数据整体的可得性，本章总共选取 42 个国家、考察样本期为 2000—2014 年的面板数据。此外，针对个别变量某些年份存在的数据缺失，研究用最近三年均值进行替换。同时，为避免较严重异方差影响，研究还对个别变量进行了对数化处理。表 6-1 给出所有变量的描述性统计。

表 6-1 变量测度说明与描述性统计(2000—2014)

变量	描述	衡量	单位	来源	样本	均值	标准差
GPSL	全球生产分割	全球生产阶段数			630	2.08	0.16
GNPS	国内生产分割	国内生产阶段数			630	1.61	0.16
GIPS	国际生产分割	国际生产阶段数			630	0.47	0.16
MGPS	制造全球生产分割	制造全球生产阶段数			630	2.50	0.22
MNPS	制造国内生产分割	制造国内生产阶段数		WIOD 2016	630	1.72	0.28
MIPS	制造国际生产分割	制造国际生产阶段数			630	0.78	0.22
SGPS	服务全球生产分割	服务全球生产阶段数			630	1.89	0.16
SNPS	服务国内生产分割	服务国内生产阶段数			630	1.58	0.13
SIPS	服务国际生产分割	服务国际生产阶段数			630	0.31	0.14
PCAP	资本密集程度	人均资本存量	百万美元/人	PWT9.0	630	0.10	0.06
EDU	人力资本	政府教育支出/GDP	%		630	4.90	1.13
EMPLOY	劳动力	劳动力人口/总人口			630	0.55	0.07
RD	创新能力	研发支出/GDP	%		630	1.50	0.93
GNIP	市场规模	人均国民收入	美元/人	WDI 数据库	630	10.17	0.60
STRUC	经济结构	服务业增加值/GDP			630	0.67	0.09
INFR	基础设施建设	互联网用户数/总人口			630	0.52	0.26
CREDIT	金融发展	国内金融机构信贷量/GDP	%		630	1.21	0.64
OPEN	贸易开放程度	进出口贸易总额/GDP			630	0.456	0.267
LANG	共同的语言基础	使用同种语言			630	0.52	0.50
DIS_INT	国家内部距离	经纬度计算的距离	千米	CEPII 数据库	630	5.16	1.13
DIST	距离	各国到美国的距离	千米		630	15.68	2.54
ECGEO	经济地理属性	沿海内陆地理属性			630	0.13	0.33
ENERCON	能源消耗	最终能源消费	千吨	IEAEnergy Data2017	630	11.01	1.44
LEGAL	法律制度	法律制度环境指数		全球治理指数数据库	630	0.93	0.82

6.2 估计结果和解释

6.2.1 基准回归结果

表6-2显示了根据前述设定的面板数据模型拟合的总体结果。方程(1)至方程(3)首先依次给出了混合OLS回归、固定效应回归和随机效应回归的结果比较。相比方程(1)的OLS回归,方程(2)控制个体差异的单向固定效应回归方程中的F统计量整体上显著,表明固定效应模型优于OLS模型。方程(3)通过LM统计量检验得到的P值为0.0000,表明随机效应非常显著。可见,随机效应模型也优于OLS模型。在此基础上进行Hausman检验P值拒绝了原假设,可以认为随机效应模型的基本假设得不到满足。因此,需要采用固定效应模型。方程(4)在方程(2)的基础上加入了年份虚拟变量,同时控制了个体和时间效应。比较看来,双向固定效应回归从方程整体拟合优度和控制变量显著性等角度都要优于单向固定效应回归。以全球生产分割的分解两部分——国内生产分割和国际生产分割作为被解释变量,回归结果分别见方程(5)和方程(6)。

综合方程(4)—(6),按要素禀赋分类的四个变量基本与预期相符,大多显著为正。这说明了国家要素禀赋是影响贸易的重要变量,对于生产分割的演变和发展起着至关重要的作用。根据Jones和Kierzkowski(2001)的分析指出,生产分割产生的重要原因是各国之间存在生产率差异和工资差异,而物质资本和人力资本、劳动和创新是影响一国生产率水平的主要驱动因素,有利于促进技术进步和知识积累,在循环累积因果效应的影响下进一步促进了生产分割水平的提高。其中,资本密集程度(PCAP)与Fally(2012)的研究结论一致,仅对国际生产分割不显著;人力资本(EDU)仅对国内生产分割不显著;而劳动力(EMPLOY)显著不利于国内生产分割的发展。创新能力(RD)的系数均为正,并且高度显著,这表明创新能力显著促进了生产分割的延伸,即处于技术前沿的国家拥有较高的研发强度和能力水平,倾向于将高技术、高增加值的价值链上游环节集中在本土企业手中,而将低技术、低附加值的生产环节外包给技术相对落后的其他国家或地区。这样一来,该国的国际生产链条就会拉长,整体的全球生产分割长度也会得到延伸。经济结构服务化(STRUC)在10%的显著性水平上对国内生产分割长度呈现负向影响,而对国际生产分割长度的边际作用显著为正。这一结果与倪洪福(2016)的相关实证结论相反。可能的原因是之前的实证样本中包含的国家数偏少,并且大多数观测样本属于发达国家,服务业发展水平普遍较高。考虑到发展中国家服务业起步晚、发展快,本章认为从宏观层面上,服务链条(service links)的发展,连接的成本下降导致

表6-2 生产分割的影响因素基准回归结果

变量	OLS 方程(1) GPSL	FE 方程(2) GPSL	RE 方程(3) GPSL	FE 方程(4) GPSL	FE 方程(5) GNPS	FE 方程(6) GIPS
PCAP	0.293* [1.725]	0.831*** [6.644]	0.706*** [5.804]	0.344** [2.136]	0.302** [2.361]	0.041 7 [0.356]
EDU	0.014 9** [2.578]	0.015 8*** [3.190]	0.020 8*** [4.397]	0.017 9*** [3.604]	0.002 80 [0.708]	0.015 1*** [4.154]
EMPLOY	−0.705*** [−7.085]	0.313*** [2.971]	0.214** [2.068]	0.373*** [3.360]	−0.262*** [−2.967]	0.636*** [7.851]
RD	0.039 0*** [4.490]	0.048 9*** [5.046]	0.042 2*** [4.528]	0.051 0*** [5.275]	0.025 7*** [3.337]	0.025 4*** [3.599]
ENERCON	0.050 2*** [10.511]	0.171*** [5.447]	0.064 3*** [4.800]	0.150*** [4.741]	0.211*** [8.400]	−0.061 0*** [−2.644]
GNIP	0.086 0*** [4.404]	−0.029 9 [−1.028]	0.029 5 [1.330]	−0.113*** [−3.397]	−0.085 7*** [−3.250]	−0.027 2 [−1.127]
STRUC	−0.646*** [−6.531]	−0.129 [−0.935]	−0.225* [−1.765]	0.030 6 [0.219]	−0.194* [−1.749]	0.225** [2.213]
INFR	0.116*** [3.296]	0.043 5* [1.809]	0.061 5*** [2.716]	−0.021 8 [−0.657]	−0.043 8* [−1.663]	0.021 6 [0.893]
CREDIT	0.025 4** [2.116]	0.027 0*** [3.237]	0.028 3*** [3.420]	0.015 5* [1.837]	0.005 30 [0.790]	0.010 3* [1.669]
OPEN	0.260*** [10.363]	0.131*** [4.966]	0.142*** [5.450]	0.123*** [4.575]	−0.054 6** [−2.547]	0.178*** [9.064]
LEGAL	−0.080 8*** [−6.116]	−0.030 2* [−1.675]	−0.048 4*** [−2.923]	−0.009 68 [−0.526]	−0.048 4*** [−3.309]	0.038 9*** [2.900]
常数项	1.177*** [6.388]	0.097 0 [0.327]	0.783*** [3.201]	1.055*** [3.068]	0.437 [1.599]	0.617** [2.460]
国家/年份	否/否	是/否	否/是	是/是	是/是	是/是
样本量	630	630	630	630	630	630
R^2	0.359	0.599	0.600	0.625	0.284	0.804
F/Wald值	31.44***	78.28***	840.06***	37.58***	8.929***	92.26***

注:*、**、*** 分别表示在10%、5%、1%的水平下显著系数对应的方括号中数字为z检验值。
***、**、* 分别表示1%、5%、10%的显著性;括号内为Z或者T统计值。

协调各个生产区段的成本降低,这进一步促进了国际生产分割的产生。当服务业的比重增加时,制造业的比重必然受到影响而有所下降。由于可进行分割生产的产品大多数属于制造行业(如电子、汽车、机械设备等),而服务业本身具有难以分割的特性,因此服务业市场容量的扩张容易挤出某些生产分割环节,部分降低国内生产分割长度。

比较优势的契合是维系生产分割的决定因素(张英涛,2016),与国家间比较优势紧密相关的一个重要变量是劳动力成本。一般认为,劳动力成本使得技术先进的国家选择将其下游的某些简单生产环节(如加工组装)转移到其他国家,自己国家中间品贸易相对变少。本章的回归结果证实了这一结论:人均国民收入水平的系数显著为负且数值较大。一国人均收入水平越高,其他国家与之进行中间品贸易的可能性越小,其与其他国家之间的生产分割联系就越少。基础设施(INFR)会降低国内生产分割长度,可能的原因是伴随着基础设施的完善,国与国之间的经济贸易联系更频繁,对外经济活动的规模相较以往不断扩大,跨国投资和外包比例的增长,国内生产链条就会减少。金融发展(CREDIT)对国际生产分割水平和全球生产分割都有显著的正向影响,这一点与尹宗成(2015)的研究结论一致。金融发展水平的提高和金融服务的完善,给企业带来优质的信贷资源,降低了融资成本,提高了资源的配置效率;金融系统通过分散、转移风险促进了技术创新,增强了企业专业化生产能力,进一步带动了国内优势产业的发展,对贸易结构的升级产生了积极的影响,增加了贸易收益,从而更好地带动生产分割的发展。外商直接投资规模不断增加所带来的技术溢出效应可以在一定程度上提高生产效率、增强融资能力、促进对外贸易的发展,从而促进了国际生产分割水平的提高。法律制度(LEGAL)对国内生产分割具有显著的负向影响,但与国际生产分割呈现出显著正向关系。其中典型的影响因素是知识产权保护(产权保护)。不同国家知识产权保护的差异影响着全球贸易和投资格局乃至生产分割的布局变化。跨国公司作为价值链分工体系的主导角色,为减少由于知识外溢遭受后发模仿者的威胁,他们通常将复杂度较低的生产任务分布在知识产权保护度较低的国家。这在宏观上表现为大量的外国直接投资流入发展中国家,导致发达国家的国际生产区段延长。而那些较高比例的核心生产环节集中分布于(知识)产权保护度较高的国家(包括发达的母国),使得其国内生产区段有所降低。这与杨珍增(2014)的研究结论一致。

6.2.2 稳健性检验

研究分别构造全球价值链分工位置水平(PIVC)、增加值平均传递步长(VAPL)、制造业全球生产分割(MGPS)和服务业全球生产分割(SGPS)四个指标,对 GPSL 指标进行替代估计。替换因变量的估计结果见表6-3所示。方程(1)结果显示,创新能力、能源消耗和贸易开放程度均表现出了较强的促进作用。要素禀赋对全球价值链分工位置水平大多不显著。经济结构服务化的边际影响显著为负,这主要是由于当服务业增加值占国内生产总值的比重提高到一定水平时,该国的经济结构以服务业发展为主,出现了"制造业空心化"现象,不利于价值链分工位置的提升。基础设施水平的边际影响显著为正。以增加值平均传递步长为被解释变量的方程(2),各变量的显著性和作用效果最接近基准回归结果。作为测度生产分割长度的另一指标,各变量对 VAPL 的影响再次印证了全球生产分割主要受要素禀赋、经济发展水平和制度环境三个方面的影响。对比分行业全球生产分割的回归结果(3)和(4),可以发现,资本密集程度对制造业全球生产分割的正向作用效果比

表6-3 替换因变量的估计结果

因变量	方程(1) PIVC	方程(2) VAPL	方程(3) MGPS	方程(4) SGPS
PCAP	−0.069 3 [−0.431]	0.341** [2.121]	0.582*** [2.982]	0.113 [0.617]
EDU	−0.006 32 [−1.271]	0.017 8*** [3.580]	0.009 32 [1.546]	0.018 9*** [3.356]
EMPLOY	0.056 1 [0.505]	0.373*** [3.357]	−0.088 6 [−0.658]	0.633*** [5.022]
RD	0.045 0*** [4.655]	0.051 2*** [5.294]	0.073 1*** [6.237]	0.025 5** [2.322]
ENERCON	0.242*** [7.643]	0.150*** [4.749]	0.165*** [4.298]	0.152*** [4.247]
GNIP	−0.034 9 [−1.051]	−0.113*** [−3.421]	−0.023 4 [−0.581]	−0.135*** [−3.590]
STRUC	−0.314** [−2.248]	0.029 4 [0.211]	−0.157 [−0.927]	0.005 13 [0.032]
INFR	0.0744** [2.246]	−0.022 0 [−0.663]	−0.013 2 [−0.329]	−0.035 7 [−0.951]
CREDIT	−0.011 9 [−1.404]	0.015 6* [1.853]	0.020 5** [2.009]	0.020 1** [2.097]
OPEN	0.210*** [7.774]	0.123*** [4.568]	0.052 5 [1.604]	0.173*** [5.657]
LEGAL	0.014 1 [0.765]	−0.009 46 [−0.514]	−0.0395* [−1.772]	0.011 7 [0.562]
常数项	−1.273*** [−3.700]	0.083 0 [0.241]	0.797* [1.912]	0.962** [2.467]
国家/年份	是/是	是/是	是/是	是/是
样本量	630	630	630	630
R^2	0.582	0.622	0.711	0.393
F/Wald	31.39***	37.13***	55.36***	14.58***

注:*、**、***分别表示在10%、5%、1%的水平下显著系数对应的方括号中数字为z检验值。
***、**、* 分别表示1%、5%、10%的显著性;括号内为 Z 或者 T 统计值。

对服务业全球生产分割更显著,而人力资本对服务业全球生产分割的正向作用效果比制造业全球生产分割更显著,这和不同性质的行业发展所需的客观条件较为相符。制造业的发展更需要物质资本来支持生产经营,当资本存量水平越高,越有助于企业开展精细化和专业化生产,生产链条就会拉长。而服务业更加依赖高素质人才提供的管理和创新促进其业态的多元化。

为了消除异方差和序列相关性的影响,表6-4采用可行的广义最小二乘估计方法(FGLS)以获得"异方差—序列相关"稳健型标准误差,同时加入共同的语言基础(LANG)、距离(包含内部距离DIS_INT和到美国的距离DIST)和经济地理属性(ECGEO)四个变量。前三个方程是控制了异方差、不相关误差和独立自相关的结构,后三个方程是控制了异方差、相关误差和独立自相关的结构。与基准回归明显不同之处,在于劳动力(EMPLOY)在GLS回归中对生产分割长度均变为负,并且高度显著;人均国民收入(GNIP)表现出了对三大生产分割长度一致正向的影响。人均国民收入能够反映一个国家的经济发展水平和市场规模大小,人均收入水平高的国家往往是发达国家,他们是全球价值链分工的主导者和参与者。发达国家积极加强和拓展生产分割联系,促进国际生产分割长度的延伸,从而使全球总体生产分割长度得到显著提高。基础设施(INFR)对生产分割长度的影响显著为正,基础设施的发展促进国与国之间的经济贸易联系和往来,显著提高生产和进出口效率,使得全球和国内的生产分割延长。共同的语言基础(LANG)在多数情况下对生产分割长度有显著正向影响,这可能是由于共同的语言基础便于文化底蕴相似的国家进行沟通交流,互通有无,在中间品贸易选择和生产环节转移时能够有效降低贸易成本。经济地理属性表现出对生产分割长度的积极作用,无论是全球总体、国内还是国际生产阶段数,其估计系数都显著为正。距离变量显著提高国内生产分割长度,从而降低国际生产分割长度。内部距离反映一个国家市场大小,有助于构建与发展国内价值链。内部协调成本越低,越倾向于多元化发展;内部协调成本越高,越倾向于专业化发展。地理距离的增加既使得国家之间运输成本上升,也会使得由信息不对称、搜寻成本带来的不确定性风险上升。在进行贸易伙伴选择时,相邻的国家可能更容易被纳为首选,因而距离越远越不利于国际生产分割联系。

考虑到不同国家经济属性和组织形式的差异,表6-5针对不同分类下的国家子样本进行双向固定效应回归。其中,创新能力、能源消耗、贸易开放程度和经济地理属性变量均在1%的显著性水平上表现出了对前五大子样本下的全球生产分割的一致正向作用,而劳动力、经济结构变量则是表现为负向作用。由于OECD国家、欧盟国家样本中大多数属于发达国家,"金砖+东欧"样本中的大多数属于发展中国家,因此方程(1)、(3)、(5)估计结果类似,方程(2)、(4)同样如此,但不同分类下估计系数的正负和显著性水平依然存在较为明显的差异。资本密集程度的影

表 6-4　FGLS 回归结果

变量	GLS1			GLS2		
	方程(1)	方程(2)	方程(3)	方程(4)	方程(5)	方程(6)
	GPSL	GNPS	GIPS	GPSL	GNPS	GIPS
PCAP	0.119 [0.896]	0.406*** [4.060]	−0.244*** [−3.228]	−0.045 6 [−0.388]	0.451*** [5.530]	−0.405*** [−5.426]
EDU	0.024 2*** [6.457]	0.005 61* [1.850]	0.009 84*** [3.511]	0.017 7*** [5.609]	0.011 0*** [4.313]	0.010 1*** [6.873]
EMPLOY	−0.732*** [−11.644]	−0.494*** [−9.921]	−0.335*** [−7.911]	−0.705*** [−9.852]	−0.418*** [−11.828]	−0.290*** [−7.643]
RD	0.049 8*** [9.063]	0.042 0*** [8.878]	−0.004 06 [−1.178]	0.041 4*** [7.769]	0.041 6*** [11.704]	0.000 751 [0.199]
ENERCON	0.047 0*** [12.700]	0.035 9*** [14.711]	0.015 2*** [5.339]	0.044 6*** [18.362]	0.032 8*** [12.724]	0.011 7*** [8.053]
GNIP	0.075 4*** [4.309]	0.053 0*** [3.631]	0.003 29 [0.300]	0.090 5*** [8.525]	0.006 71 [0.653]	0.068 2*** [7.404]
STRUC	−0.488*** [−7.416]	−0.540*** [−12.142]	0.060 0 [1.505]	−0.623*** [−11.181]	−0.622*** [−12.401]	−0.008 06 [−0.217]
INFR	0.082 7** [2.298]	0.144*** [5.108]	−0.000 239 [−0.011]	0.056 4** [2.485]	0.061 6*** [3.251]	−0.022 4** [−2.099]
CREDIT	0.011 2 [1.466]	0.028 1*** [4.553]	−0.012 8*** [−2.949]	0.034 6*** [5.430]	0.048 8*** [13.362]	−0.018 5*** [−5.008]
OPEN	0.178*** [8.296]	−0.183*** [−11.641]	0.417*** [29.500]	0.243*** [15.153]	−0.129*** [−9.659]	0.365*** [23.588]
LEGAL	−0.086 9*** [−7.402]	−0.067 8*** [−6.378]	0.005 59 [0.623]	−0.071 7*** [−7.994]	−0.033 1*** [−4.378]	−0.024 5*** [−4.639]
LANG	0.008 12 [0.635]	−0.017 6 [−1.531]	0.019 2** [2.324]	0.001 73 [0.164]	−0.039 1*** [−4.748]	0.036 1*** [3.802]
ECGEO	0.063 0*** [6.721]	0.054 7*** [6.605]	0.032 6*** [4.396]	0.084 7*** [6.944]	0.045 1*** [4.330]	0.045 3*** [2.960]
DIS_INT	−0.002 86 [−0.531]	0.026 9*** [6.466]	−0.027 5*** [−8.270]	0.009 43 [1.644]	0.039 6*** [14.085]	−0.025 9*** [−6.700]
DIST	−0.007 85*** [−5.820]	0.005 94*** [3.715]	−0.015 0*** [−16.299]	−0.015 8 [−0.532]	0.005 55*** [4.459]	−0.037 4* [−1.853]
常数项	1.377*** [7.659]	1.031*** [6.626]	0.537*** [4.581]	1.390*** [2.601]	1.410*** [12.204]	0.358 [0.907]
国家/年份	是/是	是/是	是/是	是/是	是/是	是/是
样本量	630	630	630	630	630	630
F/Wald	1 124.93***	2 196.46***	5 125.24***	18 957.91***	24 132.71***	27 090.43***

注：*、**、*** 分别表示在 10%、5%、1% 的水平下显著系数对应的方括号中数字为 z 检验值。

***、**、* 分别表示 1%、5%、10% 的显著性；括号内为 Z 或者 T 统计值。

表6-5 按经济属性和组织形式分类的回归结果

因变量	全球生产分割						
	方程(1)	方程(2)	方程(3)	方程(4)	方程(5)	方程(6)	方程(7)
分类	发达国家	发展中国家	OECD国家	金砖东欧国家	欧盟	危机前	危机后
PCAP	0.921*** [5.877]	−1.369*** [−3.796]	0.081 7 [0.631]	−0.088 3 [−0.336]	1.016*** [7.359]	0.560*** [2.840]	−0.130 [−1.048]
EDU	0.029 1*** [6.616]	0.008 22 [0.902]	0.015 6*** [3.421]	−0.011 8* [−1.921]	0.047 5*** [11.307]	0.019 8*** [3.435]	0.023 2*** [4.909]
EMPLOY	−0.428*** [−5.451]	−0.689*** [−3.670]	−0.860*** [−9.170]	0.014 2 [0.115]	−0.249*** [−3.381]	−0.659*** [−8.639]	−1.040*** [−11.770]
RD	0.053 6*** [9.232]	0.142*** [8.144]	0.014 8*** [2.727]	0.052 9*** [3.677]	0.010 3 [1.402]	0.017 0* [1.924]	0.070 4*** [13.560]
ENERCON	0.027 5*** [4.886]	0.136*** [18.561]	0.030 1*** [5.429]	0.078 9*** [9.088]	0.046 3*** [13.212]	0.026 5*** [5.067]	0.075 4*** [16.207]
GNIP	−0.056 0** [−2.384]	0.257*** [8.533]	−0.073 4*** [−3.188]	0.082 6*** [3.047]	−0.164*** [−7.561]	0.049 6** [2.191]	0.156*** [6.649]
STRUC	−0.265*** [−3.604]	−0.637*** [−3.838]	−0.445*** [−4.948]	−0.430*** [−3.424]	−0.535*** [−7.594]	−0.566*** [−6.090]	−0.502*** [−6.225]
INFR	−0.098 0** [−2.470]	0.219*** [3.376]	−0.012 2 [−0.258]	0.133** [2.607]	−0.051 1 [−1.485]	0.098 7*** [3.735]	0.137*** [2.961]
CREDIT	−0.000 149 [−0.020]	0.015 2 [0.639]	0.009 99 [1.381]	−0.014 6 [−1.039]	−0.034 1*** [−4.381]	0.009 38 [0.874]	−0.004 27 [−0.424]
OPEN	0.127*** [6.232]	0.687*** [10.987]	0.102*** [4.400]	0.378*** [6.660]	0.195*** [8.379]	0.200*** [8.853]	0.250*** [9.924]
LEGAL	−0.069 9*** [−4.905]	0.166*** [6.784]	0.035 5** [2.157]	0.114*** [7.083]	−0.000 499 [−0.033]	−0.071 3*** [−4.927]	−0.096 9*** [−7.251]
LANG	0.036 1*** [2.891]	0.004 88 [0.108]	−0.001 75 [−0.109]	−0.322*** [−5.889]	−0.043 4*** [−4.133]	0.019 7 [1.260]	0.006 44 [0.428]
ECGEO	0.052 7*** [6.041]	0.050 8* [1.821]	0.066 9*** [5.158]	0.011 0 [0.555]	0.084 7*** [9.866]	0.058 5*** [4.919]	0.061 4*** [5.637]
DIS_INT	−0.004 86 [−0.842]	0.103*** [5.942]	−0.024 9*** [−3.044]	0.062 0*** [5.514]	0.001 15 [0.128]	0.023 6*** [3.335]	−0.011 0* [−1.678]
DIST	−0.010 7*** [−7.043]	0.070 3*** [4.027]	−0.017 2*** [−13.334]	0.222*** [9.157]	−0.489*** [−17.116]	−0.008 23*** [−4.194]	−0.005 02*** [−3.381]
常数项	2.626*** [10.259]	−3.210*** [−7.607]	3.410*** [13.393]	−3.374*** [−10.298]	11.18*** [21.728]	1.751*** [7.693]	0.406* [1.671]
样本量	390	240	450	225	420	336	294
年份	是	是	是	是	是	否	否
F/Wald	1 334.24***	1 847.99***	1 188.92***	3 085.69***	1 540.42***	488.31***	1 311.09***

注:*、**、***分别表示在10%、5%、1%的水平下显著系数对应的方括号中数字为z检验值。
***、**、*分别表示1%、5%、10%的显著性;括号内为Z或者T统计值。

响系数只在发展中国家和"金砖＋东欧"国家的样本中变为负,可能是由于这些国家大规模从事的是劳动密集型产品的生产,本身的人均资本存量较低,在资本密集度这块不存在比较优势。与资本密集程度相反的是市场规模、基础设施、法律制度和距离变量均有利于促进发展中国家和"金砖＋东欧"国家的全球生产分割。对此做出的解释是:由于这些国家的生产链条不够完整,为了加强产业关联,需要通过市场扩张、基础设施建设为生产分工的细化提供平台,通过完善的法律制度提供保障,而将距离成本作为不可抗力因素,倒逼其进行自成体系的价值链建设,同时通过与发达国家的竞争及与相似国的合作,进一步延长生产链条。对于像欧盟、OECD 等经济发展水平较发达的国家来说,经济结构的服务化程度比较高,完善基础设施建设是为了更好地改善国民生活,而不是服务于生产的细化,可以观察到在方程(1)、(3)、(5)中基础设施变量的回归系数均为负。金融发展水平在欧盟国家的子样本中对全球生产分割存在显著不利影响。主要是由于欧洲国家信贷规则严格,获得贷款要求进行资产抵押,那么这些国家的企业倾向于大规模运作而不是拆分业务。方程(6)和(7)以 2008 年金融危机为分割时间点,划分金融危机前和金融危机后两个子样本进行回归。两者比较看来,所有对全球生产分割起正向作用的变量在后金融危机时期的估计系数显著增强,表明推动生产分割发展的因素在后期得到了增强,更有力地促进生产分工的精细化。而内部距离和到美国的距离构成了不可避免的客观成本因素,距离越远,国家之间物理联系的成本越大,也就提高了国家进行生产分割的成本,因此显著不利于全球生产分割。

6.3 进一步稳健性检验

6.3.1 工具变量估计

考虑到在全球价值链分工的模式下,一国在国际分工网络中的发展水平和分工地位与自身要素禀赋的丰裕度和经济结构密切相关,而生产分割片段化是开放格局下经济发展的必然结果,全球生产分割的发展也可能会通过对一国经济社会状况产生影响,进而影响其在全球价值链中的位置水平。因此,理论上双向因果关系的存在说明模型存在内生性问题,通过对回归方程进行内生性检验,研究发现创新能力、劳动力和经济结构可能为内生变量。考虑到理论层面劳动力人口一般为外生给定的,回归选择的内生变量为创新能力和经济结构。为了消除内生性的影响,选取内生变量的滞后一期作为该变量的工具变量,表 6-6 进行了工具变量回归。方程(1)是单向控制国别差异的回归,方程(2)在方程(1)的基础上加入了时间效应,方程(3)进一步做工具变量稳健性回归,方程(4)以因变量 GPSL 滞后一期加

表6-6 工具变量回归

因变量	全球生产分割			
	方程(1) IV1	方程(2) IV2	方程(3) IV3	方程(4) GMM
RD	0.030 9*** [2.661]	0.036 6*** [3.148]	0.036 6*** [3.077]	0.049 1** [2.147]
STRUC	−0.289 [−1.140]	−0.159 [−0.673]	−0.159 [−0.545]	−0.480*** [−4.081]
PCAP	0.891*** [6.884]	0.404** [2.396]	0.404** [2.251]	0.303 [1.163]
EDU	0.019 4*** [3.337]	0.021 1*** [3.791]	0.021 1*** [3.392]	0.004 23 [0.651]
EMPLOY	0.355*** [2.893]	0.432*** [3.403]	0.432*** [2.987]	0.398** [2.111]
ENERCON	0.183*** [5.449]	0.162*** [4.789]	0.162*** [5.823]	0.039 3 [0.672]
GNIP	−0.038 4 [−1.200]	−0.124*** [−3.406]	−0.124*** [−3.451]	0.022 8 [0.438]
INFR	0.046 8 [1.538]	−0.026 4 [−0.690]	−0.026 4 [−0.789]	0.094 8* [1.860]
CREDIT	0.033 3*** [3.389]	0.021 3** [2.146]	0.021 3** [2.335]	0.020 4* [1.694]
OPEN	0.185*** [6.024]	0.170*** [5.385]	0.170*** [5.406]	0.110* [1.905]
LEGAL	−0.026 1 [−1.365]	−0.008 92 [−0.460]	−0.008 92 [−0.483]	−0.036 1* [−1.670]
L. RD				−0.062 3*** [−2.635]
L. STRUC				0.242 [1.265]
L. GPSL				0.480*** [4.982]
L2. GPSL				−0.031 3 [−0.582]
常数项	0.101 [0.270]	1.179*** [2.935]		0.303 [0.657]
样本量	588	588	588	504
年份	否	是	否	否
Sargen				30.27(1.000)
AR(1)/AR(2)				0.008/0.446
F/Wald	104.80***	108.65***	37.60***	769.79***
R-squared	0.599	0.625	0.625	

注：*、**、***分别表示在10%、5%、1%的水平下显著系数对应的方括号中数字为z检验值。
***、**、*分别表示1%、5%、10%的显著性；括号内为Z或者T统计值。

入工具变量队列,进行动态面板 GMM 估计。过度识别检验的 Sargan 值表明接受原假设,工具变量选择是有效的。对于回归方程随机扰动项的检验表明,不存在二阶自相关性的问题。结果显示全球生产分割一阶滞后项对因变量的影响在 1‰ 的显著性水平上为正,二阶滞后的估计系数不显著。三大主要的工具变量当中,只有创新能力的估计系数显著,但为负,劳动力和经济结构的回归结果均不显著。整体而言,除了法律制度的边际影响均不显著外,大部分的解释变量都能通过显著性检验,所有方程的拟合结果仍然是可靠的,并且具有相当的稳健性。创新能力、资本密集程度、能源消耗、金融发展和开放程度在回归方程中有较强的显著性,说明全球生产分割的发展主要依赖于这几大因素。相比于未加入时间效应的方程(1),方程(2)在变量的显著性程度上得到了一定的改善。劳动力禀赋在方程(1)中为正但不显著,市场规模在方程(1)中为负也不显著,但引入时间虚拟变量之后这些变量都变得较为显著。

6.3.2 空间面板回归

考虑到国际生产网络中的各个国家通过横向分工与纵向分工相互影响,本节从空间维度探讨影响生产分割的因素。将空间数据加入回归方程当中,研究由于空间效应(一般包括空间依赖性和空间异质性)带来的经济关联。以空间位置信息度量的区域之间的空间距离是进行空间相关分析的前提。本章用空间相邻和距离来定义区域之间的关系,相邻关系即两个相邻区域拥有共同的边或顶点代表,距离包含国家间的地理距离和经济距离,据此分别构建 42×42 的空间权重矩阵 $\mathbf{W}$。

首先以相邻关系构建空间权重矩阵 $\mathbf{W}_0$,矩阵中的元素 w_{ij} 定义如下:如果国家(地区)i 和国家(地区)j 有共同的边界,则 $w_{ij}=1$;反之,$w_{ij}=0$。其中,$\mathbf{W}_0$ 对角元素为 0。基于空间矩阵 $\mathbf{W}_0$ 的构建,分别用莫兰指数 I、吉尔里指数 C、Getis-Ord 指数 G 对世界 42 个国家的全球生产分割阶段数,即被解释变量,进行空间自相关分析,结果如表 6-7 所示。

表 6-7 非标准化邻近矩阵莫兰指数

年份	Moran's I	P 值	Geary's C	P 值	Getis-Ord G	P 值
2000	−0.110	0.498	1.012	0.957	0.065**	0.022
2001	−0.091	0.597	1.024	0.912	0.065**	0.023
2002	−0.098	0.559	1.007	0.976	0.065**	0.030
2003	−0.113	0.482	0.975	0.911	0.065**	0.045
2004	−0.142	0.349	0.915	0.709	0.064*	0.095

续表

年份	Moran's I	P值	Geary's C	P值	Getis-Ord G	P值
2005	−0.162	0.269	0.883	0.651	0.065	0.106
2006	−0.178	0.218	0.901	0.676	0.065	0.106
2007	−0.192	0.181	0.861	0.555	0.064	0.189
2008	−0.195	0.176	0.838	0.454	0.064	0.249
2009	−0.180	0.214	0.821	0.447	0.064	0.198
2010	−0.110	0.498	0.764	0.275	0.065*	0.093
2011	−0.101	0.544	0.754	0.241	0.065*	0.100
2012	−0.130	0.401	0.732	0.205	0.064	0.196
2013	−0.123	0.431	0.781	0.314	0.065	0.132
2014	−0.155	0.300	0.796	0.343	0.064	0.175

注：*、**、*** 分别表示在10%、5%、1%水平上显著。

从表6-7中可以看出，样本期内莫兰指数取值为负，但均不显著；吉尔里指数C在2000年至2002年大于1，其他年份小于1，也都不显著；Getis-Ord指数G在2000年至2004年以及2010年至2011年存在显著空间自相关。经过检验，只在某些年份存在局部空间自相关性，但是不能排除被解释变量与周边国家发展程度相关的可能性，因此继续进行空间自相关分析。

将空间权重矩阵做"行标准化"处理，并计算全局莫兰指数，结果见表6-8邻接矩阵标准化莫兰指数。表6-8显示所有年份均强烈拒绝"不存在空间不相关性"的原假设，可以认为因变量全球生产分割存在较强的负向空间自相关。

表6-8 邻接矩阵标准化莫兰指数

年份	2000	2003	2005	2007	2008	2010	2012	2013	2014
Moran's I	−0.277*	−0.275*	−0.372**	−0.429***	−0.446***	−0.310*	−0.309*	−0.326**	−0.353**
P值	0.091	0.093	0.018	0.007	0.005	0.056	0.057	0.044	0.028

注：基于邻接矩阵与双尾统计检验结果，***、**、* 分别表示在1%、5%、10%的水平上显著。

设定正确的空间计量模型是研究空间溢出效应是否存在的前提。一般的空间计量模型 $y=\lambda Wy+X\beta+\mu$ 进行LM检验以确定适用的具体模型。LM-lag和LM-error的值分别为57.366、222.768，在1%的显著性水平上拒绝了空间滞后项与空间误差项无自相关的原假设。因此，结合本章的研究目的及理论机制，本章选用杜宾模型（Spatial Durbin Model，简称SDM）分析研究更加准确。空间杜宾模型

假设一个区域的被解释变量不仅会受到相邻区域被解释变量的影响,还会受到相邻区域解释变量的影响,一般形式为:

$$GGPS_{it}=\rho+\alpha\sum_{j=1}^{n}w_{ij}GGPS_{it}+\beta\sum_{j=1}^{n}w_{ij}X_{it}+\theta x_{it}+\mu_{i}+\delta_{t}+\varepsilon_{it} \quad (i\neq j)$$

(6-3)

其中,下标 i 表示国家;t 表示年份;被解释变量 $GGPS_{it}$ 是全球生产分割水平;ρ 是空间自回归系数;$\sum_{j=1}^{n}w_{ij}GGPS_{it}$ 衡量相邻区域的影响;$\sum_{j=1}^{n}w_{ij}X_{it}$ 表示一系列自变量空间滞后项的加权平均值,衡量的是相邻地区解释变量对被解释变量的影响,X_{it} 表示所有控制变量;μ_i 与 δ_t 分别表示国家(地区)和时间固定效应;ε_{it} 为随机误差项。

为了减轻孤岛对回归结果的影响,空间邻接权重矩阵回归的运用需要删除与样本中其他任何国家(地区)都不接壤的国家(地区),分别是澳大利亚、巴西、塞浦路斯、印度尼西亚、日本、韩国和马耳他。根据 35 个国家 15 年的变量数据和空间权重矩阵 W_0,表 6-9 是以全球生产分割为被解释变量的空间面板回归结果。通过霍斯曼检验对方程(1)的随机效应模型和方程(2)的固定效应模型做出比较选择,不能接受原假设,因此确定空间杜宾模型运用固定效应进行回归。方程(3)在方程(2)的基础上控制时间效应,方程(4)和方程(5)剔除掉方程(2)中不显著的变量后,分别进行固定效应回归。从方程的拟合程度和变量的显著程度来看,双向固定效应方程要优于单向固定效应方程。空间自相关系数在双向固定效应下均显著为负,表明全球生产分割在空间上存在负相关性。也就是说,生产分割水平较高的国家在空间上和生产分割水平较低的国家相邻,全球生产分割表现为明显的扩散效应而非集聚效应。空间滞后项的回归结果中,劳动力、能源消耗、经济结构和贸易开放程度存在显著正向的空间溢出效应,资本密集程度、市场规模和基础设施的空间滞后系数显著为负,说明全球生产分割水平受到周边国家(地区)劳动力、能源消耗和贸易开放程度的推动作用以及物质资本积累、市场规模扩张和基础设施完善的抑制作用。人力资本、创新、金融发展和法律制度则不存在显著的空间溢出效应。其中,相邻区域的劳动力水平每上升 1 个百分点,该地区的生产分割水平也会随之上升 0.94 个百分点。这主要是由于劳动力背后丰富的经济内涵。就本地区而言,劳动力人口增加一方面可以精细化生产分工,提高生产力水平;另一方面,作为人力资本的储备军为经济社会发展增添智力因素和创造创新活力,提升生产的技术复杂度。对相邻地区而言,随着劳动力的自由流动,能够承接加速生产区段的分割和转移。相邻区域的市场规模每增加 1 个百分点,该地区的生产分割水平会降低 0.24 个百分点。这可能是因为如果周边地区的市场优势较本地明显,对应的

表6-9 空间杜宾模型回归结果

因变量	全球生产分割				
	方程(1) 随机	方程(2) 单向固定	方程(3) 双向固定	方程(4) 单向固定	方程(5) 双向固定
主回归					
PCAP	0.793 3*** (5.00)	0.850 5*** (5.17)	0.461 7*** (2.84)	0.866 9*** (5.76)	0.536 7*** (3.33)
EDU	0.015 1*** (2.90)	0.011 6** (2.08)	0.009 5* (1.82)	0.008 2 (1.52)	0.008 7 (1.63)
EMPLOY	0.091 8 (0.86)	0.060 1 (0.57)	0.234 5** (2.27)	0.011 8 (0.12)	0.085 3 (0.87)
RD	0.008 4 (0.87)	0.013 4 (1.38)	0.019 4** (2.05)	0.013 1 (1.37)	0.010 9 (1.14)
ENERCON	0.059 1*** (4.44)	0.203 8*** (6.14)	0.163 9*** (5.07)	0.200 8*** (7.97)	0.128 1*** (4.39)
GNIP	0.046 8 (1.47)	−0.025 7 (−0.70)	−0.048 5 (−1.38)		
STRUC	−0.549 3*** (−4.09)	−0.525 0*** (−3.73)	−0.330 2** (−2.41)	−0.539 6*** (−4.13)	−0.530 9*** (−4.02)
INFR	0.018 3 (0.55)	0.012 0 (0.36)	−0.045 8 (−1.38)		
CREDIT	0.038 9*** (4.50)	0.033 9*** (3.99)	0.033 2*** (4.05)	0.034 8*** (4.38)	0.038 8*** (4.73)
OPEN	0.061 1** (2.30)	0.038 8 (1.50)	0.061 6** (2.44)	0.036 9 (1.47)	0.031 7 (1.28)
LEGAL	−0.042 2** (−2.37)	−0.023 2 (−1.27)	−0.013 6 (−0.77)		
空间滞后项					
PCAP	0.363 7 (1.60)	0.529 8** (2.31)	−0.511 8* (−1.94)	0.501 1** (2.54)	−0.141 1 (−0.60)
EDU	−0.019 8*** (−2.64)	−0.012 4 (−1.53)	−0.010 7 (−1.38)		
EMPLOY	0.187 4 (1.27)	0.345 7** (2.36)	0.937 8*** (5.76)	0.297 3** (2.29)	0.415 8*** (3.04)
RD	−0.021 6 (−1.31)	0.002 8 (0.17)	0.015 4 (0.86)		
ENERCON	−0.005 3 (−0.31)	0.061 8 (1.27)	0.091 3* (1.86)	0.012 7 (0.43)	−0.056 1* (−1.71)

续表

因变量	全球生产分割				
	方程(1) 随机	方程(2) 单向固定	方程(3) 双向固定	方程(4) 单向固定	方程(5) 双向固定
空间滞后项					
GNIP	0.051 3 (1.17)	−0.033 9 (−0.62)	−0.241 5*** (−4.06)		
STRUC	0.166 1 (0.81)	−0.019 7 (−0.09)	0.407 5* (1.85)	−0.125 4 (−0.69)	−0.072 7 (−0.38)
INFR	0.023 0 (0.55)	0.017 8 (0.42)	−0.092 3** (−2.00)		
CREDIT	−0.018 6 (−1.38)	−0.009 1 (−0.70)	−0.014 2 (−1.09)		
OPEN	0.107 5*** (2.69)	0.122 3*** (3.12)	0.114 5*** (2.89)	0.132 6*** (3.63)	0.096 2*** (2.59)
LEGAL	−0.068 9** (−2.58)	−0.011 8 (−0.41)	0.011 0 (0.39)		
空间自相关系数					
rho	−0.055 9 (−1.28)	−0.071 2 (−1.64)	−0.213 9*** (−4.77)	−0.065 2 (−1.57)	−0.133 5*** (−3.14)
N	525	525	525	525	525
R^2	0.62	0.64	0.60	0.63	0.50

注：***、**、*分别表示1%、5%、10%的显著性；括号内为Z或者T统计值。

生产环境和发展前景必然更好，容易吸引更多的投资和优质的劳动力，导致各部门资源越来越向该地区集中，从而挤占了当地的资本和劳动等要素投入，造成该地区资源日渐匮乏，差距日益拉大，容易形成"马太效应"，限制了该地区生产技术复杂度的提升。经济结构在主回归中的估计系数为负，但空间滞后项系数显著为正。这可能是由于其他地区第三产业的发展会挤出制造业成长的空间，因而制造业倾向于生产转移和外包，为本地区生产细化创造了有利条件。

由于空间滞后项的存在，主回归中解释变量的系数可能不能反映真实的影响。地区内溢出效应是否存在与解释变量估计系数不相关，而应关注解释变量估计的直接效应是否显著；检验空间溢出效应是否存在应关注解释变量的间接效应是否显著，而不是空间自相关系数或解释变量的空间滞后项系数。因此有必要将所有解释变量对因变量全球生产分割水平的影响分解为直接效应、间接效应和总体效应。直接效应能够反映解释变量对本地区被解释变量的影响，间接效应能够反映本地区解释变量对其他地区被解释变量的平均影响，总体效应则能反映解释变量进一步回归采用空间滞后模型,如表6-10所示。物质资本指标的直接效应显著为正,表明提升物质资本水平具有明显的地区内溢出效应,对所在国(地区)的全球生产分割具有积极影响;但同时存在显著为负的间接效应,即该变量对其他国家(地区)的全球生产分割水平有着明显的抑制作用。而劳动力人口和贸易开放程度间接效应的估计系数显著为正,能源消耗的间接效应为正,但不显著。这显示出某国家(地区)会通过劳动力流动以及对外开放等空间溢出机制间接带动周边国家乃至距离更远的国家(地区)整体生产阶段数的提升,这说明加大对外开放、鼓励劳动力自由流动对生产分割提升大有裨益。其他控制变量方面,创新和金融发展对本地区全球生产分割产生促进作用,但对其他地区的全球生产分割有一定的抑制

表6-10 空间溢出效应分解结果

空间自相关系数	−0.083 7**	空间溢出效应分解		
	空间滞后项	直接效应	间接效应	总效应
PCAP	−0.548 3** (−2.22)	0.529 6*** (3.61)	−0.586 5** (−2.52)	−0.057 0 (−0.26)
EMPLOY	0.939 0*** (5.86)	0.170 3 (1.49)	0.806 1*** (4.92)	0.976 4*** (5.87)
ENERCON	0.085 0* (1.86)	0.175 4*** (5.78)	0.032 7 (0.85)	0.208 1*** (4.79)
GNIP	−0.238 0*** (−4.31)	−0.024 7 (−0.66)	−0.201 4*** (−3.73)	−0.226 1*** (−5.19)
STURC	0.220 0 (1.12)	−0.406 2*** (−2.97)	0.258 6 (1.35)	−0.147 6 (−0.71)
INFR	−0.077 2* (−1.70)	−0.034 9 (−0.99)	−0.062 8 (−1.32)	−0.097 7** (−2.48)
OPEN	0.129 2*** (3.46)	0.052 5** (2.00)	0.105 3*** (3.54)	0.157 8*** (4.01)
其他变量		直接效应	间接效应	总效应
EDU	0.008 0 (1.55)	0.008 6 (1.46)	−0.001 7 (−1.40)	0.006 9 (1.47)
RD	0.018 8** (2.00)	0.019 3** (2.10)	−0.003 7** (−1.98)	0.015 5** (2.08)
CREDIT	0.031 0*** (3.85)	0.030 7*** (4.06)	−0.005 9*** (−3.30)	0.024 8*** (4.03)
LEGAL	−0.015 3 (−0.89)	−0.015 9 (−0.96)	0.003 1 (0.94)	−0.012 8 (−0.95)

注:***、**、*分别表示1%、5%、10%的显著性;括号内为Z或者T统计值。

作用。可能是由于在我国振兴实体经济的重要时期,这些指标的集聚作用大于扩散作用,实体经济与虚拟经济的不完全融合导致金融发展水平的快速提升难以在短时间内直接转化为生产力,遏制了生产技术复杂度的提高。表 6-10 的结果反映某一国家全球生产分割水平主要受本国要素禀赋和市场环境的积极作用,以及其他国家能源资源和开放环境的促进作用,而全球范围内整体生产分割水平主要受综合这些因素的正向影响。

在空间权重矩阵的选取方面,上文的空间面板回归均采用的是地理位置是否相邻的二元邻接矩阵。但该矩阵的选择过于简单,而研究的样本在空间上分布跨越程度较高,只是将相邻国家的关系视为相同,并不能全面地体现国家之间经济上的关联影响。事实上,即使是空间相邻的国家,经济相互联系的程度也有高低之分。为了全面捕捉国家(地区)间的空间联系及验证本章空间计量结果的稳健性,弥补邻接矩阵 W_0 的短板,本研究将引入由地理距离和经济距离衡量与构建的空间权重矩阵 W_1 和 W_2。W_1 是根据国家首都之间距离的倒数构建的地理距离矩阵,其元素计算表达式为 $w_{ij}=1/D_{ij}$,D_{ij} 代表 i 国首都与 j 国首都之间的地理距离;W_2 是根据国家间人均 GDP 的差值的倒数构建的经济距离矩阵,其元素计算表达式为 $w_{ij}=1/|PGDP_i-PGDP_j|$,$PGDP_i$ 代表国家 i 人均 GDP 的均值。回归结果呈现在表 6-11 中。总的来说,第二列基于经济距离矩阵得到的空间分析结果与第一列的回归结果基本一致,显示出之前结果的稳健性。尤其是人力资本对因变量的影响显著为正,但空间滞后项的系数不显著为负,这一点和上文的回归接近。劳动力禀赋和创新能力均有利于提升全球生产分割水平,同时也都具有正向的空间溢出效应,有力地促进其他地区的全球生产分割。这很有可能是因为经济发达的国家和地区人才和智力资源达到饱和后会向周边地区辐射,而欠发达地区则能从周边城市的资源外溢中获益。市场规模则存在负向的边际作用和空间溢出作用,金融发展水平对全球生产分割起到一定的促进作用,但一国的金融发展对周边国家的全球生产分割提升具有阻碍作用。

此外,模型 1 和模型 2 也存在细微的差异。在经济加权矩阵 W_2 中,物质资本、能源消耗和开放程度的滞后项系数由正变负,这可能和经济加权矩阵选取的人均 GDP 的均值有关,忽视了经济增长对因变量的影响。

前述回归都是基于涵盖五大洲 42 个国家的整体样本,而未考虑区域性分类样本下的空间相关。目前全球有三大区域性经济体,即北美自由贸易区(NAFTA)、欧盟(EU)、亚太经济合作组织(APEC),对应的是全球三大区域性生产网络,分别是北美区域生产网络、中东欧生产网络和东亚生产网络。

表 6-11 更换权重矩阵的空间面板估计

空间滞后参数 Rho	SDM 模型 1(空间权重矩阵 W_1)		SDM 模型 2(空间权重矩阵 W_2)	
	−0.397 3**	(2.12)	−0.369 5***	(4.83)
变量	主回归系数	滞后项系数	主回归系数	滞后项系数
PCAP(物质资本)	0.504*** (2.84)	1.072 (0.86)	0.234 (1.58)	−1.446*** (3.53)
EDU(人力资本)	0.017*** (3.47)	−0.027 (0.63)	0.008* (1.74)	−0.012 (1.08)
EMPLOY(劳动力)	0.416*** (3.88)	1.80* (1.95)	0.342*** (3.50)	0.546* (1.76)
RD(创新)	0.054*** (5.63)	0.034 (0.57)	0.03*** (3.42)	0.17*** (7.26)
ENERCON(能耗)	0.186*** (5.77)	0.855*** (3.44)	0.209*** (6.78)	−0.382*** (4.43)
GNIP(市场规模)	−0.125*** (3.91)	−0.785*** (3.02)	−0.047 (1.49)	−0.266*** (3.14)
STRUC(经济结构)	0.076 (0.56)	0.575 (0.48)	0.101 (0.82)	0.342 (0.85)
INFR(基础设施)	−0.024 (0.72)	−0.289 (1.40)	0.01 (0.32)	−0.029 (0.38)
CREDIT(金融发展)	0.012 (1.41)	−0.125** (2.33)	0.024*** (2.98)	−0.098*** (4.42)
OPEN(开放程度)	0.112*** (4.04)	0.055 (0.28)	0.114*** (4.76)	−0.283*** (3.39)
LEGAL(法律制度)	−0.009 (0.51)	0.019 (0.14)	−0.03* (1.76)	0.118*** (2.83)
观测值	630		630	
N(国家)	42		42	
T(年份)	15		15	
个体固定效应	控制		控制	
时间固定效应	控制		控制	

注：***、**、*分别表示1%、5%、10%的显著性；括号内为 Z 或者 T 统计值。

通过前述对区域性生产网络的分类筛选和探索性空间分析,可以认为全球生产分割的空间依赖性一直保持在稳定水平,因此引入空间杜宾模型。表6-12展示了东亚生产网络和欧盟生产网络在经济加权矩阵下的回归结果。空间自相关系数在统计上显著且为负值,说明一个国家的全球生产分割水平与周边其他国家的全球生产分割呈现出显著的空间关联性。在东亚生产网络样本的回归中,创新、市场规模、基础设施建设和开放程度这些变量与全球生产分割之间存在正的相关性,并且也对其他地区的全球生产分割有促进作用。劳动力禀赋和能源消耗均显著不利于全球生产分割的提升,存在负的空间溢出效应。经济结构的空间滞后系数显著为负,金融发展的空间滞后系数显著为正,但这两个变量在欧盟生产网络的回归中并不显著。对于欧盟生产体系,市场规模变量的主回归系数和空间滞后项系数均为负,金融发展的空间滞后项也显著为负。基础设施的边际作用和空间溢出效应均不显著,可能是由于欧盟国家的基础设施水平本身就较高而且相近,在这种情况下不能成为影响其全球生产分割长度的重要因素。法律制度在分类回归下的空间滞后项系数统计上显著为正,都是影响其他国家全球生产分割的推动力量。本国法律制度越完善,执行越严格,对于企业来说这是附加在企业生产经营上的间接成本,因此会转而寻求周边其他区域法律制度规范不那么严格的国家。

表 6-12 区域生产网络样本空间回归结果

分类	东亚生产网络				欧盟生产网络			
空间滞后参数 Rho	−0.397 3**		(2.12)		−0.369 5***		(4.83)	
变量	主回归系数		滞后项系数		主回归系数		滞后项系数	
PCAP(物质资本)	0.386	(0.98)	−2.89***	(3.17)	0.478**	(2.24)	−0.012	(0.02)
EDU(人力资本)	−0.012	(1.20)	0.018	(1.31)	0.017***	(3.07)	0.008	(0.61)
EMPLOY(劳动力)	−2.664***	(11.72)	−2.29***	(5.00)	0.459***	(3.62)	0.107	(0.31)
RD(创新)	0.081***	(5.55)	0.13***	(2.27)	0.019*	(1.67)	0.21***	(6.67)
ENERCON(能耗)	−0.209***	(3.91)	−0.80***	(6.14)	0.236***	(5.11)	−0.15	(1.42)
GNIP(市场规模)	0.597***	(6.13)	0.791***	(5.57)	−0.083*	(1.84)	−0.241**	(2.48)
STRUC(经济结构)	0.018	(0.08)	−1.044**	(2.57)	−0.151	(0.94)	0.157	(0.34)
INFR(基础设施)	0.165***	(3.61)	0.48***	(5.89)	0.024	(0.51)	−0.03	(0.26)
CREDIT(金融发展)	0.022	(1.34)	0.117***	(2.73)	0.018*	(1.83)	−0.042*	(1.83)
OPEN(开放程度)	0.421***	(5.71)	0.584***	(3.08)	0.054**	(1.97)	−0.099	(1.08)
LEGAL(法律制度)	0.036	(1.15)	0.186***	(3.52)	−0.016	(0.71)	0.168***	(3.29)
观测值	135				420			
N(国家)	9				28			
T(年份)	15				15			
个体固定效应	控制				控制			
时间固定效应	控制				控制			

注:***、**、*分别表示1%、5%、10%的显著性;括号内为 Z 或者 T 统计值。

将因变量全球生产分割替换为其分解的两部分:国内生产分割和国际生产分割,表6-13对此进行双向固定效应的空间杜宾模型回归。空间自相关系数在两者回归结果中表现出了显著的差异性,国内生产分割与全球生产分割一样,存在显

表6-13 国内和国际生产分割空间面板回归结果

变量	国内生产分割		国际生产分割	
	主回归	滞后项	主回归	滞后项
PCAP	0.384*** [2.905]	−0.706*** [−3.756]	−0.062 8 [−0.496]	0.705*** [3.902]
EDU	0.000 548 [0.148]	−0.033 5*** [−5.141]	0.014 3*** [4.069]	0.009 59 [1.537]
EMPLOY	−0.199** [−2.445]	0.028 9 [0.231]	0.488*** [6.230]	0.293** [2.425]
RD	0.018 1*** [2.658]	0.020 1 [1.348]	0.026 0*** [3.986]	−0.003 88 [−0.275]
ENERCON	0.139*** [5.720]	0.046 8 [1.161]	−0.011 6 [−0.501]	0.062 0* [1.656]
GNIP	−0.044 6* [−1.648]	−0.074 0* [−1.870]	−0.029 8 [−1.154]	−0.050 1 [−1.329]
STRUC	−0.056 3 [−0.561]	0.321* [1.762]	0.199** [2.075]	0.051 8 [0.305]
INFR	−0.092 4*** [−3.516]	0.073 6** [2.276]	0.053 0** [2.112]	−0.121*** [−3.932]
CREDIT	0.008 80 [1.446]	0.002 16 [0.195]	0.006 99 [1.209]	−0.022 8** [−2.204]
OPEN	−0.042 4** [−2.229]	0.024 0 [0.702]	0.165*** [9.067]	0.046 8 [1.443]
LEGAL	−0.056 8*** [−4.064]	−0.101*** [−4.229]	0.017 6 [1.321]	0.085 7*** [3.783]
rho	−0.213 7*** (−5.47)		0.116 8** (2.05)	
样本量	630	630	630	630
R^2	0.311	0.311	0.647	0.647

注：***、**、*分别表示1%、5%、10%的显著性；括号内为Z或者T统计值。

著为负的空间自相关，而国际生产分割的空间自相关系数显著为正。这说明国内生产分工联系复杂度表现为各自为战的竞争关系，而国际生产分工联系复杂度表现为物以类聚的合作关系。从各变量的回归系数来看，资本密集程度、创新、能耗显著地促进国内生产的多样性，而劳动力、市场规模、基础设施和贸易开放显著不利于国内生产的多样化。在影响国际生产分割的因素中，人力资本、劳动力、创新、经济结构、基础设施和贸易开放度依然起积极的作用。

6.3.3 其他稳健性估计

首先将整体全球生产分割解构为整体国内生产分割(GNPS)和整体国际生产分割(GIPS),同时加入制造业生产分割和服务业生产分割及其分解,依次作为因变量进行回归。贸易开放程度和法律制度变量不利于国内生产分割,但有利于国际生产分割的发展,在分行业回归中也是如此。在前面的实证分析中开放的市场环境被认为是"催化剂",加速国家向外拓展全球价值链的步伐;法律制度是保障,为其保驾护航。不论是对于发达国家还是发展中国家,在开放的经济格局下,通过与外部的广泛交流和深度合作,促进本国企业和行业走出去,客观上拉长了国际生产分割长度,缩短了国内生产链条。创新能力和资本密集程度在服务业生产分割回归方程中均不显著,说明它们不是推动服务业生产分割发展的主导力量。与之相对的是人力资本和劳动力禀赋的估计系数均显著为正,并且显著大于制造业生产分割,这说明服务业价值链分工的细化主要是依靠劳动者素质的提高。能源消耗显著不利于整体国际生产分割和制造业国际生产分割,这是由于能源消耗量大的国家大多是承接跨国公司生产转移的发展中国家,生产链条主要集中在国内,而很少在国际上拓宽价值链。经济结构服务化水平的边际影响仅在服务业国际生产分割中显著为正,这表明随着国内服务业的发展和国际服务贸易的繁荣,一国服务业增加值比重的提高能起到良好的激励效应,在满足本土市场需求的同时通过出口主动拓展与外部市场的联系,从而带动整个服务链条突破区域分割和国别边界向国际上延伸。表6-14是稳健性回归。

表6-14 稳健性回归

变量	方程(1) GNPS	方程(2) GIPS	方程(3) MGPS	方程(4) MNPS	方程(5) MIPS	方程(6) SGPS	方程(7) SNPS	方程(8) SIPS
RD	0.02** [2.03]	0.02** [2.05]	0.06*** [4.43]	0.04*** [2.98]	0.03** [2.26]	0.013 [0.10]	0.003 [0.37]	0.01 [1.21]
PCAP	0.28** [2.11]	0.09 [0.80]	0.68*** [3.33]	0.60*** [3.20]	0.06 [0.33]	0.13 [0.69]	−0.001 [−0.01]	0.13 [1.15]
EDU	0.003 [0.68]	0.02*** [4.54]	0.01* [1.83]	0.002 [0.43]	0.009 [1.59]	0.02*** [3.47]	0.002 [0.59]	0.02*** [5.043]
EMPLOY	−0.22** [−2.33]	0.69*** [8.32]	−0.09 [−0.60]	−0.70*** [−5.32]	0.62*** [4.85]	0.79*** [6.05]	0.05 [0.56]	0.74*** [9.33]
STRUC	−0.12 [−1.02]	0.12 [1.10]	−0.29 [−1.59]	−0.06 [−0.36]	−0.22 [−1.38]	0.02 [0.14]	−0.20* [−1.78]	0.23** [2.27]
ENERCON	0.21*** [7.80]	−0.04* [−1.66]	0.17*** [4.16]	0.37*** [9.84]	−0.19*** [−5.12]	0.17*** [4.50]	0.12*** [4.59]	0.05** [2.17]

续表

变量	方程(1) GNPS	方程(2) GIPS	方程(3) MGPS	方程(4) MNPS	方程(5) MIPS	方程(6) SGPS	方程(7) SNPS	方程(8) SIPS
GNIP	−0.07** [−2.58]	−0.05** [−2.03]	−0.03 [−0.62]	−0.12*** [−3.02]	0.09** [2.28]	−0.15*** [−3.76]	−0.02 [−0.83]	−0.129*** [−5.26]
INFR	−0.06** [−2.00]	0.01 [0.36]	−0.01 [−0.31]	−0.10** [−2.44]	0.07* [1.81]	−0.07* [−1.68]	−0.03 [−0.99]	−0.04 [−1.64]
CREDIT	0.0004 [0.06]	0.02*** [3.04]	0.02** [2.12]	−0.02* [−1.74]	0.05*** [4.33]	0.024** [2.32]	0.02** [2.43]	0.006 [1.05]
OPEN	−0.06** [−2.45]	0.27*** [7.56]	0.08** [2.01]	−0.15*** [−4.29]	0.28*** [5.00]	0.23*** [6.65]	−0.005 [−0.21]	0.24*** [11.20]
LEGAL	−0.04** [−2.54]	0.04** [2.54]	−0.04 [−1.52]	−0.07*** [−3.12]	0.04* [1.71]	0.015 [0.68]	−0.02 [−1.14]	0.032** [2.42]
常数项	0.276 [0.912]	0.73*** [2.66]	0.94** [2.00]	−0.64 [−1.51]	1.50*** [3.58]	0.90** [2.13]	0.59** [2.01]	0.31 [1.21]
样本量	588	588	588	588	588	588	588	588
F/Wald	121.17	88.74	120.96	131.44	101.21	84.59	143.51	81.43

注:***、**、*分别表示1%、5%、10%的显著性;括号内为Z或者T统计值。

6.4 价值链分工解构及其解构机理分析

6.4.1 作用机制说明

经济结构(STRUC)变量的边际影响在前述各项回归方程中对因变量基本表现为阻碍作用,这表明随着产业规模调整和结构升级,经济服务化的转型似乎不太利于生产分割的拓展。然而,众所周知,全球价值链的发展不仅体现在最终产品及其部件的制造上,也体现在服务和服务贸易方面。服务业所创造的价值占到发达国家制造业总出口的1/3和发展中国家总出口的26%。服务发挥着和商品类似的作用,又以不同于商品的方式为国际分工创造更多机会,被视为全球价值链中市场交易或跨境贸易的一部分。将某些服务与全球价值链中的其他商品分开考虑的一个原因是它们在促使全球价值链的产生方面发挥着特殊作用。正如前文所述,运输、物流、信息和通信技术等服务领域的变革在一定程度上推动了全球生产分割。正是由于成本下降以及服务行业的技术进步,企业才有可能实现对在空间上分散分布的不同生产环节进行管理(Jones 和 Kierzkowski,2001)。

除了有连接价值链的不同阶段的作用外,服务在制造业商品的生产过程中经常被作为重要投入。例如,价值链是从研究、产品设计和制造工艺设计活动开始的。当这些环节被外包时,它们就是服务投入。在价值链的另一端,例如营销或分销的服务,这些服务也十分重要,因为它们确保了产品能被送达消费者。因此,服务不仅能促进全球价值链的产生,它还是生产的关键阶段的重要投入。在服务分节化的生产过程中,其价值的创造方式有时不是遵循线状价值链的模式,而是以网状活动的形式来实现,如建立在平台上的通信和运输网络(Baldwin 和 Venables,2013)。在这样的情形下,多个不同的生产环节同时生产最终产品或零部件,同时贡献了最终产品或零部件的增加值,抑或通过其他模式,如便利化的用户网络(如保险或金融服务提供商连接不同的消费者群体)和通过解决用户的问题创造增加值(Miroudot,2016)。微笑曲线高增加值的部分主要来自服务业,一个国家想要在技术密集和高附加值的行业提高全球竞争力,发展兼具这两种特质的服务业是最佳选择。服务业的基本生产要素:强大的信息技术基础设施和大量受过教育的劳动力。生产要素向服务业转移、服务业产值和附加值比例的提高是整个社会生产力发展的必然结果。除此之外,经济服务化最深刻的变化是把在生产过程中许多原来没有分离的辅助性劳动逐渐变得独立化、社会化和产业化。根据世界银行的统计数据,服务业吸纳了大量的劳动力人口,一些中等收入国家服务业就业人数已占到全部就业人口的50%,并且这些劳动力当中有很大一部分是高素质人才。从一定程度上来说,正是源于服务业发展提供的红利,高素质劳动力才能够显著推动全球生产分割。因此,经济结构对经济发展的作用应该还受到劳动力的影响,有赖于高素质劳动力对经济转型升级的贡献。单看经济结构的回归系数不能完全反映其对生产分割的真实作用效果,应该将两者综合起来看他们对全球生产分割的联动作用。于是本章首先构建加入人力资本与经济结构的交互项回归方程。

  古典贸易理论模型从比较优势的角度解释了专业化分工和参与生产分割的原因。例如,一家中国企业如果在劳动密集型产品的生产过程中具有全球比较优势,但在其他生产阶段具有比较劣势,该企业就应该离岸生产其具有比较劣势的生产环节,同时出口劳动密集型生产阶段上的生产环节。这种情形下,中国的全球生产分割长度及其解构的国内生产分割、国际生产分割必然受到生产环节和参与方式的影响。但这些影响大多来源于生产层面相关的技术、高技能劳动力、生产阶段等内生要素,没有考虑到信息的非对称性,没有涉及制度因素,而制度是用来解决由非对称信息导致的扭曲。这对于真正获得比较优势、参与全球生产分割至关重要,也对国家经济发展计划能否成功起着根本性、决定性的作用。随着产品差异性和复杂性的扩大,信息不对称所带来的风险增加,法律制度的重要性更加突出。例如,如果买方在生产完成后取消订单,已制造完成的波音喷气机引擎可能比农产品更难销售。再加上合同条款的有限性,无法控制所有的偶发或者意外情况,如果此时法律制度不能成为最后一道"屏障"来保证合同强制执行,这种风险就会导致市场无效率。如果司法系统能够提供公平的权利保护、运作良好的法律制度环境,就可以减少由于合同不完全而带来的风险。在其他条件相同的情况下,制度更好、具有更强有力的产权保护的国家,有利于保障自身良好的研发环境,维护技术水平,促进分工细化和生产率提高,更好地参与全球生产分割。典型的现实对比是美国作为生产分割水平较高的国家,在全球价值链中占据高端分工地位,这与其法律制度的完备可靠密切相关。法律制度为美国国内交易以及国际贸易中合同纠纷的公正解决提供了强有力的保护,从而有助于美国建立起比较优势并成为主要的出口国,尤其是服务产品的出口,拉长了美国的国际生产链条。相比较而言,贫穷落后的非洲经济体在全球生产分割体系中的作用很小,导致他们低度参与全球生产分割的一个重要原因是这些国家以及他们的邻国制度薄弱。根据世界银行发布的世界治理指标,绝大多数非洲国家的法治指数为负并且低于世界平均水平,这就意味着其他国家的企业与非洲国家进行贸易往来有可能面临对方不履行合约的风险。因此,制度质量是一个决定行业跨境分割生产能力的重要因素,并且制度质量的所有衡量指标与全球生产分割之间存在正相关关系。

在全球生产分割的背景下,阻碍中间产品的生产与贸易不仅仅局限于地理因素,一国基础设施的完善程度可能会影响其对外经济活动(盛丹等,2011),国家之间的联系成本也是重要的影响因素。一国参与全球生产分割体系的行为与交易成本、经济发展水平、创新能力正相关,而交易成本的降低是通过基础设施投资实现的。这种投资对于提升全球生产分割水平也许不是充分的,但可能是必要的。如果核心竞争力的其他方面跟不上,即使给欠发达地区接入最便捷的信息网络,也不足以提高其在全球生产分割体系中的地位与作用。但是,较高联系成本肯定会限制企业参与全球价值链的活动,特别是在基础设施仍然落后于发达国家的许多资源型经济体中。中国基础设施建设对区域经济具有间接的空间溢出效应,主要表现在交通、信息、能源、商贸等基础设施建设显著降低区域间贸易成本、扩大中间品贸易的规模效应、促进专业分工,即通过打破国内市场分割,增强与外部的经济联系(张学良,2012)。基础设施和法律制度反映了企业生产经营的间接交易成本,以通信网络表征的基础设施水平体现了价值链分工的"硬环境",而法律制度体现的是"软环境"。为了探讨软、硬环境结合对生产分割发展产生的影响,构建基础设施和法律制度的交互项加入表 6-15 方程(2)的回归中。

6.4.2 拟合结果与解释

上文在总体和分类、空间相关性三个维度对全球生产分割进行了考察,表 6-15 进一步从全球价值链分工解构的角度剖析了全球生产分割的内在机理。主要的逻辑思想是构建一系列交互项,分析交互项所体现的"调节效应"或"联动效应"如何影响全球生产分割。限于篇幅,这里两阶段 GMM 稳健性估计结果均只列出核心解释变量拟合作用情况。方程(1)显示了该交互项的估计系数为正,并且在 5% 的显著性水平上通过检验。这表明服务型经济的形成与发展,依靠大量劳动力尤其是高素质人才的集中。高素质人才的集中带来了先进的人力资本优势,对全球生产分割具有显著的促进作用。同时也说明软、硬件环境的改善,有助于降低企业交易成本,增加企业多元化决策,促进企业拓展外部联系,从而推动全球生产分割的发展。

方程(3)至方程(7)依次构建的是各类型国内生产分割阶段数与国际生产分割阶段数之间交互项。从拟合情况来看,国内价值链和国际价值链的交互项、制造业国内价值链和服务业国际价值链的交互项均在 1% 的显著性水平上为正。这说明国内价值链和国际价值链"双链"互动,有力地推动生产分割的拓展。比较二者的边际影响作用大小可以发现交互项 GNPS×GIPS 大于 MNPS×SIPS,这揭示了一个重要结论:拓展国内国际价值链分工联系,能够更好地释放价值链分工联系促进作用。更重要的是,国内或国际价值链条拓展并非彼此"替代",而是可以互补的,尤其对国内价值链分工效应的发挥而言更是如此。最后,交互项 MNPS×MIPS 和 SNPS×MIPS 的边际效果为正,但不显著。这表明拓展制造或服务环节国际价值链分工联系,虽然也有助于释放国内价值链分工联系,但效果有限。方程(6)中服务业国内价值链和制造业国际价值链交互项的系数显著为负。

表 6-15 全球价值链分工影响内在机理:中介效应检验

交互项	方程(1) EDU× STRUC	方程(2) INFR× LEGAL	方程(3) GNPS× GIPS	方程(4) SNPS× SIPS	方程(5) MNPS× MIPS	方程(6) SNPS× MIPS	方程(7) MNPS× SIPS
系数值	0.087** [2.44]	0.057** [2.30]	0.642*** [18.28]	0.27 [1.30]	0.44 [0.39]	−0.45** [−2.51]	0.47*** [2.88]
控制变量	是	是	是	是	是	是	是
国家/年份	是/否	是/否	是/是	是/否	是/是	是/是	是/是
Sargen	32.88 (1.00)	38.27 (1.00)	16.61 (1.00)	29.43 (1.00)	9.47 (1.00)	13.52 (1.00)	9.80 (1.00)
AR(1)/ AR(2)	0.00/ 0.13	0.00/ 0.52	0.83/ 0.23	0.01/ 0.83	0.33/ 0.19	0.76/ 0.76	0.20/ 0.47
F/Wald	800.27***	1 084.34***	38 351.96***	2 950.29***	8 762.89***	5 013.12***	14 453.26***
样本量	546(42)	504(42)	546(42)	504(42)	588(42)	588(42)	504(42)

注:***、**、* 分别表示 1%、5%、10% 的显著性;括号内为 Z 或者 T 统计值。

7 价值链分工拓展的影响因素与机制：国内区域视角的再考察

7.1 模型构建与变量说明

基于上文定量分析，为进一步探索中国本土价值链中各区域分工演变的影响因素和内在机制，本节将在倪红福等（2016）研究的基本模型设定基础上，将中国本土价值链解构细化至国内区域层面，重点关注于国家内部价值链分工，同时参考价值链分工相关文献从多方面选取实证分析的宏观变量，力图全面考虑影响价值链分工因素。改进后的基准回归方程如下：

$$GPSL_{it}=\alpha+\delta X_{it}+\mu_i+\eta_t+\varepsilon_{it} \qquad (7-1)$$

$$RDPSL_{it}=\alpha+\delta X_{it}+\mu_i+\eta_t+\varepsilon_{it} \qquad (7-2)$$

$$RRPSL_{it}=\alpha+\delta X_{it}+\mu_i+\eta_t+\varepsilon_{it} \qquad (7-3)$$

$$RIPSL_{it}=\alpha+\delta X_{it}+\mu_i+\eta_t+\varepsilon_{it} \qquad (7-4)$$

其中，X_{it}代表影响价值链分工水平的一系列重要因素；μ_i、η_t分别代表控制区域和年份差异；ε_{it}为随机扰动项。考虑到扰动项ε_{it}可能存在组内异方差、组内自相关和组间同期相关，研究将采用可行广义最小二乘估计对区域层面数据进行实证分析。

结合定量分析框架中各区域本土价值链生产分工解构特性，因变量依次包括总生产分割阶段数（GPSL）、纯域内生产分割阶段数（RDPSL）、国内域外生产分割阶段数（RRPSL）和国际生产分割阶段数（RIPSL）。

自变量考虑如下方面：① 对外开放度（gentra、protra）。在开放条件下，对外贸易对本土价值链的延伸具有促进作用。其中一般贸易和加工贸易促进资源流通，并建立新的生产分工联系，推动本土价值链条外延的同时促进区域间价值链条拓展。考虑到对外贸易方式的不同对本土价值链分工影响的差异性，这里分别用一般贸易进出口总额占地区生产总值及加工贸易（包括来料加工和进料加工）进出口总额占地区生产总值比重衡量。② 市场规模（scale）。亚当·斯密提出分工是由交换能力和分工程度造成的，因此会受交换能力规模的限制，也就是说要受市场规模的限制。区域市场规模大小的变化使得区域间资源重新配置,产生集聚效应和竞争效应(Young,1928),从而对区域生产分工和专业化水平产生影响,进而影响区域分解各部分生产链条和生产复杂度。这里以 2000 年为基期商品零售价格指数消胀后的人均生产总值表示。③ 劳动力和资本要素禀赋(empl、dcapi)。区域经济发展初期,原始劳动力要素禀赋往往起关键作用;但随着时间推移,区域间分工联系加强,本土价值链条演变发展,劳动力在不同发展水平的区域重新进行空间布局,此时资本要素投入对区域产业链条升级作用显著。研究以年末城镇单位就业人员数衡量区域劳动力禀赋;以每万平方公里内固定资产投资密度表示资本要素禀赋(以 2000 年为基期固定资产投资价格指数消胀)。④ 工资水平(wage)。工资反映了劳动力成本,工资越高使得嵌入生产分工链条成本越高;同时,工资水平也从另一层面体现劳动者素质高低,而高质量劳动力可以有力促进专业化生产,使得价值链分工细化,更有利于区域产业链延伸。这里以剔除价格因素(以 2000 年为基期商品零售价格指数消胀)的城镇在岗职工平均工资表示。⑤ 创新能力(tech)。技术水平提升可以有效促进生产环节的模块化以及生产效率的大幅提升。这里用各区域技术市场成交额表示。⑥ 制度环境(policy)。市场化制度对市场分割往往起着重要作用。有效界定政府与市场在经济发展中的作用边界是市场化制度建设的重点之一。分税制改革在促进各区域分工体系完善的同时也导致了一定程度的地方保护主义,抑制区域部分生产功能向域外分离,阻碍区域价值链拓展(黎峰和张远鹏,2017)。因此,本章以地方政府对经济活动的干预强度衡量市场化水平,即用地方政府财政支出占地区生产总值比重表示。⑦ 环境规制强度(ers)。随着世界环境问题突出以及中国在经济转向高质量发展过程中对可持续环境友好型发展方式的重视,环境规制对区域产业空间布局和产业升级转型的影响更为重要,进一步也会改变区域生产分工联系格局。这里参考傅京燕(2010)方法,基于各地区二氧化硫排放、烟尘排放、粉尘排放、废水排放和固体废物排放情况,从污染强度方面反映各地区环境规制水平。⑧ 基础设施(infra)。完善的交通基础设施可以有效降低国际贸易的成本,增加贸易流量,推进国际要素流动(Behrens,2011)。同样,各省份交通基础设施越发达,越有利于降低省际边界效应,促进省际间贸易量增加,推动区域内和区域外生产分工结构和空间配置的优化。这里以每万平方公里内的铁路、公路和水运里程之和表示。⑨ 产业结构和产业集中度(ser_ind、hhi)。产业结构很大程度上影响一个区域在价值链分工中的位置,尤其是现代服务业的发展对区域生产分工结构的优化起着关键作用。这里以各区域第三产业与第二产业产值比重表示。产业集中度对区域生产分割呈现显著的影响,产业越集中说明产业专业化程度越高,对于该产业的垂直专业化分工是有利的。这里用基于分行业产值构建的赫芬达尔指数表示。

数据来源方面,八大区域生产分割阶段数测度主要根据 WIOD 2016 跨国投入—产出表和中国八大区域投入—产出表得到,解释变量数据主要来源于《中国统计年鉴》《中国工业统计年鉴》和《中国环境统计年鉴》,区域层面数据主要由每个区域所对应省份数据加总或加总后平均化处理得到,其中绝对数值均采取对数化方式处理。考虑区域空间范围相对省份而言较大,邻近省份之间的合作与竞争关系相对区域之间差异性更为突出,因此省份空间视角下的考察可以将地区间生产分工联系关系特征更细致地体现出来,因此研究在拓展分析中对省份层面数据进行了相应实证分析,作为对区域视角研究的稳健性分析。由定量分析中本土价值链细分行业生产分割演变情况分析可知,区域内各省份生产分割阶段数主要由第二产业生产分割水平决定,因此研究主要以每一个区域各类生产分割水平为基数,用区域内各省份第二产业产值同区域内该产业均值之比作为调整系数换算得到省级层面生产分割阶段数。区域层面和省份层面变量的描述性统计详见表7-1所示。

表7-1 变量描述性统计

	区域样本					省份样本				
变量名	数量	平均值	标准误	最小值	最大值	变量名	数量	平均值	标准误	最小值	最大值
GPSL	120	2.939	0.259	2.382	3.680	GPSL	465	2.894	1.623	0.091	7.867
RDPSL	120	1.503	0.435	1.017	2.601	RDPSL	465	1.490	0.956	0.039	5.207
RRPSL	120	0.261	0.27	0.004	1.022	RRPSL	465	1.153	0.937	0.005	4.537
RIPSL	120	1.176	0.598	0.123	1.978	RIPSL	465	0.250	0.324	0.0002	1.762
gentra	120	0.270	0.178	0.069	0.735	gentra	465	0.211	0.176	0.008	0.931
protra	120	0.229	0.288	0.011	1.383	protra	465	0.136	0.253	0.000	1.858
scale	120	9.868	0.708	8.405	11.386	scale	465	9.656	0.730	7.887	11.564
dcapi	120	5.478	1.559	1.720	8.384	dcapi	465	5.115	1.843	−0.630	9.282
empl	120	7.30	0.395	6.485	8.257	empl	465	5.744	0.875	2.783	7.587
wage	120	10.096	0.61	8.852	11.394	wage	465	10.036	0.622	8.782	11.565
tech	120	5.256	1.057	3.226	8.164	tech	465	2.917	2.188	−4.605	8.049
ser_ind	120	0.977	0.398	0.371	2.359	ser_ind	465	0.896	0.457	0.413	3.834
policy	120	0.188	0.089	0.075	0.444	policy	465	0.253	0.214	0.069	1.783
ers	120	5.889	0.48	5.007	6.711	ers	465	5.912	0.751	2.197	7.306
infra	120	8.614	0.826	6.599	9.665	infra	465	8.523	1.080	5.232	15.052
hhi	120	0.099	0.021	0.073	0.155	hhi	465	0.098	0.025	0.070	0.233

7.2 基准回归结果与解释

表 7-2 给出的是中国本土价值链八大区域视角解构下的基准回归结果。前四个方程是仅控制区域异质性下的广义可行最小二乘结果,后四列则是同时控制

表 7-2 八大区域视角下中国本土价值链解构及其影响因素分析

因变量	单向固定效应				双向固定效应			
	GPSL	RDPSL	RRPSL	RIPSL	GPSL	RDPSL	RRPSL	RIPSL
gentra	−0.048 [−0.245]	0.906*** [2.763]	0.374*** [3.277]	−1.059*** [−4.530]	0.433* [1.881]	0.448*** [3.180]	0.004 [0.064]	−0.073 [−0.503]
protra	0.455*** [3.091]	0.310** [2.204]	0.011 [0.153]	0.191 [1.280]	0.341*** [2.808]	0.136** [2.360]	−0.058 [−0.886]	0.236** [2.183]
scale	0.093 [0.468]	−0.148 [−0.540]	−0.084 [−0.749]	0.100 [0.296]	0.248 [1.311]	0.142 [1.014]	−0.011 [−0.105]	−0.087 [−0.585]
dcapi	0.149* [1.786]	−0.180* [−1.895]	−0.127*** [−2.810]	0.457*** [3.925]	0.001 [0.011]	0.101* [1.879]	0.012 [0.556]	−0.102* [−1.923]
empl	0.477*** [4.219]	0.449*** [3.101]	0.269*** [3.851]	−0.189 [−1.174]	0.030 [0.375]	−0.020 [−0.405]	0.174*** [3.819]	0.041 [0.543]
wage	−0.174 [−0.930]	0.546* [1.815]	0.117 [1.174]	−0.869*** [−2.833]	−0.142 [−0.834]	0.128 [0.909]	−0.049 [−0.838]	0.075 [0.499]
tech	0.067* [1.954]	0.062 [1.597]	0.115*** [6.238]	−0.050 [−1.066]	0.016 [0.568]	−0.056*** [−2.999]	0.033** [2.575]	0.030 [1.363]
ser_ind	0.116 [1.213]	0.054 [0.350]	0.323*** [5.488]	−0.068 [−0.316]	0.039 [0.325]	0.183* [1.749]	0.293*** [5.172]	−0.300*** [−2.699]
policy	−1.588*** [−3.975]	−0.582 [−1.459]	−0.037 [−0.227]	−1.684** [−2.446]	−2.122*** [−4.936]	−1.543*** [−6.526]	−0.219 [−1.484]	−0.491 [−1.050]
ers	−0.255*** [−2.760]	−0.053 [−0.573]	−0.090** [−2.527]	−0.008 [−0.084]	−0.088 [−1.079]	0.035 [0.743]	0.063 [1.603]	−0.192*** [−3.063]
infra	−0.017 [−0.127]	0.276** [2.211]	0.283*** [6.710]	−0.225 [−1.291]	0.169 [1.412]	0.324*** [3.853]	0.117** [2.569]	−0.365*** [−2.622]
hhi	−3.567*** [−3.461]	−0.302 [−0.217]	−0.218 [−0.367]	−1.973 [−1.460]	−2.734** [−2.479]	−0.216 [−0.307]	−0.192 [−0.340]	−1.298 [−1.497]
常数项	1.442 [1.388]	−7.374*** [−4.980]	−4.303*** [−6.475]	11.244*** [5.700]	1.355 [0.687]	−3.857** [−2.381]	−2.390** [−2.142]	5.963*** [3.402]
区域差异	Yes	Yes	Yes	Yes	Yes	Yes	Yes	Yes
年份差异	No	No	No	No	Yes	Yes	Yes	Yes
样本	120	120	120	120	120	120	120	120
Wald 值	275.22***	305.82***	383.36***	156.09***	25 516.14***	201 991.25***	925 687.23***	253 120.67***

注:*、**、*** 分别表示在 10%、5% 和 1% 水平显著;系数对应方括号中数字为 z 检验值。

区域和年份异质性下的结果。整体而言,单向控制下更多变量通过显著性检验,影响方向与双向控制结果基本一致。由于区域内部数据之间会产生抵消作用,这在一定程度上会削弱八大区域层面数据的差异性,本节解释过程中会综合考虑单向和双向固定效应结果,并在后续分析中采取省份层面数据进一步比较分析验证。

首先,关注区域层面总生产分割链条(GPSL),整体而言,对外开放度、劳动力和资本要素以及技术水平对区域层面总生产价值链构建及完善都起到良好的促进作用。其中,就对外开放度而言,在双向控制结果下一般贸易(gentra)对区域整体价值链条影响显著为正。与加工贸易不同,一般贸易更多利用国内生产要素禀赋加工成最终产品再出口至国外,因此对区域层面总生产分割阶段数正向促进系数大于加工贸易,即其对整体生产分工联系的推动作用较加工贸易更强。同样,加工贸易(protra)在单向控制和双向控制情况下均显著为正。这进一步说明深化开放程度对中国区域层面总生产价值链构建的重要性。尽管"两头在外"的加工贸易弊端显著,但在对外开放进程不可因噎废食,而应该在优化对外投资和利用外资结构基础上进行更高层次的开放,将劳动密集型、低端价值链、缺乏竞争力或是有污染性的产业逐渐转移出去,更多地引进技术密集型、高端价值链产业。要素禀赋因素影响方面,劳动力(empl)和资本要素(dcapi)对区域整体价值链的拓展在单向固定效应下呈显著促进作用,但控制年份异质性后其促进作用并不突出,这与实际情况较为符合。区域经济发展初期,区域生产分工专业化处于细化分工阶段,劳动力和资本要素总量直接影响生产复杂度。但随着时间推移,区域经济发展至高水平后,劳动力和资本要素总量影响程度降低,要素禀赋内部优劣资源组成结构对区域生产分工链条转型升级的影响作用显著。科技创新水平(tech)对区域整体生产链条单向控制下促进作用显著。这与倪红福等(2016)结论相符,这表明从区域层面来看,区域的创新和研发能力越强,该区域更倾向于集中高附加值的生产环节,将低附加值的生产加工环节外包出去,专业化分工使得生产链条延伸。环境规制强度(ers)在单向控制下显著为负,双向控制下影响不显著,表明环境规制强度越低,即污染治理成本越低,短期可显著提升区域整体生产分割水平,但这种以牺牲环境换取价值链延伸的做法并不具备持续性,控制时间效应下环境规制对区域生产分工影响并不显著。无论是单向控制还是双向控制,市场化程度(policy)和产业集中度(hhi)至少在 5% 显著性水平上为负。结果表明,区域市场化程度越高,对区域生产分工链条拓展与完善越有利;与此同时,区域内产业体系越完善,同样对区域生产分割复杂度的提升起促进作用,区域产业越单一化越不利于产业链条的延伸,区域产业越多样化越有利于其产业链条的区域间衔接与转移。如西部区域,若集中于资源密集型产业,则其参与到其他区域产业链条的机会有限,但如果不断丰富其产业种类,其承接东部发达区域产业的机会更大。因此对区域整体生产分割阶段数而言,产业多样化程度越高,则拉动区域本土价值链发展的动力越大。

其次,纯域内生产分割阶段数(RDPSL)的影响因素中,在控制时间和区域差异后,一般贸易(gentra)和加工贸易(protra)、基础设施建设(infra)和产业结构优化(ser_ind)对应的参数均显著为正,这表明区域对外开放度深化、基础设施建设完善以及产业结构服务化,均显著推动纯域内生产分割水平和域内价值链延伸。与上述影响因素不同,两个要素禀赋变量劳动力(empl)和资本强度(dcapi)对区域价值链的影响随着时间变化表现出不同的作用方向。劳动力在仅控制区域差异影响下显示出正向作用,但在加入年份虚拟变量后变为不显著。对此做出的解释是,在区域经济发展初期劳动力要素对区域内部生产分割水平提升有显著积极作用,但随着区域内价值链分工的不断完善,域内价值链分工水平提升,劳动力要素带来的人口福利逐渐消失,从而对域内价值链延伸作用变为不显著。资本要素在区域内产业链条构建初期作用为负,而当区域内部链条发展到高水平时,可以通过区域内资本市场快速、有效地进行产业结构调整,从而使得区域内产业链不断延伸并形成主导产业链。科技创新水平(tech)对纯域内生产分割呈现显著负向作用,Fally(2012)和倪红福等(2016)实证结果均显示研发能力对国内生产分割作用为负且显著,结合本节实证结果可以发现,这种负向影响主要呈现在对区域内部生产分工,但对国内域外链条有显著促进作用,这也从侧面反映了技术的溢出效应。市场化程度(policy)在控制时间和区域差异后对纯域内生产分割阶段数作用显著为负。这表明地方政府获得部分自主权的同时在促进各区域分工体系完善的同时也导致了一定程度的地方保护主义,区域间竞争加剧的同时也阻碍了区域内部价值链拓展。

接下来关注影响国内域外生产分割阶段数(RRPSL)的相关因素。同样的,对外开放程度深化加强了区域间生产分工联系,尤其一般贸易(gentra)需要不同区域间优势资源禀赋的投入生产出具备国际竞争力的最终产品。反之,加工贸易(protra)过程中一部分国际生产分工环节替代了国内链条,因此其对国内域外价值链构建作用并不显著。与对纯域内生产阶段数作用机制类似,在仅控制区域差异下资本要素丰富度(dcapi)对国内域外链条构建呈负相关,但双向控制下其作用不显著。这意味着区域内部链条向高级发展过程中,资本会加速区域内部主导链条形成,从而需要向国内域外转移部分生产环节,促进国内域外生产分割水平的提升,因此资本随区域链条体系完善的同时对国内域外链条负向作用减弱,进而引起双向固定效应下其对国内域外生产分割阶段数影响显著降低。产业结构优化(ser_ind)对区域拓展国内域外生产链条具有显著促进作用。劳动力(empl)、科技水平(tech)和基础设施建设(infra)在仅控制区域虚拟变量时显著为正,说明劳动力、科学技术发展水平及基础设施建设在区域拓展国内域外生产链条上起着重要作用。

最后,分析影响国际生产分割阶段数(RIPSL)的因素。与纯域内链条作用特点不同,一般贸易(gentra)和加工贸易(protra)对国际生产分工链条的影响显著不同。一般贸易更多利用国内生产要素禀赋加工成最终产品再出口至国外,因此对嵌入区域内部的国际生产分工链条形成一定替代作用,因此其在单向固定效应下作用显著为负。加工贸易两头在外生产模式,需要一定程度利用国际生产分工环节,因此加工贸易可以显著推动国际生产链条拓展。资本强度(dcapi)对国际生产分割阶段数有显著的负向作用,区域内资本对国际生产链条存在一定的替代效应,考察期内全球价值链模式下的产业转移仍然以发达国家转移出低附加值的生产环节为主,而区域内部资本要素丰富往往会快速推动区域产业升级转型,同样需要对外转移低端产业链,因此与国际生产分割阶段形成替代关系。产业结构升级(ser_ind)和基础设施(infra)也在1%显著性水平下为负,即区域内部的产业结构高级化和基础设施的完善对区域本土价值链的升级转型提供了有利条件,在转移低端价值链环节的同时需要参与高附加值环节,一定程度和国际生产分工链条产生竞争,因此对国际生产分工链条形成替代关系。市场化程度(policy)和环境规制(ers)对国际生产分割阶段数同样为负向作用,制度质量的完善对国际生产分工链条的拓展和提升具有重要作用(戴翔和郑岚,2015)。

由于在大区域空间视角下地区间差异存在被弱化的现象,同一区域内部邻近省份之间的合作和竞争使得区域之间的差异性不及省份所反映的特征显著。为进一步分析本土价值链影响因素特征,研究从省份空间视角结合省级层面相关因素数据进行探讨。由定量分析中本土价值链细分行业生产分割演变情况分析可知,区域内各省份生产分割阶段数主要由第二产业生产分割水平决定,研究主要以每一个区域各类生产分割水平为基数,用区域内各省份第二产业产值同区域内该产业均值之比作为调整系数换算得到省级层面生产分割阶段数。由表7-3可知,省份层面结果与区域层面基准回归结果基本一致,拟合结果相对有明显改善。

结果中,首先值得注意的是无论在单向还是双向固定效应下,一般贸易(gentra)在1%显著性水平上均表现出对国际生产分割水平的抑制,但对国内省外生产分割水平提升起促进作用。反之,加工贸易(protra)在1%显著性水平上抑制国内省外生产分割水平提升,对国际生产链条拓展起促进作用。一般贸易和加工贸易结果进一步证实区域层面结论,一般贸易相对加工贸易更有利于区域在国内生产分割水平的提升,而加工贸易对区域国际生产复杂度的提升起推动作用。但省份层面加工贸易对区域整体分工链条拓展呈现不利作用,主要由于省份空间范围下,加工贸易和省际之间分工联系有着显著替代关系,从而其对省份整体生产分割水平呈抑制作用。由此可见长期以来大区域视角下加工贸易对生产分工水平的提升作用使得其对省际间分工替代关系被忽略,同时这也意味着嵌入国际生产分工的同时应该多维度审视其真实作用效果。市场规模因素(scale)在1%水平上同时表现出对省内、国内省外和省份国际生产分割水平提升的促进作用,因此其显著促进省份整体生产复杂度的提升。市场规模对资源配置的作用在省份层面得到显著体现,省份层面结果显示市场规模的扩大会提升地区生产分工和专业化水平,进而提升省份整体生产链条和生产复杂度。劳动力资源(empl)显著提升国内省外生产分割复杂度,进而有助于促进省份整体生产分割水平提升。特别的,工资水平(wage)对省内和国内省外生产链条拓展作用均为负,而对国际生产链条拓展作用则为正。省级层面,科技水平(tech)在1%显著性水平表现出对国内省外生产复杂度提升的促进作用,进而推动省份整体生产分割阶段数。产业结构升级(ser_ind)呈现出对省份内部生产分工复杂度的抑制作用,对国内省外生产分工拓展呈显著促进作用。产业结构转型升级是一个"创造与破坏并存"的过程(于斌斌,2015)。产业结构的转型一方面会促进生产要素从低效率部门流向高效率部门,生产要素的重新配置同时使得现代服务业及其他新兴行业涌现并得到快速发展,专业化中间服务可以进一步降低生产成本,企业则更偏向于通过服务外包方式促进专业化生产(Abraham等,1996),从而促使国内域外生产分工复杂度提升;另一方面,产业结构转型往往伴随着产品结构、国民经济中行业结构的转换,这一过程中传统产业优势逐渐消失,进而传统生产分工链条急剧衰退,一定程度压缩了省份内部原有生产分工链条。政府干预市场强度(policy)和环境规制强度(ers)同时对省内生产链条和国内省外生产分割拓展呈负向作用,进而对全球生产链条拓展呈负向作用。但市场化程度对省份国际生产分割复杂度的提升却有显著促进作用,考虑到地方政府出于政绩目标对外资企业和本土企业进行各种隐形补贴,实质上降低了企业国际代工的出口成本,激发了制造企业参与国际价值链分工的动机,因此政府对市场干预强度在一定程度上会促进省份利用外资结构的优化,进而提高省份国际生产分割水平。基础设施改善(infra)在省级层面考察中主要对总生产链条的延展呈显著促进作用。最后,产业集中度(hhi)对省内和国内省外生产复杂度提升均表现为显著抑制作用,但对国际生产链条延展作用则显著为正,表明地区专业化能力反而更有利于拓展国际价值链分工。

表 7-3 省份视角下中国本土价值链解构及其影响因素分析

变量	双向固定效应				单项固定效应			
	GPSL	RDPSL	RRPSL	RIPSL	GPSL	RDPSL	RRPSL	RIPSL
gentra	-0.636*** [-5.200]	1.311*** [13.767]	0.861*** [16.004]	-2.869*** [-21.665]	0.403 [1.601]	0.094 [1.005]	0.267*** [6.338]	-0.492*** [-3.977]
protra	-0.034 [-0.456]	0.077 [1.363]	-0.239*** [-7.088]	0.298*** [4.928]	-0.397*** [-2.808]	-0.096 [-1.300]	-0.254*** [-6.877]	0.279*** [3.695]
scale	0.932*** [13.541]	0.094* [1.723]	0.023 [0.772]	0.725*** [11.026]	1.559*** [11.105]	0.956*** [10.981]	0.256*** [6.925]	0.146* [1.928]
dcapi	0.005 [1.098]	0.013 [1.176]	0.003 [0.488]	0.038*** [9.423]	-0.024*** [-2.591]	0.013 [1.401]	-0.001 [-0.265]	-0.011 [-1.476]
empl	0.747*** [15.162]	0.764*** [16.677]	0.502*** [18.762]	-0.488*** [-6.744]	0.201** [2.160]	0.042 [0.880]	0.064*** [3.041]	0.190*** [4.523]
wage	-0.834*** [-14.699]	0.288*** [5.187]	0.143*** [5.212]	-1.188*** [-16.733]	-0.068 [-0.582]	-0.407*** [-4.889]	-0.206*** [-5.205]	0.431*** [5.485]
tech	0.020 [1.599]	0.052*** [7.431]	0.024*** [10.353]	-0.040*** [-8.121]	0.031** [2.033]	-0.005 [-0.414]	0.005** [2.265]	-0.008 [-1.134]
ser_ind	-0.193*** [-4.641]	0.033 [1.380]	0.175*** [9.576]	-0.380*** [-15.769]	-0.163** [-2.514]	-0.221*** [-10.125]	0.029*** [2.704]	-0.004 [-0.193]
policy	-0.268*** [-3.977]	-0.601*** [-3.844]	-0.148*** [-4.009]	-0.076 [-1.220]	-0.552*** [-4.398]	-1.250*** [-12.029]	-0.371*** [-6.527]	0.834*** [7.492]
ers	-0.284*** [-12.278]	-0.264*** [-10.855]	-0.096*** [-10.656]	0.043*** [3.077]	-0.132*** [-4.500]	-0.121*** [-5.337]	-0.084*** [-5.435]	0.033 [1.448]
infra	-0.026*** [-3.888]	0.022 [0.593]	-0.002 [-0.250]	0.033*** [6.893]	0.041*** [3.612]	0.017 [1.286]	0.010 [1.461]	0.007 [0.723]
hhi	1.203* [1.752]	-2.670*** [-2.694]	0.562*** [3.068]	0.631 [1.339]	-2.829*** [-2.748]	-3.433*** [-4.021]	-1.990*** [-5.424]	2.879*** [3.480]
常数项	-1.088** [-2.549]	0.000 [.]	-3.798*** [-15.883]	9.112*** [17.989]	-9.913*** [-7.185]	0.000 [.]	0.000 [.]	-4.674*** [-4.867]
省份差异	Yes	Yes	Yes	Yes	Yes	Yes	Yes	Yes
年份差异	No	No	No	No	Yes	Yes	Yes	Yes
样本	465	465	465	465	465	465	465	465
Wald 值	81 800.78***	13 520.90***	1 346.06***	2 961.88***	32 074.98***	394 375.71***	38 637.95***	223 855.86***

注：*、**、*** 分别表示在 10%、5% 和 1% 水平显著；系数对应方括号中数字为 z 检验值。

7.3 影响区域价值链分工拓展因素的稳健性检验

为检验模型估计的稳健性,本章主要结合区域层面数据,采取四种不同方式展开稳健性检验。一是内生性检验,研究将采用两种方法进行内生性检验,自变量滞后一期再估计和系统 GMM 估计:鉴于本土价值链解构三部分与解释变量之间可能存在双向因果关系,为尽可能克服模型估计的内生性问题,采用解释变量的滞后一期值再估计和 GMM 估计。二是因变量替换,替换因变量为劳动密集型、资本密集型、技术密集型行业生产分割及其解构均值估计,从分行业视角分析进行补充研究,该替换能更好地从行业角度反映相关因素对本土价值链分工的影响。三是分组回归,考虑金融危机年份数据无法反映经济正常运行下的作用机制,而且危机前后国家经济发展重心的转移对本土价值链各组成部分影响各异,因此研究剔除 2008 年数据,并以 2008 年金融危机为界,将剩余样本分为 2000—2007 年和 2008—2014 年两个子样本对模型进行再估计。

7.3.1 内生性问题处理

表 7-4 给出自变量滞后一期再估计的结果,前四列是以生产分割阶段数为因变量的双向固定效应结果,后四列是以区域层面增加值为因变量的双向固定效应结果。这里用增加值分解三部分替换生产分割阶段数三部分,把价值增值视角分析当作生产分割视角分析的补充研究,该替换能更好地从价值增值角度反映相关因素对本土价值链分工的影响。首先关注区域层面解释变量滞后一期对生产分割水平的影响,结果显示相关因素对区域本土价值链的影响与基准回归结果基本一致,影响方向和显著性并未有明显改变,表明区域层面估计结果相对稳健。这里重点关注区域层面解释变量对产出增加值的影响。考虑生产分割阶段数所体现的分工复杂度与增加值体现的产出增值能力的分析视角不同,这里主要将相关因素对二者的影响进行对比分析。结果显示相关因素如一般贸易(gentra)、加工贸易(protra)、创新能力(tech)、产业结构(ser_ind)、环境规制强度(ers)对价值增值的影响方向与对生产分工复杂度影响方向一致,而市场规模(scale)、资本和劳动力要素禀赋(dcapi、empl)、工资水平(wage)、产业集中度水平(hhi)对生产复杂度和产出增加值影响方向不同。其中,一般贸易(gentra)在促进纯域内生产分割水平提升的基础上会提高区域内部增加值创造能力,进一步显示出对区域整体价值创造能力的促进。而加工贸易(protra)更多地体现为促进区域的国际生产分割水平提升,但同时会抑制国内域外生产分工复杂度的深化,因此进一步体现为对区域国内域外链条增加值创造水平的抑制。创新能力(tech)和产业结构优化(ser_ind)对区

表 7-4 八大区域视角下本土价值链解构及其影响因素的滞后影响分析

变量	区域层面生产分割阶段数				区域层面生产增加值			
	RIVA	GPSL	RDPSL	RRPSL	RIPSL	VA	RDVA	RRVA
L.gentra	0.407* [1.668]	0.379*** [2.708]	0.023 [0.403]	−0.209 [−1.212]	0.885** [2.202]	0.612* [1.883]	−0.073 [−0.188]	1.702*** [3.116]
L.protra	0.388*** [3.007]	−0.015 [−0.220]	−0.166*** [−3.062]	0.431*** [3.533]	−0.670** [−2.529]	−0.767*** [−3.256]	−1.102*** [−6.739]	−0.592 [−1.632]
L.scale	−0.066 [−0.308]	−0.125 [−0.902]	−0.187** [−2.369]	−0.355* [−1.851]	0.413 [0.984]	0.243 [0.670]	0.169 [0.364]	1.574*** [2.629]
L.dcapi	−0.066 [−0.956]	−0.028 [−0.498]	−0.012 [−0.522]	0.025 [0.486]	0.120 [0.852]	0.307** [2.337]	0.267** [2.264]	0.110 [0.945]
L.empl	0.117 [1.364]	−0.033 [−0.562]	0.201*** [3.852]	0.125 [1.324]	−0.252 [−1.228]	−0.337* [−1.760]	−0.506*** [−2.638]	0.207 [0.718]
L.wage	−0.220 [−1.256]	0.571*** [4.395]	−0.028 [−0.670]	−0.231 [−1.360]	2.051*** [4.701]	1.358*** [3.396]	3.096*** [8.941]	2.870*** [5.914]
L.tech	0.004 [0.131]	−0.033 [−1.501]	0.035*** [3.251]	−0.002 [−0.096]	0.023 [0.381]	−0.031 [−0.443]	0.186*** [3.252]	0.024 [0.319]
L.ser_ind	0.135 [1.125]	−0.085 [−0.795]	0.349*** [6.288]	−0.139 [−1.128]	0.230 [0.829]	−0.572** [−2.228]	0.792*** [2.819]	0.385 [1.222]
L.policy	−1.743*** [−3.994]	−1.085*** [−4.684]	−0.033 [−0.265]	0.133 [0.338]	−0.179 [−0.208]	−0.231 [−0.254]	1.633*** [2.610]	0.144 [0.158]
L.ers	−0.204*** [−3.194]	−0.114** [−2.235]	0.000 [0.002]	−0.127* [−1.804]	−0.220 [−1.319]	−0.535*** [−2.955]	0.179 [1.407]	−0.281 [−1.501]
L.infra	0.546*** [4.060]	0.313*** [3.488]	0.207*** [6.013]	−0.129 [−0.860]	0.280 [0.914]	−0.973*** [−4.712]	0.204 [0.806]	0.466 [1.361]
L.hhi	−4.127*** [−3.962]	−1.666** [−2.403]	0.759* [1.777]	−1.009 [−0.881]	8.531*** [3.546]	9.825*** [4.083]	15.033*** [5.098]	4.625 [1.344]
常数项	2.896 [1.057]	−3.618** [−2.006]	−1.169 [−0.932]	7.318*** [3.054]	−14.093** [−2.392]	7.822 [1.553]	−27.218*** [−5.995]	−41.860*** [−4.424]
样本	112	112	112	112	112	112	112	112
区域差异	Yes	Yes	Yes	Yes	Yes	Yes	Yes	Yes
年份差异	Yes	Yes	Yes	Yes	Yes	Yes	Yes	Yes
Wald值	37834.05***	274285.59***	198265.89***	185041.13***	451536.60***	727652.18***	352847.52***	270020.01***

注：*、**、***分别表示在10%、5%和1%水平显著；系数对应方括号中数字为z检验值。

域国内域外生产分工联系深化及其创造增值能力均有显著提升。环境规制强度(ers)对区域内部和国际域外生产分割水平提升起到显著抑制作用,对其纯域内部分增加值的提高同样呈现负向作用。工资水平(wage)对区域整体价值创造能力的提升有显著促进作用,但其对区域各部分生产分工复杂度的作用方向并不显著。

产业集中度(hhi)会显著促进区域纯域内和国内域外部分增加值提高,但是对生产分工复杂度的提升呈现抑制作用。这是由于产业集中度越高意味着专业化程度越高,而专业化程度较高的产业一般位于价值链上游,价值创造能力更强,但是不利于生产复杂度的提升。

考虑生产分工复杂度与区域内产业结构(ser_ind)、市场规模(scale)和产业集中度(hhi)存在自相关和双向因果关系,需要考虑其内生性问题。表7-5显示了加入因变量滞后一期情况下区域层面数据GMM估计结果,因变量中区域整体生产分割水平(GPSL)和区域国际域外生产分割水平(RIPSL)滞后一期通过显著性检验,而纯域内和国内域外生产分割阶段数未通过显著性检验。这表明区域当期国际域外生产分割水平和整体生产分割水平分别会对其后一期生产复杂度提升产

表7-5 区域层面系统GMM估计及内生性检验

变量	GPSL	RDPSL	RRPSL	RIPSL
L. GPSL	0.228** [2.258]			
L. RDPSL		0.053 [0.448]		
L. RRPSL			−0.009 [−0.126]	
L. RIPSL				0.232*** [3.883]
scale	−0.010 [−0.076]	−0.357*** [−4.063]	0.359*** [3.136]	0.217** [2.045]
ser_ind	0.054 [0.526]	−0.160 [−1.579]	0.264*** [4.612]	0.075 [0.742]
hhi	−0.370 [−0.293]	1.304 [1.410]	−1.567** [−2.385]	−0.851 [−0.863]
样本	112	112	112	112
区域差异	Yes	Yes	Yes	Yes
年份差异	Yes	Yes	Yes	Yes
Sargen	121.200	120.254	118.0975	136.9589
Prob	0.6974	0.7186	0.7643	0.3209
AR (2)	0.5771	1.6074	1.6911	−1.5556
Wald值	137.93***	501.3***	1.99×10^9***	2.33×10^{10}***

注:*、**、***分别表示在10%、5%和1%水平显著;系数对应方括号中数字为z检验值。

生促进作用。而区域内部和国内域外生产分工复杂度滞后影响不确定,但结合文章定量分析部分可知,区域内部本土价值链分工中长期以来重心在发展国际生产分割阶段,国内部分(即纯域内和国内域外生产分割水平)在金融危机之后的发展得到进一步提升,滞后影响方向在考察期内未能确切体现。接下来关注内生变量对生产分割水平的作用构成特点。与基准回归结果一致,更多变量主要表现出对国内域外生产分割的显著作用。市场规模和产业结构优化显著促进国内域外生产分割水平提升,而产业多样性对国内域外生产分工复杂度的提升也呈现显著促进作用。

7.3.2 替换因变量的估计

结合 Peneder(2002)及张其仔和李蕾(2017)要素密集型产业划分聚类分析的研究,本节将 WIOT-IRIOT 的 17 个行业分为劳动密集型行业、资本密集型行业、技术密集型行业,并将基准回归中因变量替换为三类行业的生产分割进行稳健性估计,从行业视角对原有区域整体视角进行补充研究,反映相关因素对本土价值链分工的影响。行业层面因变量的描述性统计见表 7-6 所示。从平均值的比较可以直观地看出技术密集型行业生产分工链条及其解构三部分的细化程度均高于资本密集型行业,而资本密集型行业又高于劳动密集型行业,这在一定程度上反映了技术、资本和劳动力三种要素对细化生产分工的作用程度各异。

表 7-6 行业层面因变量描述性统计

行业分类	变量名	数量	平均值	标准误	最小值	最大值
劳动密集型	lab_gpsl	120	2.699	0.224	2.148	3.280
	lab_rdpsl	120	1.475	0.412	1.019	2.534
	lab_rrpsl	120	0.268	0.317	0.003	1.612
	lab_ripsl	120	1.064	0.522	0.100	1.853
资本密集型	capi_gpsl	120	2.863	0.280	2.330	3.778
	capi_rdpsl	120	1.525	0.447	1.006	2.503
	capi_rrpsl	120	0.317	0.365	0.003	1.734
	capi_ripsl	120	1.156	0.539	0.118	2.025
技术密集型	tech_gpsl	120	3.183	0.235	2.613	3.794
	tech_rdpsl	120	1.519	0.479	1.005	2.802
	tech_rrpsl	120	0.350	0.394	0.001	1.572
	tech_ripsl	120	1.447	0.724	0.160	2.412

表7-7给出了劳动密集型、资本密集型和技术密集型行业双向固定效应下的可行广义最小二乘回归结果。行业层面整体回归结果和基准回归结果基本一致，但不同要素密集度行业存在差异性。整体而言，劳动密集型行业总体显著性高于资本和技术密集型行业，而资本密集型行业显著性较低。其中，一般贸易（gentra）呈现出对劳动密集型行业国内生产分工链条拓展的显著促进作用，对资本密集型行业纯域内生产分工的促进作用和对其域外生产分工复杂度的抑制作用，而加工贸易（protra）主要促进三类行业的国际生产分工链条的拓展。市场规模、资本积累、工资水平等因素对劳动密集型行业的纯域内生产分工复杂度提升作用显著，劳动力要素禀赋则主要对其国内域外生产分工链条拓展作用显著。自主创新能力（tech）的提升对劳动密集和技术密集型行业的纯域内生产分工复杂度提升有一定程度抑制作用，而对国内域外生产分工链条拓展有积极作用。技术的溢出作用在技术密集型行业体现得更为突出，技术水平的提升对其国际生产分工复杂度的提升作用在5%显著性水平下为正。产业结构高级化（ser_ind）对三类行业国内域外生产分工链条拓展均在1%显著性水平下为正，这里进一步验证了开放经济条件下生产性服务业与制造业的融合发展对各行业生产分工细化的重要作用。区域基础设施改善（infra）主要对劳动密集和技术密集型行业的国内生产价值链条延伸有积极意义，而对资本密集型行业的作用并不显著。政府对市场干预程度提升（policy）对三类行业总体生产分割水平均呈负向作用，这也正反映了市场化改革过程中制度环境对产业发展的重要性，政府这只"有形的手"应当把握好其与市场这只"无形的手"的作用边界。环境规制（ers）对污染性较小的劳动密集型行业的纯域内生产分工链条的促进作用较为明显，而对资本和技术密集型行业的国际域外生产分割水平有显著抑制作用，这也反映了中国长期以来承接的国外高污染行业发展的不可持续性，在本土价值链的升级过程中必将有所降低。

7.3.3 变换样本分组考察

针对定量分析中体现出金融危机前后区域生产分割阶段数的变化趋势，研究将剔除2008年的区域层面数据，将其分为金融危机前后两阶段进行分析，即分为2000—2007年和2009—2014年两个子样本对模型进行再估计。表7-8给出了两个子样本回归结果，结果拟合情况相对全样本有所改善，大部分影响因素对生产分割阶段数，尤其是区域国际域外生产分割阶段数产生显著变化，而且危机后更多因素体现出对国内域外生产分工水平的提升作用。其中，一般贸易（gentra）和加工贸易（protra）在危机后对区域内部生产分工复杂度提升作用显著，而加工贸易对国内域外的生产分工链条负向影响在危机后愈加显著，对区域国际生产分工复杂度

表7-7 八大区域视角下中国本土价值链解构及其影响因素分析——行业层面

变量	劳动密集型行业				资本密集型行业				技术密集型行业			
	GPSL	RDPSL	RRPSL	RIPSL	GPSL	RDPSL	RRPSL	RIPSL	GPSL	RDPSL	RRPSL	RIPSL
gentra	0.225 [1.330]	0.595*** [4.713]	0.173* [1.648]	−0.100 [−0.627]	−0.713*** [−2.756]	0.375** [2.364]	−0.790*** [−6.994]	−0.609*** [−2.876]	0.262 [1.381]	−0.041 [−0.206]	0.709*** [7.528]	0.070 [0.459]
protra	0.044 [0.437]	0.033 [0.734]	−0.054 [−0.662]	0.187** [2.100]	0.494*** [2.806]	0.012 [0.153]	0.079 [0.935]	0.651*** [4.144]	0.165 [1.639]	0.401*** [4.090]	−0.183** [−2.158]	0.157* [1.822]
scale	−0.185 [−1.555]	0.221* [1.772]	0.083 [0.530]	−0.418** [−2.420]	−0.256 [−1.007]	−0.017 [−0.104]	−0.500*** [−3.736]	−0.125 [−0.623]	0.145 [0.707]	−0.010 [−0.049]	0.354** [2.137]	0.255 [1.231]
dcapi	−0.007 [−0.262]	0.121*** [3.283]	0.013 [0.488]	−0.041 [−1.066]	0.017 [0.144]	0.025 [0.471]	0.005 [0.201]	0.007 [0.089]	−0.003 [−0.051]	0.090 [1.342]	0.048 [1.502]	−0.148*** [−3.978]
empl	−0.077 [−1.306]	−0.023 [−0.513]	0.143** [2.422]	0.071 [0.981]	0.236* [1.931]	0.016 [0.239]	0.296*** [4.552]	0.105 [0.862]	0.027 [0.321]	−0.076 [−0.921]	0.224*** [3.572]	−0.121* [−1.850]
wage	−0.079 [−0.782]	0.187* [1.669]	−0.090 [−0.977]	0.096 [0.719]	0.010 [0.035]	0.417** [2.493]	0.016 [0.224]	−0.075 [−0.375]	−0.160 [−1.026]	−0.018 [−0.096]	0.010 [0.132]	−0.376*** [−3.256]
tech	0.092*** [4.744]	−0.047*** [−3.404]	0.065*** [3.854]	0.021 [0.921]	−0.019 [−0.442]	−0.018 [−0.809]	−0.005 [−0.329]	0.005 [0.151]	0.005 [0.169]	−0.081** [−2.417]	0.107*** [6.105]	0.038** [2.058]
ser_ind	−0.103* [−1.746]	0.097 [0.972]	0.336*** [4.058]	−0.086 [−0.887]	−0.082 [−0.529]	0.156 [1.418]	0.239*** [3.102]	−0.071 [−0.654]	−0.077 [−0.754]	0.079 [0.580]	0.625*** [7.962]	−0.422*** [−3.220]
policy	−1.656*** [−7.670]	−1.391*** [−6.039]	−0.211 [−1.095]	−0.250 [−0.725]	−1.883*** [−3.768]	−0.546** [−2.106]	−0.214 [−0.964]	−1.405*** [−2.897]	−1.143*** [−3.126]	−2.065*** [−6.608]	−0.612*** [−3.361]	0.403 [1.240]
ers	−0.190*** [−4.531]	0.100** [2.416]	0.046 [0.944]	−0.070 [−1.213]	−0.444*** [−4.119]	−0.031 [−0.530]	0.062 [1.257]	−0.260*** [−2.877]	−0.128 [−1.645]	−0.025 [−0.307]	0.229*** [5.241]	−0.261*** [−3.690]
infra	0.415*** [6.209]	0.189*** [2.440]	0.139** [2.046]	0.129 [1.274]	−0.060 [−0.383]	0.090 [0.736]	0.063 [0.977]	−0.327** [−2.067]	−0.061 [−0.415]	0.359*** [3.100]	0.482*** [6.115]	−0.314*** [−2.993]

续表

变量	劳动密集型行业				资本密集型行业				技术密集型行业			
	GPSL	RDPSL	RRPSL	RIPSL	GPSL	RDPSL	RRPSL	RIPSL	GPSL	RDPSL	RRPSL	RIPSL
hhi	−2.259*** [−4.158]	−0.076 [−0.120]	−0.258 [−0.338]	−1.928** [−2.148]	−1.838 [−1.284]	−1.568 [−1.643]	0.822 [1.061]	−1.464 [−1.263]	−1.224 [−1.301]	0.537 [0.533]	−0.583 [−0.866]	−1.570* [−1.866]
常数项	3.575** [2.491]	−4.494*** [−3.412]	−2.839** [−1.985]	3.375* [1.826]	6.628** [2.085]	−3.171 [−1.508]	0.863 [0.663]	6.830** [2.436]	4.721** [2.121]	−0.450 [−0.188]	−10.798*** [−7.396]	8.958*** [3.514]
样本	120	120	120	120	120	120	120	120	120	120	120	120
区域差异	是	是	是	是	是	是	是	是	是	是	是	是
年份差异	是	是	是	是	是	是	是	是	是	是	是	是
Wald值	104 703***	137 384***	282 737***	844 977***	16 944***	100 402***	293 379***	46 329***	43 338***	80 752***	159 067***	359 688***

注：*、**、*** 分别表示在10%、5%和1%水平显著；系数对应方括号中数字为z检验值。

表 7-8 区域层面分时段估计结果比较

变量	2000—2007				2009—2014			
	GPSL	RDPSL	RRPSL	RIPSL	GPSL	RDPSL	RRPSL	RIPSL
gentra	−0.800*** [−9.000]	−0.028 [−0.299]	0.016 [0.242]	−0.175 [−1.279]	−0.054 [−0.117]	0.097 [0.126]	−0.740** [−2.554]	−0.025 [−0.059]
protra	0.556*** [7.059]	0.005 [0.081]	−0.120* [−1.814]	0.480*** [5.714]	−0.400 [−0.843]	1.839* [1.828]	−0.877** [−2.284]	−0.623 [−1.023]
scale	−0.980*** [−13.291]	−0.433*** [−5.230]	0.011 [0.218]	−0.364*** [−4.636]	2.868** [2.262]	1.601* [1.947]	−1.848*** [−5.038]	5.922*** [4.239]
dcapi	0.002 [0.077]	0.014 [0.890]	0.043** [2.536]	0.025 [1.295]	1.222*** [5.034]	1.247*** [4.527]	−0.100 [−0.955]	−0.015 [−0.034]
empl	0.141 [1.306]	−0.125*** [−3.293]	0.092** [2.271]	0.163*** [3.487]	−1.345*** [−8.373]	−0.685* [−1.857]	0.239 [1.496]	−1.281*** [−6.331]
wage	0.538*** [4.833]	0.329*** [5.152]	0.089 [1.465]	0.378*** [2.735]	−1.568*** [−3.129]	−1.073** [−1.964]	1.802*** [6.736]	0.189 [0.434]
tech	−0.098*** [−8.664]	−0.079*** [−6.558]	−0.022** [−2.247]	0.081*** [4.947]	0.001 [0.008]	0.041 [0.421]	0.097** [1.990]	−0.167 [−1.490]
ser_ind	−0.188*** [−3.364]	−0.317* [−3.472]	0.085* [1.678]	−0.039 [−0.546]	0.439 [0.743]	0.622* [1.804]	0.659*** [4.427]	0.297 [0.640]
policy	−6.534*** [−22.879]	−2.306*** [−5.624]	0.422** [2.089]	−4.933*** [−8.952]	−2.627 [−1.007]	−10.280*** [−3.463]	−0.475 [−0.424]	4.259 [1.597]
ers	−0.517*** [−9.088]	−0.323*** [−6.671]	−0.249*** [−5.488]	−0.054 [−0.696]	−0.055 [−0.266]	−0.024 [−0.177]	−0.097 [−0.978]	0.399** [2.170]
infra	0.002 [0.037]	0.111** [2.053]	−0.046 [−1.220]	0.075 [1.139]	0.608 [0.515]	0.003 [0.005]	−0.321 [−0.965]	0.833 [1.102]
hhi	1.118** [2.073]	0.304 [0.739]	1.068** [2.011]	−1.014** [−2.954]	−5.279* [−1.857]	−4.433 [−1.129]	0.845 [0.369]	−10.807*** [−3.566]
常数项	9.634*** [4.181]	4.627*** [5.322]	0.000 [.]	0.317 [0.205]	−8.288 [−0.550]	0.000 [.]	0.000 [.]	0.000 [.]
样本	64	64	64	64	48	48	48	48
区域差异	Yes	Yes	Yes	Yes	Yes	Yes	Yes	Yes
年份差异	Yes	Yes	Yes	Yes	Yes	Yes	Yes	Yes
Wald值	170 140.75***	1.26×10⁷***	5.05×10⁷***	273 653.88***	10 379.21***	5 047 138***	3 865 970***	965 361.19***

注：*、**、***分别表示在10%、5%和1%水平显著；系数对应方括号中数字为z检验值。

的提升作用由显著促进变为不显著。这表明与国际市场间贸易水平的提升主要会促进区域国际生产分工复杂度提升，但危机后企业对国内市场的回归使得对外贸易对纯域内生产分割水平的增强作用有了显著提升，但在考察期内对区域与国内其他区域间生产分工联系深化作用仍呈现负向关系。市场规模(scale)对区域整体生产分割水平作用由抑制转为促进作用,危机后市场规模对区域内部和国际生产分割水平提升显著,而对区域间生产分工联系深化作用为负。资本要素禀赋(dcapi)危机后主要经由提升区域内部生产分割水平,进而对区域整体生产分工复杂度水平提升显著。劳动力要素(empl)对区域国际生产分工水平由促进作用转为抑制作用,对区域国内域外分工联系促进作用变得不显著,对纯域内生产分工联系的负向作用降低,这在一定程度上反映了对外开放初期中国依托劳动力优势承接国际劳动密集型产业的发展方式发生了改变,劳动力禀赋对国际生产分工联系的促进作用显著降低。随着经济向高质量发展转变,区域内部劳动力结构的优化一定程度会使得纯域内生产分工对区域国际生产分工联系产生替代作用。区域创新能力(tech)和产业结构优化(ser_ind)对区域国内域外生产联系深化促进作用愈加显著,而对区域国际分工联系作用变为不显著。这进一步表明危机后中国经济高质量发展导向对区域拓展国内生产链条产生显著促进作用。市场化程度(policy)对区域生产分割阶段数的负向影响由显著变为不显著,但其对纯域内生产分工复杂度提升仍存在显著负向作用。环境规制强度(ers)和产业多样化(hhi)危机后对国际生产分工联系促进作用更加显著。这表明随着中国"一带一路"倡议的推进,中国各区域的主动"走出去"趋势更强,环境规制力度越强使得区域转移污染产业动力越强,从而拓展其国际生产分工链条。

7.4 影响因素的拓展研究

7.4.1 影响因素的区域差异比较

基于省份基准回归,结合定量分析中各区域分解三部分生产分割阶段数的差异性,研究进一步将省份样本分为东部、中部和西部省份对模型进行再估计。表7-9给出了中国东部、中部和西部省份在双向固定效应下的可行广义最小二乘回归结果。整体而言,市场规模、劳动力要素禀赋和市场化程度显著提升了东、中、西部省份生产分工复杂度,而环境规制强度对各省份生产分工复杂度存在不同方面的抑制作用。其他因素对东、中、西部省份作用情况均存在差异。

对东部省份而言,首先由于其地理区位优势,一般贸易(gentra)和加工贸易(protra)对东部省份生产分工复杂度作用显著。一般贸易显著提高东部省份国内省外生产分工复杂度,与之形成对比的是加工贸易对东部省份内部和国内省外生产分工复杂度的提升有显著抑制作用,但对其国际生产分工复杂度提升显著,这与东部沿海省份的实际情况相符。资本要素禀赋(dcapi)对东部区域的作用显著为

表7-9 中国本土价值链解构及其影响因素区域差异性分析

变量	东部省份				中部省份				西部省份			
	GPSL	RDPSL	RRPSL	RIPSL	GPSL	RDPSL	RRPSL	RIPSL	GPSL	RDPSL	RRPSL	RIPSL
gentra	0.297* [1.909]	0.242 [1.322]	0.296*** [3.816]	−0.366** [−2.173]	−0.149 [−0.423]	−0.535 [−1.395]	0.039 [0.279]	−0.433 [−1.058]	−0.298 [−0.889]	−0.374* [−1.784]	−0.133 [−0.910]	−0.214 [−0.704]
protra	−0.086 [−0.783]	−0.247** [−2.221]	−0.267*** [−3.603]	0.493*** [4.958]	0.649 [0.627]	1.011 [0.801]	−0.012 [−0.024]	−1.262 [−0.980]	0.446* [1.664]	0.156 [0.240]	0.402** [2.319]	−0.196 [−0.421]
scale	2.373*** [15.530]	1.405*** [7.300]	0.338*** [3.252]	−0.019 [−0.135]	2.019*** [11.667]	1.180*** [5.472]	0.213* [1.800]	0.692** [2.147]	2.157*** [11.523]	0.928*** [6.251]	0.065 [0.727]	1.349*** [5.577]
dcapi	−0.262*** [−9.268]	−0.161*** [−3.852]	−0.054** [−2.413]	0.041 [1.019]	0.108*** [3.967]	0.096** [2.297]	0.004 [0.283]	0.048 [1.179]	−0.064*** [−4.451]	−0.006 [−0.443]	−0.002 [−0.322]	−0.020 [−0.992]
empl	−0.032 [−0.593]	−0.034 [−0.563]	0.043 [1.371]	0.099** [2.030]	0.097 [0.579]	−0.287 [−1.416]	−0.114 [−1.284]	0.116 [0.567]	0.825*** [3.795]	0.214 [1.295]	0.029 [0.310]	0.514** [2.010]
wage	−0.630*** [−4.304]	−0.478*** [−3.996]	−0.060 [−0.728]	0.186 [1.340]	−0.259 [−1.034]	−0.875*** [−2.652]	−0.054 [−0.407]	0.110 [0.383]	0.638*** [2.752]	0.053 [0.363]	−0.099 [−1.006]	0.106 [0.442]
tech	0.002 [0.105]	0.028* [1.873]	0.007 [0.734]	−0.005 [−0.340]	0.015 [0.722]	0.009 [0.313]	−0.022* [−1.852]	0.002 [0.058]	0.020* [1.694]	−0.006 [−0.554]	0.003 [0.603]	−0.013 [−0.867]
ser_ind	−0.080** [−2.110]	−0.233*** [−3.333]	0.057** [2.562]	−0.068* [−1.654]	−0.842*** [−7.554]	−0.562*** [−3.625]	−0.015 [−0.224]	−0.435*** [−3.064]	−0.669*** [−5.637]	−0.735*** [−6.802]	−0.071 [−1.119]	0.354** [2.516]
policy	−1.313*** [−2.466]	−1.920*** [−4.651]	0.085 [0.349]	−0.853*** [−2.274]	−5.864*** [−9.785]	−4.116*** [−5.670]	−0.401 [−1.282]	−0.372 [−0.400]	0.174 [0.991]	−0.684*** [−4.847]	−0.268** [−2.281]	1.111*** [4.462]
ers	−0.036 [−0.651]	0.055 [0.933]	0.009 [0.272]	−0.140** [−2.664]	0.065 [0.784]	−0.114 [−1.089]	0.015 [0.270]	0.141 [0.964]	−0.077* [−1.806]	−0.089** [−2.369]	−0.048** [−2.067]	0.043 [0.783]
infra	−0.070 [−1.260]	−0.068 [−1.312]	−0.023 [−0.588]	0.144** [2.434]	−0.407*** [−2.670]	−0.100 [−0.531]	0.006 [0.059]	−0.455** [−2.048]	0.043** [2.262]	0.009 [0.623]	−0.002 [−0.220]	0.020 [0.972]

续表

变量	东部省份 GPSL	东部省份 RDPSL	东部省份 RRPSL	东部省份 RIPSL	中部省份 GPSL	中部省份 RDPSL	中部省份 RRPSL	中部省份 RIPSL	西部省份 GPSL	西部省份 RDPSL	西部省份 RRPSL	西部省份 RIPSL
hhi	10.892*** [8.821]	11.164*** [7.745]	−1.175 [−1.628]	1.513 [0.930]	−10.905*** [−4.066]	−6.953*** [−2.583]	−2.110 [−1.458]	0.433 [0.125]	−2.491*** [−2.588]	−3.011*** [−3.402]	−0.801 [−0.861]	2.722* [1.783]
常数项	−14.159*** [−8.678]	−8.001*** [−4.614]	−2.559*** [−2.696]	−1.323 [−0.988]	−8.205*** [−3.594]	2.964 [1.019]	−0.520 [−0.328]	−2.859 [−0.837]	−24.728*** [−11.530]	−7.063*** [−4.268]	0.750 [0.845]	−14.447*** [−5.352]
样本	180	180	180	180	135	135	135	135	150	150	150	150
省份差异	是	是	是	是	是	是	是	是	是	是	是	是
年份差异	是	是	是	是	是	是	是	是	是	是	是	是
Wald值	270 576***	211 639***	1.708×10⁶***	3.164×10⁶***	31 533***	97 811***	227 924***	133 435***	75 738***	152 672***	90 263***	417 563***

注：*、**、*** 分别表示在10%、5%和1%水平显著；系数对应方括号中数字为z检验值。

负,这在一定程度上说明,资本要素密集地区过度投资的低效率会抑制生产分工复杂度的提升。Zhang(2004)从另一角度体现了资本的负向影响,短期内的资本要素增加对经济增长效果显著,但资本要素丰裕地区在长期并不存在经济增长优势,甚至可能产生过度投资的低效率。工资(wage)对东部省份内部生产分工复杂度有显著抑制作用,作为劳动力成本,东部省份工资水平显著高于西部地区,一定程度上对东部区域内部生产分工结构优化产生不利影响,但对东部省份与其他省份间分工联系结构优化并未产生显著抑制作用。创新水平(tech)对省份拓展其国内省外生产分工联系促进作用显著。产业结构升级(ser_ind)显著延伸了东部省份国内省外生产分工链条,但对其省内生产分工复杂度形成了一定抑制作用。钱纳里等(1989)提出产业结构变迁对经济增长的影响随着经济发展水平不同而作用不同。东部省份产业结构升级转型过程中将部分传统低端产业转移出去,相应省份内部生产分工链条存在一定的缩减;与此同时,由于东部专业化中间服务业的发展相对中西部更为迅速,因此,借助服务外包,东部省份的国内省外生产分工链条得到一定延伸。产业集中度水平(hhi)对东部省份生产分割阶段数提升作用显著,较为合理的解释是东部省份产业内分工细化程度相对较高,从而数据上显示为产业集中度对省内生产分割复杂度起促进作用。

就中部省份而言,市场规模(scale)、资本要素(dcapi)、市场化水平(policy)对其省份内部生产分工结构优化有显著促进作用,进而表现出对省份整体生产分割阶段数的正向作用。产业结构服务化和产业集中度对省份内部生产分工具有显著负向作用,进而对省份整体生产分割阶段数呈负向作用。多数因素的作用方向与基准回归方向一致,但产业结构对中部省份内部生产分割阶段数仍呈负向作用。2004年中部崛起战略提出后,中部承接产业转移逐渐由原先的低附加值的劳动密集型产业转变为技术密集型产业,产业结构的调整升级过程中对生产分割各部分的影响存在不确定性,其中产业结构服务化倾向的结构调整是导致省份内部分工缩减,经济发展进入"结构性减速"阶段的重要原因。

最后关注于西部省份,加工贸易(protra)、市场规模(scale)、劳动力(empl)、工资水平(wage)、创新能力(tech)以及基础设施改善(infra)等因素均显著促进该区域整体生产分工复杂度的提升,从这可以看出西部省份生产分割阶段数存在很大的提升空间,开放度、市场规模、就业、技术水平和基础设施对西部省份分工深化的驱动作用较强。相比东部和中部区域,更多因素表现出对西部省份价值链分工拓展的促进作用。而产业集中度(hhi)和环境规制强度(ers)显著抑制其区域内部生产分割水平提升,进而对整体生产分工深化起负向作用,这表明西部区域需要改变依赖单一产业结构,构建以制造业为核心的多样化产业结构。环境规制强度作用为负在一定程度上反映了西部地区承接东部产业转移以高耗能、高污染为主,因此,环境规制强度越高,其区域内部和国内域外生产分工联系越弱。

7.4.2 交互效应分析

根据定量分析和东、中、西部省份差异分析可知,如果各区域经济发展阶段不同,那么生产分割阶段数及其影响因素均存在显著差异。同时,研究注意到部分中、西部省份初始经济量基数较小,地区经济增速相对较快,因此本节进一步研究不同发展阶段的地区规模效应会如何影响各地区生产分工复杂度。

具体而言,以2000—2017年剔除通货膨胀影响的国内生产总值平均增速为划分标准,通过设置虚拟变量(rate),将31个省份分为高速增长组(赋值为1)和低速增长组(赋值为0)。在此基础上,构建虚拟变量增速(rate)与人均GDP的交互项,并将增速、经济规模和交互项均进行去平均化处理。表7-10给出了经济增速和经济规模对本土价值链的交互影响。首先注意到经济规模对纯域内、国内域外和国际生产分割阶段数作用均显著为正,即不考虑经济增速的影响时,地区经济规模对其生产分工深化有显著促进作用。其次经济增速对生产分工网络的拓展作用主要表现在纯域内和国际部分,进而对区域整体生产分割起正向作用,对国内省外的生产分割水平提升作用仍不显著。最后重点关注于经济规模和增速交互项的作用,可以看到经济规模和增速的交互项主要表现出对国内省外生产分割水平的提升作用,即经济增速较快的地区,市场规模对其国内省际生产分工网络的拓展作用越大,但对区域内部和国际部分不显著为正。

表7-10 不同发展阶段下规模效应对本土价值链的影响分析

变量	GPSL	RDPSL	RRPSL	RIPSL
rate	2.376*** [8.506]	0.968*** [5.523]	0.131 [1.555]	1.228*** [5.177]
scale	1.501*** [11.322]	0.976*** [10.997]	0.223*** [4.759]	0.154** [1.961]
scale * rate	0.008 [0.136]	0.064 [1.512]	0.027** [2.336]	0.022 [0.618]
控制变量	是	是	是	是
省份差异	是	是	是	是
年份差异	是	是	是	是
样本量	465	465	465	465
Wald值	12 831***	52 109***	64 547***	224 830***

注:*、**、***分别表示在10%、5%和1%水平显著;系数对应方括号中数字为z检验值。

中国近年经济增速整体虽呈现结构性减速现象(袁富华等,2018),但就内部区域而言,增速区域差异性较大,金融危机之后,原先对外需较为依赖的沿海区域经济增速下滑明显,国际生产分工链条缩减较内陆更多,但长期的不平衡发展使得东部和中西部地区经济规模差距较大,依托原有市场规模拓展分工的能力也存在差异。因此,结构性减速背景下高经济增速是否会增强市场规模对生产分割细化的作用值得探究。从经济增速和规模交互项的结果可以发现,高速增长组的经济规模对生产分割的促进作用主要体现在国内域外生产分工联系,对纯域内和国际生产分工复杂度的提升并不显著。可以看出经济增速较快地区市场规模考察期内主要拓展其区际之间生产分工链条,而且由于规模经济存在有限性,即随着市场规模的不断扩大,区域的规模效应会不断增加,但不会无限制的增加,区域经济规模的持续扩大,使得土地等资源的相对稀缺性和资本要素的密集性突出,形成拥挤效应,这样的不经济效应会进一步造成生产要素在空间上的分散趋势(周圣强和朱卫平,2013)。因此高增速增长阶段,经济规模的扩大对其国内域外生产分工链条的拓展具有显著促进作用。

7.4.3　空间面板估计

本土价值链分工网络下,各经济要素往往处于分工网络的流动之中,而跨区域的要素流动会产生空间溢出效应。因此研究在省份样本数据考察基础上,进一步探讨地区生产分工复杂度与其所处空间位置的关系。基于各省份国内生产分割阶段数在地理空间上较为明显的集聚分布客观事实,分析首先考察变量的空间自相关性是否成立,这主要是通过测算不同空间单元观测值的全域和局域 Moran's I 指数和 Geary's C 指数来实现。研究尝试建立了以中国 31 省份为空间单元的地理邻接矩阵,主要用省份之间两两是否临近构造空间权重矩阵,当两地间存在共同边界时,赋值为 1;若两地无共同边界,则赋值为 0。从各年份具体来看(表 7-11),总生产分割阶段数、纯域内和国际生产分割阶段数在大多数年份的全域 Moran's I 指数显著为负、Geary's C 指数显著大于 1,这表明省份视角下整体生产分割阶段数和省内、国际生产分割阶段数在全域范围内均存在显著的空间负向自相关或空间依赖性,具有高低或低高集聚特征;而国内省外生产分割阶段数的全域 Moran's I 指数和 Geary's C 指数表明,在 2007 年之前省份之间的生产分工复杂度主要为空间正相关性,而 2007 年之后发展为空间负相关。由于长期以来中国各区域经济发展并不均衡,作为生产分工微观主体的企业在全国的布局已经不仅仅局限于邻近区域,而是重点选择市场需求较大的经济增长极设立分支,其对周边欠发达地区的分工存在一定程度资源竞争,因此生产分工在省份层面呈现高低集聚现象。张可云和杨孟禹(2016)也曾指出相邻经济体之间的生产分割程度并不必然趋同。两个要素禀赋不同的区域,若因横向的产业间分工而产生关联,两者经济总量相似;若是垂直的产业内分工,此时两者的经济总量趋于不同。变化趋势方面,省份整体生产分割阶段数、省内和国际生产分割阶段数的全域 Moran's I 指数绝对数值总体不断下降,国内省外生产分割阶段数全域 Moran's I 指数主要呈上升趋势。

表 7-11 全域 Moran's I 指数值和 Geary's C 指数值

变量	Moran's I				Geary's C			
	GPSL	RDPSL	RRPSL	RIPSL	GPSL	RDPSL	RRPSL	RIPSL
2000	−0.366***	−0.358***	0.141	−0.365***	1.395***	1.379***	0.738*	1.400***
2001	−0.359***	−0.352***	0.115	−0.359***	1.389***	1.372***	0.786	1.395***
2002	−0.356***	−0.287**	−0.01	−0.116	1.379***	1.291**	1.017	1.317*
2003	−0.348***	−0.34***	0.142	−0.347***	1.385***	1.367***	0.761*	1.392***
2004	−0.346***	−0.339***	0.175*	−0.343***	1.380***	1.363***	0.715**	1.385***
2005	−0.34***	−0.314***	0.233*	−0.345***	1.392***	1.346***	0.667**	1.413***
2006	−0.341***	−0.29**	0.187*	−0.341***	1.403***	1.313***	0.744*	1.437***
2007	−0.31**	−0.269**	−0.235**	−0.371***	1.345***	1.291**	1.257**	1.455***
2008	−0.327**	−0.272**	−0.189	−0.305***	1.389***	1.297**	1.189	1.411***
2009	−0.3**	−0.233**	−0.197	−0.275**	1.357***	1.254**	1.215*	1.379***
2010	−0.303**	−0.305**	−0.184	−0.272**	1.346***	1.350***	1.228**	1.306**
2011	−0.295**	−0.269**	−0.21	−0.245**	1.337***	1.297**	1.241*	1.298**
2012	−0.299**	−0.254**	−0.311**	−0.314**	1.348***	1.277**	1.400***	1.392***
2013	−0.272**	−0.221	−0.3**	−0.286**	1.312**	1.242*	1.376***	1.339***
2014	−0.295**	−0.2	−0.321**	−0.27**	1.346**	1.216	1.398***	1.379***

注:*、**、***分别表示在10%、5%和1%水平显著。

根据全域和局域 Moran's I 指数可知,省份层面总生产分割阶段数,省内、国内省外和国际生产分割阶段数存在显著的空间相关性和空间依赖性,在此基础上,进一步研究采用空间自回归(SAR)、空间误差模型(SEM)和空间杜宾模型(SDM)三种空间计量模型对省份整体生产分割水平、国内省外和国际生产分割水平进行固定效应估计。表 7-12 给出了相关因素对生产分割阶段数影响效果的三种模型估计结果。根据 R^2 和 σ^2_e 的检验结果来看,模型整体拟合情况良好。基于三种方法的回归结果表明各影响因素的回归系数方向性一致,与省份基准结果也基本一致,这进一步验证了研究实证结果的稳健性。同时,估计结果显示的空间滞后系数 ρ 的估计值在1%显著性水平上为正,表明中国各省份生产分工复杂度存在正向空间相关性,这意味着相邻省份总生产分割阶段数每提高1%,本省份的总生产分

表7-12 省份空间视角下中国本土价值链解构及其影响因素分析

变量	SAR			SEM			SDM		
	GPSL	RRPSL	RIPSL	GPSL	RRPSL	RIPSL	GPSL	RRPSL	RIPSL
gentra	-0.541** [-2.070]	0.818*** [4.674]	-2.025*** [-4.650]	-0.646** [-2.333]	0.756*** [4.041]	-1.957*** [-4.029]	-0.425 [-1.497]	0.564*** [2.973]	-1.277*** [-2.635]
protra	-0.123 [-0.782]	-0.453*** [-4.307]	0.688*** [2.655]	-0.173 [-1.197]	-0.530*** [-5.804]	0.866*** [3.683]	-0.304* [-1.936]	-0.363*** [-3.455]	0.373 [1.398]
scale	1.355*** [8.483]	0.360*** [3.402]	0.244 [0.930]	1.523*** [9.607]	0.435*** [4.244]	0.048 [0.182]	1.612*** [9.039]	0.199* [1.687]	0.920*** [3.052]
dcapi	0.019 [0.760]	-0.008 [-0.496]	0.021 [0.498]	0.001 [0.044]	-0.008 [-0.529]	0.003 [0.084]	-0.005 [-0.200]	-0.010 [-0.660]	0.007 [0.166]
empl	0.440*** [4.521]	0.213*** [3.302]	-0.217 [-1.381]	0.448*** [4.241]	0.295*** [4.120]	-0.320* [-1.727]	0.482*** [4.392]	0.205*** [2.807]	-0.029 [-0.153]
wage	-1.137*** [-8.281]	-0.181** [-1.977]	-0.542** [-2.391]	-1.186*** [-9.075]	-0.094 [-1.101]	-0.657*** [-2.972]	-0.417** [-2.174]	-0.139 [-1.077]	0.113 [0.342]
tech	0.020 [0.924]	0.020 [1.354]	-0.016 [-0.449]	0.011 [0.548]	0.009 [0.683]	-0.002 [-0.059]	-0.000 [-0.012]	0.025* [1.693]	-0.038 [-1.031]
ser_ind	-0.160** [-2.169]	0.078 [1.569]	-0.094 [-0.773]	-0.197*** [-2.752]	0.076 [1.628]	-0.148 [-1.229]	-0.194*** [-2.605]	0.049 [0.981]	-0.007 [-0.055]
policy	-0.597*** [-2.684]	-0.359** [-2.408]	0.576 [1.557]	-0.597** [-2.415]	-0.618*** [-3.633]	1.256*** [2.852]	-0.356 [-1.412]	-0.710*** [-4.210]	1.673*** [3.888]
ers	-0.403*** [-5.966]	-0.110** [-2.441]	0.039 [0.351]	-0.445*** [-6.297]	-0.145*** [-3.058]	0.058 [0.472]	-0.297*** [-4.035]	-0.158*** [-3.212]	0.197 [1.570]
infra	0.021 [1.241]	-0.005 [-0.419]	0.035 [1.274]	0.026 [1.599]	0.001 [0.080]	0.016 [0.596]	0.014 [0.853]	0.008 [0.711]	-0.000 [-0.001]
hhi	0.504 [1.537]	0.910*** [4.126]	-1.910*** [-3.579]	0.474 [1.438]	0.461** [2.085]	-1.001* [-1.745]	0.306 [0.767]	0.074 [0.280]	-0.114 [-0.169]

续表

变量	SAR				SEM				SDM		
	GPSL	RRPSL	RIPSL	GPSL	RRPSL	RIPSL	GPSL	RRPSL	RIPSL
ρ/λ	0.259*** [5.309]	0.518*** [14.752]	0.583*** [18.362]	0.415*** [8.215]	0.601*** [18.458]	0.619*** [19.824]	0.351*** [6.997]	0.527*** [15.205]	0.569*** [17.890]
σ^2_e	0.062*** [15.176]	0.028*** [15.027]	0.171*** [14.984]	0.057*** [15.007]	0.024*** [14.940]	0.162*** [14.933]	0.051*** [15.092]	0.023*** [15.021]	0.147*** [15.004]
样本量	465	465	465	465	465	465	465	465	465
R^2	0.380 4	0.420 2	0.301 7	0.395 5	0.449 3	0.293 6	0.490 8	0.584 3	0.469 6
Hausman	29.40***	20.30*	24.43**	35.85***	35.48***	32.53***	288.49***	63.92***	96.08***
log-L	−17.929 0	156.652 7	−271.420 4	−3.618 0	180.713 0	−262.907 8	26.684 0	204.256 0	−235.047 5

注:*、**、***分别表示在10%、5%和1%水平显著;系数对应方括号中数字为z检验值。

割阶段数会提高 35.1%,省份之间生产分工复杂度在空间地理范围存在相互促进作用。为了进一步分析中国各地区间生产分工复杂度之间的直接效应和空间溢出效应,研究主要采用最大似然估计方法对空间杜宾模型进行估计。此外,由于研究对象是中国 31 省份生产分割阶段数,相当于全样本,同时根据 Hausman 检验结果,进一步分析均采用固定效应模型。

此处论证采取的空间杜宾模型为:

$$GPSL_{it} = \rho \sum_{j=1}^{N} w_{ij} GPSL_{it} + \beta X_{it} + \sigma \sum_{j=1}^{N} w_{ij} X_{it} + w_i + d_t + \varepsilon_{it} \quad (7-5)$$

$$RDPSL_{it} = \rho \sum_{j=1}^{N} w_{ij} RDPSL_{it} + \beta X_{it} + \sigma \sum_{j=1}^{N} w_{ij} X_{it} + w_i + d_t + \varepsilon_{it} \quad (7-6)$$

$$RRPSL_{it} = \rho \sum_{j=1}^{N} w_{ij} RRPSL_{it} + \beta X_{it} + \sigma \sum_{j=1}^{N} w_{ij} X_{it} + w_i + d_t + \varepsilon_{it} \quad (7-7)$$

$$RIPSL_{it} = \rho \sum_{j=1}^{N} w_{ij} RIPSL_{it} + \beta X_{it} + \sigma \sum_{j=1}^{N} w_{ij} X_{it} + w_i + d_t + \varepsilon_{it} \quad (7-8)$$

其中,i 表示省份($i=1,2,\cdots,31$),N 为省份总数;t 表示时期($t=1,2,\cdots,T$),T 是考察期时间总数,即 15 年;因变量分别为总生产分割阶段数(GPSL)、省内生产分割阶段数(RDPSL)、国内省外生产分割阶段数(RRPSL)、国际生产分割阶段数(RIPSL);ρ 为空间自回归系数(空间滞后系数),代表各省份之间生产分割阶段数是否存在显著的空间相关性;w_{ij} 为空间权重矩阵,研究采用的是二元邻接矩阵;X_{it} 为解释变量;$w_{ij} X_{it}$ 为邻近区域解释变量的空间滞后变量;w_i 为空间(个体)效应;d_t 为时间效应;ε_{it} 为随机误差项。

空间杜宾模型可以解释变量的直接效应、空间溢出效应。直接效应的含义为任何一个省份的解释变量的变化导致该省份生产分割阶段数的变化;间接效应(空间溢出效应)是指省份之间的相互影响,即某省份解释变量的变化导致相邻省份生产分割阶段数的改变。

表 7-13 给出了省份空间视角下相关因素对生产分割阶段数的直接效应和间接效应结果。直接效应反映相关因素对本省份生产分工复杂度的作用,空间杜宾模型估计结果和上文结果一致。从间接影响方面来看,影响因素中加工贸易(protra)、技术水平(tech)对邻近省份的区域内部和国内省外生产分割阶段数存在显著正向的空间溢出效应,进而表现出对邻近省份整体生产分割水平的正向溢出效应。加工贸易的正向溢出效应体现在两方面,一方面会直接带来新产品、新技术和较为成熟的管理经验,而其中技术和管理经验存在一定扩散效应;另一方面,加工贸易同样会提升产品质量标准,从而对整个行业产品要求更为严格,进一步对生产分工精细程度提出要求,提高邻近区域行业标准要求,因此本省份加工贸易对邻近省份

表 7-13 中国本土价值链解构及其影响因素的空间溢出效应分析

变量	直接效应				间接效应			
	GPSL	RDPSL	RRPSL	RIPSL	GPSL	RDPSL	RRPSL	RIPSL
gentra	−0.420* [−1.748]	0.442 [1.534]	0.565*** [3.380]	−1.414*** [−3.294]	0.149 [0.267]	1.612* [1.757]	0.055 0 [0.109]	−1.475 [−1.031]
protra	−0.252 [−1.393]	−0.250 [−1.137]	−0.289** [−2.266]	0.257 [0.780]	0.618* [1.870]	1.216** [2.122]	0.778** [2.536]	−1.561* [−1.782]
scale	1.499*** [7.817]	0.245 [1.069]	0.077 0 [0.576]	1.240*** [3.481]	−1.883*** [−4.784]	−4.091*** [−6.192]	−1.519*** [−4.277]	3.478*** [3.489]
dcapi	0.003 [0.122]	−0.020 0 [−0.703]	−0.014 0 [−0.822]	0.028 0 [0.629]	0.115 [1.466]	−0.113 [−0.886]	−0.040 0 [−0.580]	0.241 [1.184]
empl	0.519*** [4.698]	0.369*** [2.877]	0.247*** [3.292]	−0.079 0 [−0.407]	0.254 [1.249]	0.774** [2.349]	0.334* [1.869]	−0.981** [−2.077]
wage	−0.348* [−1.822]	−0.027 0 [−0.122]	−0.008 0 [−0.064]	−0.181 [−0.529]	0.486 [1.372]	3.491*** [6.144]	1.241*** [4.015]	−4.102*** [−4.523]
tech	0.011 [0.432]	0.039 0 [1.113]	0.036* [1.807]	−0.062 0 [−1.175]	0.191** [2.329]	0.324** [2.307]	0.141* [1.842]	−0.261 [−1.229]
ser_ind	−0.194** [−2.471]	−0.289*** [−3.030]	0.064 0 [1.143]	0.006 0 [0.042]	−0.010 [−0.044]	−0.462 [−1.242]	0.181 [0.886]	0.139 [0.239]
policy	−0.417* [−1.746]	−1.250*** [−4.570]	−0.649*** [−4.020]	1.395*** [3.386]	−0.534 [−1.161]	1.042 [1.495]	0.923** [2.412]	−2.681** [−2.540]
ers	−0.277*** [−3.841]	−0.306*** [−3.599]	−0.137*** [−2.761]	0.179 [1.396]	0.213 [1.428]	0.390 [1.587]	0.198 [1.473]	−0.308 [−0.827]
infra	0.009 [0.564]	0.010 0 [0.511]	0.012 0 [1.046]	−0.008 0 [−0.257]	−0.102** [−2.204]	−0.040 0 [−0.516]	0.034 0 [0.811]	−0.119 [−1.036]
hhi	0.149 [0.385]	0.168 [0.367]	−0.234 [−0.876]	0.249 [0.367]	−1.815* [−1.710]	−3.531** [−2.055]	−3.328*** [−3.555]	4.931* [1.870]
ρ	0.351*** [6.997]	0.564*** [16.178]	0.527*** [15.205]	0.569*** [17.890]	0.351*** [6.997]	0.564*** [16.178]	0.527*** [15.205]	0.569*** [17.890]
σ^2_e	0.051*** [15.092]	0.065*** [14.963]	0.023*** [15.021]	0.147*** [15.004]	0.051*** [15.092]	0.065*** [14.963]	0.023*** [15.021]	0.147*** [15.004]
R^2	0.490 8	0.594 1	0.584 3	0.469 6	0.490 8	0.594 1	0.584 3	0.469 6
样本量	465	465	465	465	465	465	465	465
省份差异	控制	控制	控制	控制	控制	控制	控制	控制
Wald 值	99.96***	115.59***	105.55***	78.36***	99.96***	115.59***	105.55***	78.36***

注：*、**、*** 分别表示在 10%、5% 和 1% 水平显著；系数对应方括号中数字为 z 检验值。

内部和省份间的生产分工水平存在显著正向溢出效应。然而，加工贸易同样会产生负向空间溢出效应，本省份加工贸易和邻近省份存在产品相似性可能性更高，对邻近省份国际生产分工往往存在一定替代关系,因此本省加工贸易对邻省国际生产分工链条有显著负向空间溢出效应。国内自主技术水平(tech)的提升同样对邻省内部和省域间联系存在正向溢出效应。对外开放进程中,中国通过"以市场换技术"战略引入了国外先进技术,但仅仅依托国外技术并不具备可持续性,仅引入先进技术但无自主创新能力的发展最终会使得企业陷入困境,可持续性的发展应该是具备自我繁殖能力和自主创新发展意识的发展。因此在中国本土价值链升级的过程中,一方面需要基于开放条件下引入的先进技术,消化吸收以形成独立自主的创新能力;另一方面也需要依靠中国本土高等教育资源,培育高素质人力资本及其自主创新意识,以促进本土自主科技创新水平的提升。劳动力要素(empl)和工资水平(wage)表现出对邻近省份区域内部和国内省外生产分工复杂度的促进作用,但对国际生产分工联系存在负的溢出效应,进而呈现出对周边省份整体生产分割水平作用方向的不显著。市场规模(scale)和产业集中度水平(hhi)对省份国内生产分割阶段数存在负向的空间溢出效应,对国际生产分工水平提升存在正向空间溢出效应。

7.5 区域价值链分工拓展的作用机制

7.5.1 分工解构各部分的交互影响机制

研究中总生产分割阶段数是由纯域内、国内域外和国际生产分割阶段数三部分组成,因此任何一部分生产分割水平的改善对总生产分割均有促进作用。但区域生产分割水平是由三部分交织组成,相互之间的作用效果还有待进一步分析。在分析相关经济因素对中国各地区生产分工复杂度的异质性影响基础上,机制分析部分将首先探讨生产分割阶段数分解各部分之间存在的相互影响。区域层面结果显示(表7-14),纯域内和国际生产分割对区域整体生产分工水平有显著提升作用,而纯域内、国内域外和国际生产分割之间呈现出两两之间的替代关系。为比较不同空间尺度下生产分割分解各部分作用关系,研究又从省份空间层面给出了实证结果(表7-15),纯域内、国内域外和国际生产分割水平的一期滞后项均在1%显著性水平下为正,表明省份小范围内,生产分割阶段数各部分存在显著正向反馈机制。与此同时,国内域外生产分割水平和纯域内生产分割水平之间呈相互促进关系,国内(纯域内和国内域外生产分割)价值链分工拓展两部分均表现出与国际价值链延伸之间的较强替代关系。

表7-14 中国本土价值链解构及其内在作用机制分析——区域样本GMM估计

变量	(1) RDPSL	(2) RDPSL	(3) RRPSL	(4) RRPSL	(5) RIPSL	(6) RIPSL	(7) GPSL	(8) GPSL	(9) GPSL
一期滞后	0.078 6 [0.845]	−0.040 5 [−0.449]	−0.123 [−1.412]	0.017 7 [0.201]	0.119 [1.296]	−0.037 7 [−0.433]	−0.017 0 [−0.198]	0.005 45 [0.057]	0.024 1 [0.342]
RRPSL	−0.620*** [−4.781]								
RIPSL		−0.226*** [−3.515]		−0.188*** [−3.895]		−0.691*** [−4.393]		−0.239 [−1.537]	0.605*** [10.100]
RDPSL			−0.296*** [−4.771]		−0.442*** [−3.661]		0.358*** [3.546]		
控制变量	是	是	是	是	是	是	是	是	是
区域差异	是	是	是	是	是	是	是	是	是
年份差异	是	是	是	是	是	是	是	是	是
Sargen	107.571	122.962 5	100.885 1	105.784 3	119.463 7	133.793 2	124.330 7	103.789 7	96.089 36
Prob	0.960 5	0.762 6	0.987 5	0.970 2	0.827 3	0.513 2	0.734 5	0.978 7	0.995 4
样本	112	112	112	112	112	112	112	112	112
Wald值	3 756***	4 142***	3 046***	2 927***	4 248***	4 909***	903.3***	738.6***	1 411***

注: *、**、***分别表示在10%、5%和1%水平显著；系数对应方括号中数字为z检验值。

表7-15 中国本土价值链解构及其内在作用机制分析——省份样本GMM估计

变量	(1) RDPSL	(2) RDPSL	(3) RRPSL	(4) RRPSL	(5) RIPSL	(6) RIPSL	(7) GPSL	(8) GPSL	(9) GPSL
一期滞后	0.135*** [3.482]	0.249*** [8.335]	0.149*** [3.587]	0.208*** [6.470]	0.060 6* [1.834]	-0.034 7 [-1.103]	0.389*** [8.168]	0.467*** [10.162]	0.480*** [11.828]
RRPSL	1.101*** [17.039]					-1.990*** [-26.428]		0.077 2 [1.098]	
RIPSL		-0.491*** [-23.861]		-0.320*** [-25.603]			0.211*** [4.813]		0.155*** [6.044]
RDPSL			0.403*** [17.071]		-1.075*** [-22.649]				
控制变量	是	是	是	是	是	是	是	是	是
省份差异	是	是	是	是	是	是	是	是	是
年份差异	是	是	是	是	是	是	是	是	是
Sargen	8.689	9.525	0.307	9.343	13.119	7.822	4.008	9.163	12.402
Prob	1.000	1.000	1.000	1.000	1.000	1.000	1.000	1.000	1.000
AR(2)	1.470	0.815	0.601	-0.063	0.819	-0.313	0.749	-0.819	0.014
样本	403	403	403	403	403	403	403	403	403
Wald	3 203***	5 012***	2 984***	4 930***	3 740***	4 387***	818.1***	764.8***	985.3***

注:*、**、***分别表示在10%、5%和1%水平显著;系数对应方括号中数字为z检验值。

结合区域和省份空间尺度结果可以发现:第一,无论区域还是省际空间尺度,国内(纯域内和国内域外)生产分工链条拓展均表现出与国际价值链延伸之间的较强替代性,但国际生产分割对总生产分割在两个空间尺度均呈显著促进作用。这一方面说明国际价值链分工体系依托跨国贸易打破了国界区划限制,从而延伸中国整体生产分工链条;另一方面,国际生产分工体系与国内两部分生产分工体系联系较弱。外资主导的国际生产分工体系缺乏内生发展动力,而且两头在外的外向型经济使得国内产业生产分工和循环体系产生"断点"(刘志彪,2009)。第二,纯域内和国内域外价值链拓展相互间关系在区域和省份空间尺度下存在显著差异。区域层面二者的显著替代关系反映出大区域空间尺度下产业过度转移造成的内部生产分工的缩减,这反映出中国产业升级过程中存在的"过度工业化"现象(魏后凯和王颂吉,2019),区域工业化进程需要差别化升级;而省际间二者呈现显著互促作用,小范围的跨地区分工协作可以通过国内域外和域内生产分割间的"正反馈"机制,增强国内价值链条及其复杂度。

7.5.2 空间溢出效应机制

由空间面板莫兰指数可知,区域间生产分工存在显著的空间相关性,因此研究进一步采用动态空间杜宾模型估计分析 RDPSL、RRPSL、RIPSL 的空间溢出效应(表 7-16)。整体来看,ρ 值均显著为正,表明省份间各部分生产分割阶段数之间具有正向空间相关性。而就生产分割分解各部分相互影响而言,任何一个区域国内域外生产分割水平都会对其邻近省份国内域外生产分割水平产生促进作用,而对其国际生产分割水平则存在负向溢出效应。纯域内生产分割对其邻近省份国际生产分割产生负向影响,国际生产分割对其邻近省份纯域内生产分割同样会产生负向影响,可以看出纯域内和国际域外生产分割之间的替代作用不仅体现在区域内部,而且在空间溢出效应上同样存在。

7.5.3 创新和人力资本作用机制

虽然国际生产分割阶段数与国内两部分生产分割阶段数呈现显著替代关系,但国际分工深化对区域整体生产分工却呈现正向作用。虽然中国参与全球价值链分工陷入低端锁定陷阱,但外资企业带来的技术和人力资本等资源对国内生产分工细化存在显著促进作用和正向空间溢出效应,然而这种外资主导的技术和人力资本往往不具发展的可持续性,因此机制部分将从区域和省份两个不同空间视角出发,探讨自主技术创新能力的增强和人力资本的提升是否会使得国际生产分割水平对国内两部分生产分工深化作用增强。这里以每百万人在校生人数体现高素质人力资本,将人力资本(hr)和技术水平(tech)分别与国际生产分割阶段数建立

表7-16 中国本土价值链解构三部分的空间溢出效应分析

分类	变量	RDPSL	RDPSL	RRPSL	RRPSL	RIPSL	RIPSL
直接效应	RRPSL	1.312*** [22.896]					−2.166*** [−29.925]
	RIPSL		−0.511*** [−23.352]		−0.328*** [−29.922]		
	RDPSL			0.454*** [23.068]		−1.153*** [−22.592]	
间接效应	RRPSL	0.186** [2.058]					−0.272** [−2.448]
	RIPSL		−0.048* [−1.859]		0.024 0 [1.555]		
	RDPSL			−0.024 0 [−0.774]		−0.218*** [−3.213]	
检验值	ρ	0.533*** [11.882]	0.345*** [6.206]	0.501*** [11.186]	0.486*** [11.669]	0.353*** [6.711]	0.521*** [13.370]
	σ^2_e	0.028*** [15.406]	0.028*** [15.605]	0.010*** [15.474]	0.007*** [15.535]	0.067*** [15.615]	0.046*** [15.517]
	样本量	434	434	434	434	434	434
	R^2	0.844	0.873	0.842	0.886	0.843	0.858
	log-likelihood	156.5	171.0	386.7	463.6	−20.05	51.52

注:*、**、***分别表示在10%、5%和1%水平显著;系数对应方括号中数字为z检验值。

交互项,并对人力资本、技术水平和国际生产分割阶段数及其交互项分别进行去平均化处理。表7-17和表7-18分别给出了人力资本因素、自主创新能力以及二者分别与国际生产分割的交互项对本土价值链分工的影响。

首先关注于国际生产分割阶段数(RIPSL),无论在区域还是省份空间尺度下,国际生产分割阶段数均对区域整体生产分割水平呈显著正向促进作用,和区域内部、国内域外生产分割呈替代关系,与前述结果一致。

其次比较高层次人力资本和自主创新水平的作用可以发现,人力资本更多表现出对区域内部生产分工链条的促进作用,且在区域层面对区域整体生产分工水平具有提升作用;而自主创新水平更多地提升了国内域外生产分工复杂度,在省份层面表现出其对生产分工的促进作用。人力资本由于其流动性相对科学技术而言有限,因此其对区域内部生产分工促进作用更显著。一方面,高层次人力资本作为一种劳动力,可以直接有效促进区域内部生产分工,而且高素质人才存在知识效应,有助于实现分工专业化;另一方面,陆铭(2017)曾提出由于高低技能劳动力之间存在技能互补,高质量人力资本会带来大量低技能劳动力需求,从而对区域内部的生产分工深化起到间接促进作用。而技术水平的提升存在显著的溢出效应,技术的应用往往不受地域限制,因此区域自主创新能力的提升可以更有效地提升国内域外生产分工复杂度。

表7-17 人力资本和国际域外生产复杂度对本土价值链的交互影响分析

变量	区域样本			省份样本		
	GPSL	RDPSL	RRPSL	GPSL	RDPSL	RRPSL
RIPSL	0.579*** [11.087]	−0.221*** [−4.195]	−0.109*** [−3.959]	0.289*** [12.356]	−0.444*** [−39.944]	−0.282*** [−24.826]
hr	0.237** [2.411]	0.075 [0.762]	−0.026 [−0.467]	0.095 [0.812]	0.223** [2.430]	0.034 [1.055]
RIPSL×hr	−0.037* [−1.707]	0.064*** [2.807]	−0.077*** [−7.000]	0.024* [1.663]	0.105*** [9.726]	−0.076*** [−10.582]
控制变量	是	是	是	是	是	是
区域差异	是	是	是	是	是	是
年份差异	是	是	是	是	是	是
样本	120	120	120	465	465	465
Wald值	24 885***	82 956***	179 608***	15 896***	110 472***	428 302***

注:*、**、***分别表示在10%、5%和1%水平显著;系数对应方括号中数字为z检验值。

表7-18 技术创新水平和国际域外生产复杂度对本土价值链的交互影响分析

变量	区域样本			省份样本		
	GPSL	RDPSL	RRPSL	GPSL	RDPSL	RRPSL
RIPSL	0.610*** [11.995]	−0.169*** [−3.019]	−0.151*** [−4.382]	0.289*** [13.073]	−0.459*** [−47.882]	−0.278*** [−28.791]
tech	−0.009 [−0.327]	−0.014 [−0.416]	0.030* [1.666]	0.029*** [3.358]	0.008 [0.907]	0.009*** [2.958]
RIPSL×tech	−0.013 [−1.004]	0.017 [1.272]	−0.027*** [−4.685]	−0.014* [−1.931]	−0.006 [−1.133]	−0.003 [−1.098]
控制变量	是	是	是	是	是	是
区域差异	是	是	是	是	是	是
年份差异	是	是	是	是	是	是
样本	120	120	120	465	465	465
Wald值	20 445***	353 235***	463 290***	12 684***	71 745***	75 226***

注:*、**、***分别表示在10%、5%和1%水平显著;系数对应方括号中数字为z检验值。

最后重点关注人力资本和国际生产分割交互项的作用,区域和省份空间尺度下,人力资本与国际生产分割阶段数的交互项均呈现出对区域内部价值链分工拓展的促进作用和对国内域外生产分工链条的抑制作用,不同的是区域尺度下最终表现出对区域整体分工链条的抑制作用,而在省份空间尺度下,人力资本与国际域外生产分割阶段数的交互项表现出对省份整体生产分工链条拓展的促进作用。首先,当高层次人力资本越多,国际生产分割阶段数对纯域内生产分割水平提升作用越显著,对国内域外生产分割阶段数替代作用也越显著。其次,高层次人力资本可以有效吸收国际分工带来的先进技术和理念,并将其转化为专业化分工,从而促进本土价值链的分工细化,这也支持了倪红福所说发展中国家可以把国际生产分工价值链中学到的经验运用到本土价值链分工体系中,实现低成本的产业升级。由于国际域外和国内域外相对于省份内部而言均为外部区域生产分工,因此二者的竞争关系并未有所改变,但是在不同空间尺度下对纯域内生产分工的促进作用和对国内域外生产链条的替代作用强度存在差异,从而展现出对区域整体生产分割阶段数作用效果的不同。自主技术创新水平方面,区域空间层面,自主创新能力越强,国际生产分割对国内域外生产分工的替代效应越强;省份层面则主要呈现出对省份全球生产分工的替代关系。综合两方面可以发现,无论是区域还是省份空间尺度,人力资本和自主技术创新的溢出效应,使得国际生产分工对纯域内生产分工复杂度的正向作用有所提升,但并未改变和国内域外生产分工之间的替代关系。

8 提升全球价值链分工地位的政策建议

8.1 提升国际价值链分工地位的对策建议

8.1.1 培育新比较优势,提升国际价值链分工地位

生产分割的产生基础是比较优势,新型国际分工体系是以比较优势为基准定位分工工序,并且在错综复杂的国际形势下各个国家的比较优势是动态演化的。对世界各国(地区)来说,经济贸易发展战略和政策的制定不能仅仅局限在自身静态比较优势,而应建立在动态比较优势的基础之上,坚持"提高企业和国家在全球工序分工中的地位,增加产品附加值和技术含量"的基本原则,不能因为静态比较利益失利就放弃参与全球价值链分工的利得。不论是已经具备较强竞争力的发达国家跨国公司,还是实力较弱的发展中国家本土企业,通过参与国际生产分割都能实现对东道国和合作企业优势资源的利用,在潜移默化中学习交流,接触到前沿和具有广阔市场的知识技术,提高掌握价值链高端的能力。这些都是在参与生产分割所获得的科技进步和经济增长等动态比较优势。低端比较优势的淘汰会促进新的比较优势的培育,但是新的比较优势的培育需要以技术创新和制度进步为驱动力,以产业结构调整升级为目标,将已有的比较优势通过逐步强化和有目的地释放进而转化为未来的竞争优势。基于动态比较优势嵌入全球生产分割体系中,并且凭借着比较优势的升级促进生产阶段在产品价值链中的攀升。也就是说,在以产品生产链条延伸为基础的国际分工背景下,一方面世界各国(地区)必须结合本国国情和比较优势,定位本国所处的分工位置,融入全球工序分工体系中;另一方面要积极调整产业结构和深化比较优势,改善自身在全球工序中的分工,使自己处于全球价值链中的有利地位,实现自身生产分割水平的提升。中国作为最大的发展中国家,参与全球价值链分工的最大比较优势是以廉价的劳动力,始终处于价值链的低端位置。但近年来,这种低端位置的比较优势也不断受到来自东南亚国家的竞争甚至挤压。中国只有遵循这一基本原则,才能真正有价值地嵌入到国际分工

体系中,才能在工序分工中找到合适的位置并基于该位置不断提升工序分工地位,从而在国际价值链条中逐步缩短与发达国家的差距,在全球工序分工体系中脱颖而出。

8.1.2 坚持扩大开放,加强国际分工合作

国际生产分割水平较低意味着出口产品的质量和国际竞争力不高,提升生产分割水平必须通过深度参与全球生产网络,强化跨国生产联系,提升专业化程度。降低贸易成本、促进中间品进出口和推进国际经贸合作应当是世界各国致力于发展的方向。一方面,放宽外资准入限制,提高生产分割体系下利用外资的质量和水平,创新利用外资管理体制,推行外资准入前国民待遇和"负面清单"管理模式,简化外资进入流程,吸引和支持外资进入;合理引导外资向高附加值产业、高新技术产业等流入,发挥外资引进先进技术的作用,提升价值链分工环节的专业程度和水平,促进出口产品竞争力的提升。另一方面,降低进口中间品关税和非关税壁垒,促进高质量、高技术的中间产品进口,提升国际生产分割水平;转变生产观念,鼓励企业进口中间品,尤其是高质量的中间品。对广大发展中国家而言,政策制定者们应当积极推行高新技术产品进口来源国多元化战略,优化高新技术产品进口质量和进口结构,利用进口带来的技术外溢效应,提升出口产品质量和国际竞争力。发达国家与发展中国家之间存在生产分割,这种分割关系更多地体现在价值链不同层级上的合作;发达国家之间和发展中国家之间的分割关系主要体现在价值链同一层级或相近层级的合作。我国必须实行对外经济合作对象多元化的战略,将传统外包业务发展为新型产能合作业务,将单纯 FDI 升级为全面优质资源引进。与此同时,中国企业既可以是接包方也可以是发包方,借助一带一路建设契机,积极实施新的"走出去"战略,将对外投资、生产外包、要素输出等措施融合在同一个生产阶段融合实施。在与生产分割水平低于我国的国家开展经贸合作时,要侧重本国劳动力对项目的集中参与,将产业转移与委托生产相结合。一来可以实现把控外包质量,提高分割式生产的整体效率;二来可使接包方在国际价值链中的不利地位得到改善,巩固长期共赢的合作基础。

8.1.3 推动产业结构转型升级,调整出口结构

在进一步提升产业国际生产分割水平的同时,积极推动产业结构转型升级,对调整出口产业结构具有重要意义。一方面,继续巩固比较优势出口,促进低技术含量、低附加值环节的剥离、转移和升级;同时,应持续推动产业转型升级,引导和鼓励生产要素向资本密集型、技术密集型以及新兴产业等高专业化产业转移,加大自主创新扶持力度,推动企业建立现代企业制度和引进先进技术管理经验,促进产业

结构调整和优化升级。鼓励自主创新,加强科技和人才投入,培育和逐步提高先进生产要素的质量,奠定工序升级和分工地位改善的内在基础。

8.1.4 提升服务业国际化水平,推动服务贸易便利化

服务业尤其是生产性服务业作为全球生产网络中功能架构的重要环节,未来全球生产网络中制造服务化趋势将日益明显,服务业的发展在未来国际生产分工中将起到越来越重要的作用。而目前大多数国家的服务业发展水平和生产分割水平还不高,主要表现在服务业在国民经济中的比重较低、结构性矛盾突出、服务业的行业效率低下和服务质量偏低、服务功能不强等等。服务业自身全球化进程和对生产分割作用的发挥有待进一步引导和支持。一方面,要努力提升服务业国际化水平,扩大金融、物流等服务领域的对外开放,吸引和鼓励服务业FDI利用,积极承接服务业外包环节和实施逆向外包。同时,鼓励企业采取多种方式与国外渠道商合作,建设服务保障支撑体系,将售后服务作为拓展国际生产分割的重要途径。另一方面,要积极推动服务贸易便利化,推进国内市场与国际接轨,健全先进的服务标准、规范和监管体系,促进专业人才和专业服务跨境流动便利,放宽服务业FDI准入,加强研发服务、技术转移等科技服务业发展。同时,服务国际化进程中应吸取制造行业参与全球价值链分工"低端锁定"的经验教训,重视服务贸易的质量和水准。优化基础设施建设,促进生产活动更有序整合,特别是促进中高端生产性服务在发达国家(地区)的集聚并发挥其辐射作用。应重视良好知识产权保护等降低市场不确定性和交易成本制度的建设,并以此推进微观企业尤其是制造企业内部服务功能的对外剥离,积极推进国内服务中间投入外包市场的发展。

8.2 增强本土价值链分工的对策建议

8.2.1 构建有利于双链良性循环的本土价值链体系

国际分工纵深发展背景下,国内价值链与国际价值链早已不是相互独立的两个循环系统,中国的本土价值链已经成为国内和国际生产分工交织的网络体系。发达国家"逆全球化"趋势一定程度为改变中国俘获于价值链低端的处境带来转机,同时中国日益完备的国内价值链分工体系构成其重构双链良性循环的本土价值链分工体系的现实基础。重构本土价值链分工体系,不仅是基于国内市场需求建立自主可持续发展的国内价值链分工体系,更需要在现有国际生产分工体系基础上,实现更高水平的国际价值链拓展,实现两条价值链在升级转型中平衡发展、相互促进的良性循环。一方面需要重视高质量国内价值链体系的打造。例如,依

托高速增长的本土市场需求规模和空间结构变化,利用本土人力资本和技术创新重建本土市场,强化本土高级要素竞争优势(刘志彪,2009)。另一方面,需要重视国际价值链体系拓展的多层次性和拓展质量提升。中国需要维持嵌入发达国家所构建国际价值链分工体系下的合作关系,消化并本土化国际先进技术、知识或者通过逆向发包方式,利用发达国家本土先进的生产要素,为国内创新驱动发展战略提供所需技术;同时,需要借助"一带一路"和"丝绸之路"等国际化倡议,构建自主国际价值链分工体系。

重塑基于内需的高质量国内价值链,可以从以下方面展开:第一,发展国内现代化最终消费市场,为中国企业构建完整国内价值分工链条提供内在动力。长期以国际代工为主嵌入全球价值链发展模式主要依赖外需,经济发展"三驾马车"中的消费一直未能真正起到拉动经济作用,而现阶段国际需求疲软,国内价值链构建更多依赖内需,因此首先需要提升国内终端消费市场规模和水平。具体而言,优化收入分配结构,扩大中等收入消费者比重,完善市场需求结构。依托本土高质量需求市场培育国际品牌和国内生产分工关键环节的领导型企业,为企业构建完整国内生产链条提供内在动力。第二,实施严格的知识产权保护制度,降低构建国内价值链分工体系的制度成本。强化国内知识产权保护制度或执行机制,对已有侵犯知识产权的低端模仿与低价竞争行为采取具有威慑力的惩戒机制,并以此为基础调整和完善、形成行业公认的产权保护机制。第三,打破跨区域垄断和条款分割,提升整体市场化程度。在高质量国内价值链构建总体战略发展目标下,规范地方政府竞争行为导向,打破国内区域分割壁垒,增强相关产业部门和分工环节不同尺度空间的更合理配置,打通国内不同地区不同行业发展渠道,在有限空间范围通过市场方式提升跨区域精细化分工联系(倪红福等,2016),增强国内价值链分工联系,降低局部市场过度竞争和需求约束导致的规模经济无法释放。

在现有国际生产分工体系基础上,把握当前国际价值链分工地位重新洗牌趋势,多层次性拓展国际价值链分工体系和提升拓展质量。一方面,实施创新驱动的发展战略,同时依靠地方本土自主创新能力和人力资本优化,吸收世界先进的生产要素,尤其是吸收先进的人力资本、知识资本和技术资本以发展生产者驱动链条,或者本地化发达国家的优质要素,拓展和完善国际价值链分工网络;另一方面则是构建自主可持续发展的全球价值链体系,借助"一带一路"倡议,加强与"一带一路"沿线国家国际产能合作,同时落实相关配套政策,在构建"一带一路"沿线国际区域价值链基础上,构建自主全球价值链体系。

8.2.2 以本土价值链构建为基础,提升对接全球价值链分工的自主性

面对"逆全球化"和国外市场需求疲软趋势,中国长期以国际代工方式参与全

球价值链的被动性日益束缚其价值链升级需求,目前本土价值链分工体系的发展对贸易结构提出了更高要求,而要实现贸易数量型增长到质量型提高的结构转型,价值链低端到价值链高端的贸易模式转型,主要从以下几方面改善:

一是提高对外开放水平,实施质量强国战略。由"引进来"为主转变为"走出去"导向,落实以周边国家为基础实施自由贸易区战略,形成面向全球的高标准自由贸易区网络。根据国际先进质量标准,调整并建立符合国际标准的产品质量检验和认证体系,对侵犯知识产权和假冒的产品及时取缔,给予拥有自主知识产权的高质量商品以相应补贴和支持,建立贸易转型升级示范基地,引导出口企业完善产品质量、提高自主创新能力,从而掌握国际价值链分工中的主动权。

二是扩大对外开放范围,打造全方位开放格局。扩大开放区域,借鉴沿海地区对外开放经验,深入实施"一带一路"倡议,结合内陆沿边地区特点推动多层次的全面开放,加快内陆产业集群高质量发展。在原有单一国际经贸合作基础之上,将国际合作深化至一国之内产业和区域发展需求,这对于中国区域异质性极强的国家而言,一定程度可以加速国内经济发展差距缩小进程。扩大开放行业,进一步扩大服务业对外开放范围,结合国际经验探索服务业开放新领域和方式,建立服务业负面清单管理,放宽市场准入,同时强化监督和管理机制的完善,维护公平有序的服务业市场秩序(刘维刚和倪红福,2018)。完善国内法律法规,调整对外贸易政策,实现服务业在更多领域和更高层次上参与国际生产分工,强化其可贸易性和分割性,并在国际竞争中提高其行业标准和技术含量,带动国内服务贸易和制造业服务化进程的推进。

三是完善制度质量和制度环境,推动国际分工深化和互联互通。对外开放进程已经步入亟待转型阶段,由于中国各区域开放程度存在较大差异,各地制度质量同样存在较大差异,市场化程度、政府行政效率、地方保护主义和法律法规的完善等制度环境均会影响分工过程中的交易成本和管理成本,尤其在国际分工过程中,通常认为只有当参与分工所获收益大于其交易成本时,分工才会形成。因此借助于全面开放新格局,加大制度环境的改善力度,可以降低参与国际分工过程中的交易成本和管理成本,推动各区域深化其国际分工链,同时也有助于中国攀升全球价值链条,从而掌握价值链分工中的主导权。

8.2.3 制度上打破国内市场分割,化解要素配置空间扭曲

市场分割对区域内部经济增长的作用特征存在阶段性和条件性,分割程度较低时,其程度的提高会促进区域内生产分工深化和经济增长;但分割程度提高至某一临界点之后,其对生产价值链的延伸有抑制作用(陆铭和陈钊,2009)。财政和行政分权改革在促进各区域分工体系完善的同时也导致了一定程度的地方保护主义,

导致现阶段地区间资源流动受阻,抑制区域部分生产功能向域外分离,阻碍区域价值链拓展。因此,打破国内市场分割,改变区域间要素配置,需要从地方政府自身局限性入手。一方面,中央政府可以统筹规划形式进行科学的跨区域产业经济分析与布局和区域间衔接的基础设施方案,并借助法律和行政法规等形式规范地方政府职能范围,推动地方政府之间竞争与合作机制的完善,让地方政府切实认识到现阶段过度市场分割的弊端,促进资源流动,提高要素区域空间配置合理性,从而依托中国本土价值链分工推动区域之间的生产分工合作。由于地方政府存在促进本区域经济增长的激励使得其实施地方保护主义(付强,2017),而中央政府可以跳出这一局限,从中国整体价值链分工角度出发科学分析跨区域经济发展的合理方式,借助完善的竞争与合作机制,一定程度可以从客观方面克服地方政府这一局限性,打破国内市场分割,促进资源的区域流动,改变要素配置的空间扭曲。另一方面,地方政府需要明确其与市场之间的功能分配范围,真正从主观意识上进行转变,重塑合理的市场环境,引导企业进行跨区域生产分工合作,建立跨区域政府的良好合作机制,切实打破地区间的市场分割,形成以合作促发展的良性循环,促进中国本土价值链的整合和区域间的经济平衡发展。在经济体制改革背景下,政府职能意识的转变是打破市场分割的重要一环。

8.2.4　加快制造业和服务业融合发展,增强本土价值链分工深度

制造部门是中国庞大本土价值链体系构建最重要的"载体",服务环节则是决定本土庞大价值链体系能否强大的"内核",进而决定国内价值链构建能够在更高层次上匹配和拓展国际价值链分工联系。

一方面,中国制造业长期发展所积累的关联需求和国内庞大的市场规模,伴随中国服务领域的有序开放以及服务环节的快速发展,将在较短时间内得到快速释放,以先进制造业为主体的工业仍然是中国经济持续稳定增长的动力,是构成本土价值链分工体系的强大基础;同时,服务领域后发优势发挥的关键也在于制造业本土价值链的重塑,因此,制造部门的基础性作用不容忽视。面对产业升级过程中出现的过度去工业化导致的区域内部价值链缩减现象,首先,地区差别化产业升级,东部发达地区加快实施"中国制造 2025"和创新驱动发展,通过自主创新提升工业质量和国际竞争力,打好中国制造强国基础,借力深度工业化深度拓展与融合国内和国际价值链分工;中西部地区不应沿用高能耗、高污染和低附加值的传统制造业发展方式,而应根据各地发展阶段建立一批先进制造业基地,使新兴工业化在中西部地区得到充分发展,与东部区域制造业生产分工体系形成连贯整体(魏后凯和王颂吉,2019)。其次,针对不同行业特点实行差别化工业转型升级,淘汰低端落后产能,加大对战略性新兴产业工艺流程优化,鼓励传统产业进行技术改造,提升企业

自主创新能力。还可以借助"一带一路"沿线国家进行产能合作,形成紧密生产分工联系,构建国际区域性制造业价值链。最后,虚拟经济发展如火如荼,应该构建市场化、法治化和国际化的市场营商环境,增加制造业等实体经济投资信心,利用市场化手段、环境规制手段去产能,逐步重构可持续性制造业价值链分工。

另一方面,在新一轮科技革命的背景下,服务环节对本土价值链拓展的作用更加突出。信息技术发展逐渐破除了传统企业的部门壁垒和企业边界,依托互联网形成的生产与资源配置网络将显著增强国内价值链分工联系,先进制造业和生产性服务业融合发展已成为全球价值链分工拓展的主要动力之一。现代服务业,尤其是生产性服务业是制造业生产分工环节深度分化的重要支撑,同时通过价值链分工深化和促进链内自主创新,进一步降低链内生产和交易成本,又推动制造业向价值链高端升级。伴随着"中国制造2025"和《国家创新驱动发展战略纲要》的出台,服务环节在重新整合利用国内外资源,打破原有固化的国际分工格局方面的核心作用更加突出,对促进我国企业本土价值链分工体系重塑以及国际价值链向中高端发展有着重要意义。因此,借助新一轮科技革命,大力发展制造业服务化,规范制度环境,降低中间服务采购交易成本,引导企业依托服务生产环节延伸分工链条、构建现代化业务流程,以服务业和制造业深度融合方式提高生产分工复杂度水平。同时,需要防范虚拟经济的过度膨胀,本土价值链体系重构依旧要以制造行业实体经济为载体,以服务业为内核来拓展和提升。

8.2.5 培育本土高技能人力资本,依托自主创新提高双链循环水准

经过实证分析,可以发现,高技能人力资本一方面直接为生产分工细化提供劳动力资源和专业化分工的主动性和创造性,另一方面可以将国际价值链分工带来的科学技术本土化进而促进国内价值链分工(陈爱贞等,2016)。因此,培育本土高技能人力资源,对构建双链良性循环的本土价值理论分工体系有着不可替代的作用。为此,本书提出以下几点建议:

一是将本土人力资源的培育和地区产业发展需求相结合,深化教育体制改革,鼓励高等教育、技术创新和产业经济发展相结合,为地区经济发展提供匹配的知识、技术和人才支持,有效利用教育资源。

二是平衡区域间教育资源,以协调各地区高等人力资本比重,缩小区域间差距。高质量教育资源的不平衡一方面源于经济发展水平的不平衡,对外开放政策实施以来,沿海区域凭借其区位和政策优势集聚大量高质量人力资本,提高了区域的创新技术能力,进一步促进其区域经济发展;而中西部区域经济发展相对滞后,再加上因人才流失和教育资源落后导致新一轮产业自主升级动力不足。另一方面,教育资源的失衡除了与区域经济发展水平相关,还受国家宏观政策和地方政府

政策导向影响,因此宏观上国家在不减少沿海发达区域教育资源财政投入的同时,加大对高等教育资源落后区域的投入和政策支持;与此同时,地方政府在国家教育政策支持下,应积极引入并充分利用高等教育资源,建设"双一流"高校,升级人才政策,留住本地高等人力资本的同时,引入区域发展急需的专业人才。

三是引导高技能人力资源在地区经济发展的薄弱领域和核心前沿领域进行创新,完善科学技术产业化机制,使高技能人力资本形成自主创新能力,保持良性惯性。在人力资本转化为或将国际先进技术再创新为一批具有自主专利产权的技术后,应当实施严格的知识产权保护政策,严惩侵犯专利权的任何行为,从而激励企业加大自主知识产权的投资。同时,将科学技术和研究的产业化放在经济发展和科技发展的突出地位,支持企业成为科研投入和技术创新的主体,完善科技产业化机制,从而促进本土价值链分工拓展和升级。

参考文献

曹明福,李树民,2006.全球价值链分工:从国家比较优势到世界比较优势[J].世界经济研究(11):11-15.

陈爱贞,刘志彪,张少军,2016.中国装备制造业创新的二元分工网络制约[J].厦门大学学报(哲学社会科学版)(3):10-20.

戴翔,郑岚,2015.制度质量如何影响中国攀升全球价值链[J].国际贸易问题(12):51-63.

付强,2017.市场分割促进区域经济增长的实现机制与经验辨识[J].经济研究,52(3):47-60.

傅京燕,2010.气候变化与经济发展方式转变[J].城市观察(2):111-117.

高越,李荣林,2008.分割生产与产业内贸易:一个基于DS垄断竞争的模型[J].世界经济(5):13-23.

高越,李荣林,2009.异质性、分割生产与国际贸易[J].经济学(季刊)(4):159-178.

高越,任永磊,李荣林,2015.国际生产分割、产出质量选择与价值链位置提升[J].经济问题探索(10):125-131.

国家信息中心,2005.中国区域间投入产出表[M].北京:社会科学文献出版社.

洪俊杰,2018.中国开放型经济的双环流理论初探[J].国际贸易问题(1):5-6.

胡汉辉,赵红英,陈金丹,2013.基于价值链分割的产业集群不完全转移及升级研究:以南京大明路汽车销售与服务产业集群为例[J].科学学与科学技术管理,34(3):109-115.

胡昭玲,2007.国际垂直专业化与贸易理论的相关拓展[J].经济评论(2):135-139.

胡昭玲,张咏华,2012.中国制造业国际垂直专业化分工链条分析:基于非竞争型投入产出表的测算[J].财经科学(9):42-50.

黄永明,潘安琪,2018.美国再工业化对中国制造业全球价值链分工地位的影响[J].区域经济评论(4):61-68.

寇宗来,2004.需求不确定性、生产能力投资和外包[J].世界经济(9):13-19.

黎峰,2016.增加值视角下的中国国家价值链分工:基于改进的区域投入产出模型

[J].中国工业经济(3):52-67.

黎峰,2016.中国国内价值链是怎样形成的?[J].数量经济技术经济研究,33(9):76-94.

黎峰,2018.国内专业化分工是否促进了区域协调发展?[J].数量经济技术经济研究,35(12):81-99.

黎峰,张远鹏,2017.出口贸易、本土关联与国内市场整合:兼议"一带一路"建设的重点与方向[J].当代经济管理,39(1):45-51.

李跟强,潘文卿,2016.国内价值链如何嵌入全球价值链:增加值的视角[J].管理世界(7):10-22.

李嘉图,2005.政治经济学及赋税原理[M].郭大力,等译.北京:商务印书馆.

李昕,2012.贸易总额与贸易差额的增加值统计研究[J].统计研究,29(10):15-22.

李昕,徐滇庆,2013.中国外贸依存度和失衡度的重新估算:全球生产链中的增加值贸易[J].中国社会科学(1):29-55.

梁碧波,2011.工序贸易及其影响效应:一个基于工序分工的贸易模型及其政策含义[J].国际经贸探索(12):4-12.

林毅夫,蔡颖义,吴庆堂,2004.外包与不确定环境的最优资本投资[J].经济学(季刊)(1):119-138.

刘景卿,车维汉,2019.国内价值链与全球价值链:替代还是互补[J].中南财经政法大学学报(1):86-98.

刘维刚,倪红福,2018.制造业投入服务化与企业技术进步:效应及作用机制[J].财贸经济,39(8):126-140.

刘洋,金凤君,2009.东北地区产业结构演变的历史路径与机理[J].经济地理,29(3):431-436.

刘志彪,2009.国际外包视角下我国产业升级问题的思考[J].中国经济问题(1):6-15.

刘志彪,刘晓昶,2001.垂直专业化:经济全球化中的贸易和生产模式[J].经济理论与经济管理(10):5-10.

刘志彪,张杰,2009.从融入全球价值链到构建国家价值链:中国产业升级的战略思考[J].学术月刊,41(9):59-68.

卢锋,2004.产品内分工[J].经济学(季刊),4(1):55-82.

陆铭,2017.城市、区域和国家发展:空间政治经济学的现在与未来[J].经济学(季刊),16(4):1499-1532.

陆铭,陈钊,2009.分割市场的经济增长:为什么经济开放可能加剧地方保护?[J].经济研究,44(3):42-52.

倪红福,龚六堂,夏杰长,2016.生产分割的演进路径及其影响因素:基于生产阶段数的考察[J].管理世界(4):10-23.

倪红福,夏杰长,2016.中国区域在全球价值链中的作用及其变化[J].财贸经济(10):87-101.

潘文卿,2018.中国国家价值链:区域关联特征与增加值收益变化[J].统计研究,35(6):18-30.

潘文卿,李跟强,2018.中国区域的国家价值链与全球价值链:区域互动与增值收益[J].经济研究,53(3):171-186.

潘文卿,李跟强,2018.中国制造业国家价值链存在"微笑曲线"吗:基于供给与需求双重视角[J].管理评论,30(5):19-28.

潘文卿,娄莹,李宏彬,2015.价值链贸易与经济周期的联动:国际规律及中国经验[J].经济研究,50(11):20-33.

潘文卿,王丰国,李跟强,2015.全球价值链背景下增加值贸易核算理论综述[J].统计研究,32(3):69-75.

裴长洪,2013.进口贸易结构与经济增长:规律与启示[J].经济研究,48(7):4-19.

裴长洪,谢谦,2009.集聚、组织创新与外包模式:我国现代服务业发展的理论视角[J].财贸经济(7):5-15.

钱纳里,鲁宾逊,赛尔奎因,1989.工业化和经济增长的比较研究[M].吴奇,王松宝,等译.上海:上海三联书店.

邵朝对,苏丹妮,2017.全球价值链生产率效应的空间溢出[J].中国工业经济(4):94-114.

盛丹,包群,王永进,2011.基础设施对中国企业出口行为的影响:"集约边际"还是"扩展边际"[J].世界经济,34(1):17-36.

苏庆义,2016.中国省级出口的增加值分解及其应用[J].经济研究,51(1):84-98.

孙文远,2006.产品内分工刍议[J].国际贸易问题(6):20-25.

田文,2005.产品内贸易模式的决定与利益分配研究[J].国际商务:对外经济贸易大学学报(5):9-13.

王爱虎,钟雨晨,2006.中国吸引跨国外包的经济环境和政策研究[J].经济研究(8):81-92.

王直,魏尚进,祝坤福,2015.总贸易核算法:官方贸易统计与全球价值链的度量[J].中国社会科学(9):108-127.

魏后凯,王颂吉,2019.中国"过度去工业化"现象剖析与理论反思[J].中国工业经济(1):5-22.

吴爱芝,李国平,孙铁山,2013.中国纺织服装产业的区位迁移[J].地理科学进展,32(2):233-242.

吴福象,朱蕾,2010.中国三大地带间的产业关联及其溢出和反馈效应:基于多区域投入—产出分析技术的实证研究[J].南开经济研究(5):140-152.

徐康宁,王剑,2006.要素禀赋、地理因素与新国际分工[J].中国社会科学(6):65-77.

徐康宁,郑义,2011.国际生产链的解构及其对中国经济的影响[J].国际经济评论(4):124-134.

亚当·斯密,2009.国富论[M].郭大力,王亚南,译.上海:上海三联书店.

亚当·斯密,2001.国富论[M].杨敬年,译.西安:陕西人民出版社.

闫云凤,赵忠秀,2018.中国在全球价值链中的嵌入机理与演进路径研究:基于生产链长度的分析[J].世界经济研究(6):12-22.

杨小凯,2003.经济学:新兴古典与新古典框架[M].张定胜,等译.北京:社会科学文献出版社.

杨珍增,2014.知识产权保护、国际生产分割与全球价值链分工[J].南开经济研究(5):130-153.

杨珍增,陆建明,2011.金融发展、国际分工与全球失衡[J].世界经济研究(3):21-27.

姚战琪,2019.全球价值链背景下提升中国服务业真实开放度研究[J].河北学刊,39(1):124-129.

叶娇,赵云鹏,和珊,2018.生产率、资本密集度对企业国际化模式选择决策的影响[J].统计研究,35(1):32-42.

尹宗成,刘文,2015.金融发展对国际生产分割水平的影响及区域差异:基于2000~2013年省际面板数据分析[J].经济问题(8):50-54.

于斌斌,2015.产业结构调整与生产率提升的经济增长效应:基于中国城市动态空间面板模型的分析[J].中国工业经济(12):83-98.

俞灵燕,2005.服务贸易壁垒及其影响的量度:国外研究的一个综述[J].世界经济(4):22-32.

袁凯华,彭水军,2017.中国加工贸易的价值攀升:嵌入NVC会优于GVC吗[J].统计研究,34(8):32-43.

岳珑,2009.20世纪50~70年代中国西北地区重工业化道路的选择与反思[J].当代中国史研究,16(3):78-84.

曾铮,2009.全球工序分工与贸易研究[D].北京:中国社会科学院研究生院.

曾铮,2009.生产片断化、离岸外包和工序贸易:21世纪世界产业"外包革命"的基本范式[J].财贸经济(11):78-83.

曾铮,王鹏,2007.产品内分工理论与价值链理论的渗透与耦合[J].财贸经济(3):121-125.

曾铮,熊晓琳,2008.生产"零散化"、生产成本和离岸外包:一般理论和美、中、印三国的经验研究[J].世界经济(12):37-47.

曾铮,张亚斌,2005.价值链的经济学分析及其政策借鉴[J].中国工业经济(5):104-111.

张二震,方勇,2005.要素分工与中国开放战略的选择[J].南开学报(6):9-15.

张辉,2004.全球价值链理论与我国产业发展研究[J].中国工业经济(5):38-46.

张纪,2007.产品内国际分工的内在动因:理论模型与基于中国省际面板数据的实证研究[J].数量经济技术经济研究(12):39-48.

张杰,陈志远,刘元春,2013.中国出口国内附加值的测算与变化机制[J].经济研究(10):124-137.

张杰,刘元春,郑文平,2013.为什么出口会抑制中国企业增加值率:基于政府行为的考察[J].管理世界(6):12-27.

张可云,杨孟禹,2016.国外空间计量经济学研究回顾、进展与述评[J].产经评论,7(1):5-21.

张其仔,李蕾,2017.制造业转型升级与地区经济增长[J].经济与管理研究,38(2):97-111.

张少军,2009.全球价值链与国内价值链:基于投入产出表的新方法[J].国际贸易问题(4):108-113.

张少军,刘志彪,2009.全球价值链模式的产业转移:动力、影响与对中国产业升级和区域协调发展的启示[J].中国工业经济(11):5-15.

张少军,刘志彪,2013.国内价值链是否对接了全球价值链:基于联立方程模型的经验分析[J].国际贸易问题(2):14-27.

张学良,2012.中国交通基础设施促进了区域经济增长吗:兼论交通基础设施的空间溢出效应[J].中国社会科学(3):60-77.

张英涛,2016.什么因素影响了国家间生产分割联系:比较优势契合视角的研究[J].经济动态与评论(2):221-242.

张玉柯,李玉红,徐永利,2006.跨国公司离岸外包成因分析[J].河北大学学报(哲学社会科学版)(6):11-17.

周圣强,朱卫平,2013.产业集聚一定能带来经济效率吗:规模效应与拥挤效应[J].产业经济研究(3):12-22.

Abraham K,Taylor S,1996. Firms' use of outside contractors:Theory and evidence[J]. Journal of Labor Economics,14(3):394-424.

Acemoglu D,Aghion P,Lelarge C, et al,2007. Technology,Information,and the Decentralization of the Firm [J]. Quarterly Journal of Economics,122(4):1759-1799.

Alfaro Ivan,2015. The Impact of Multiple Team Membership on Individual Creativity [D]. Chicago, Illinois: University of Illinois at Chicago.

Antràs P, 2003. Firms, Contracts, and Trade Structure [J]. The Quarterly Journal of Economics, 118(4):1375-1418.

Antràs P, Chor D, Fally T, 2012. Measuring the Upstreamness of Production and Trade Flows[J]. The American Economic Review: Papers & Proceedings, 102(3):412-416.

Antràs P, Chor, D, 2013. Organizing the Global Value Chain [J]. Econometrica, 81(6), 2127-2204.

Antràs P, Helpman E, 2004. Global Sourcing [J]. Journal of Political Economy, 112(3):552-580.

Antràs P, Luis Garicano, Esteban Rossi-Hansberg, 2006. Offshoring in a Knowledge Economy[J]. Quarterly Journal of Economics, 121(1):31-77.

Arndt S W, 1997. Globalization and the Open Economy[J]. The North American Journal of Economics and Finance, 8(1):71-79.

Arndt Sven W, Huemer A, 2005. Trade, Production Networks and the Exchange Rate [J]. SSRN Electronic Journal, 4(1):11-39.

Aroca P, Jackson R, 2018. Value Chains: Production Upstreamness and Downstreamness Revisited[Z]. Working Papers.

Balassa B, 1965. Tariff Protection in Industrial Countries: An Evaluation[J]. Journal of Political Economy, 73(6):573-594.

Baldone S, Sdogati F, Tajoli L, 2010. On Some Effects of International Fragmentation of Production on Comparative Advantages, Trade Flows and the Income of Countries [J]. World Economy, 30(11):1726-1769.

Baldwin R, Venables A J, 2013. Spiders and snakes: Offshoring and agglomeration in the global economy[J]. Journal of International Economics, 90(2):245-254.

Behrens K, 2011. International integration and regional inequalities: how important is national infrastructure? [J]. The Manchester School, 79(5):952-971.

Bellone F, Musso P, Nesta L, et al, 2010. Financial Constraints and Firm Export Behaviour[J]. The World Economy, 33(3):347-373.

Beverelli C, Koopman R B, Kummritz V, et al, 2015. Domestic Foundations of Global Value Chains[Z]. Social Science Electronic Publishing.

Bhagwati J, Dehejia V, 1994. International Trade Theory and Wages of the Unskilled [M]//Trade and Wages: Leveling Wages Down. Washington, D.C.: AEI Press:36-75.

Borchert I, Gootiiz B, Grover A, et al, 2012. Landlocked or Policy Locked? How Services Trade Protection Deepens Economic Isolation[Z]. Policy Research Working Paper.

Burstein A, Kurz C, Tesar L, 2008. Trade, Production Sharing, and The International Transmission of Business Cycles [J]. Journal of Monetary Economics, 55(4): 775-795.

Copeland B R, Taylor M S, 1994. North-south trade and the Environment [J]. The Quarterly Journal of Economics, 109(3): 755-787.

Dicken P, 1992. The Global Shift-Internationalization of Economic Activity [M]// Global shift: The internationalization of economic activity. London: Paul Chapman Publishing.

Dietzenbacher E, Joaquim M G, Denise I, 2014. The Role of Brazilian Regions in the Global Value Chain[Z]. Working Paper Department of Economics.

Dietzenbacher E, Luna I R, Bosma N S, 2005. Using Average Propagation Length to Identify Production Chains in the Andalusian Economy [J]. Estudios de Economia Aplicada, 23-2: 405-422.

Dietzenbacher E, Romero I, 2007. Production chains in an interregional framework: identification by means of average propagation lengths[J]. International Regional Science Review, 30(4): 362-383.

Dixit A K, Grossman G M, 1982. Trade and Protection with Multistage Production [J]. Review of Economic Studies, 49(4): 583-594.

Egger H, Falkinger J, 2003. The distributional effects of international outsourcing in a 2×2 production model [J]. North American Journal of Economics & Finance, 14(2): 189-206.

Escaith H, Inomata S, 2013. Geometry of Global Value Chains in East Asia: The Role of Industrial Networks and Trade Policies[M/OL]. Social Science Electronic Publishing: 24[2013-07-19]. http://papers.ssrn.com/sol3/papers.cfm?abstract_id:2294925.

Fally T, 2011. On the Fragmentation of Production in the US[Z]. Mimeo, June.

Fally T, 2012. Production Staging: Measurement and Facts[R]. FREIT Working Paper.

Feenstra R C, 1998. Integration of trade and disintegration of production in the Global economy [J]. The Journal of Economic Perspectives, 12(4): 31-50.

Feenstra R C, Hanson G H, 2010. Intermediaries in Entrepot Trade: Hong Kong

Re-Exports of Chinese Goods [J]. Journal of Economics & Management Strategy, 13(1): 3 – 35.

Feenstra R C, Hanson G, 1996. Globalization, Outsourcing, and Wage Inequality [J]. The American Economic Review, 86(2): 240 – 245.

Feenstra R C, Li Z, Yu M, 2017. Exports and Credit Constraints under Incomplete Information: Theory and Evidence from China [J]. Social Science Electronic Publishing, 96(4): 729 – 744.

Fujita M, Thisse J F, 2006. Globalization and the Evolution of the Supply Chain: Who Gains and Who Loses? [J]. International Economic Review, 47(3): 811 – 836.

Gereffi G, Korzeniewicz M, 1994. Commodity chains and global capitalism [M]. London: Praeger: 96 – 98.

Gereffi G, 1999. International Trade and Industrial Upgrading in the Apparel Commodity Chain [J]. Journal of International Economics, 48(1): 37 – 70.

Gereffi G, 2001. Beyond the Producer-driven/Buyer-driven Dichotomy the Evolution of Global Value Chains in the Internet Era [J]. IDS Bulletin, 32(3): 30 – 40.

Gereffi G, Humphrey J, Sturgeon T, 2005. The governance of global value chains [J]. Review of International Political Economy, 12(1): 78 – 104.

Gorg H, 2000. Fragmentation and Trade: US Inward Processing Trade in the EU [J]. Review of World Economics, 136(3): 403 – 422.

Grossman G M, Rossi-Hansberg E, 2008. Trading Tasks: A Simple Theory of Offshoring [J]. American Economic Review, 98(5): 1978 – 1997.

Grossman G M, Rossi-Hansberg E, 2012. Task Trade between Similar Countries [J]. Econometrica, 80(2): 593 – 629.

Grossman Gene M, Helpman E, 2003. Outsourcing versus FDI in Industry Equilibrium [J]. Journal of the European Economic Association, 1(2 – 3): 317 – 327.

Grossman Gene M, Helpman E, 2004. Managerial Incentives and the International Organization of Production [J]. Journal of International Economics, 63(2): 237 – 262.

Hanson G H, Mataloni R J, Slaughter M J, 2005. Vertical Production Networks in Multinational Firms [J]. Review of Economics & Statistics, 87(4): 664 – 678.

Helg R, Tajoli L, 2005. Patterns of International Fragmentation of Production and the Relative Demand for Labor [J]. The North American Journal of Economics and Finance, 16(2): 233 – 254.

Helpman E, 1984. A Simple Theory of International Trade with Multinational

Corporations [J]. Journal of Political Economy,92(3):451-471.

Henderson J,1998. Danger and opportunity in the Asia Pacific [M]//Thompson G. Economic dynamism in the Asia Pacific[M]. London:Routledge:356-384.

Hoeckman B,Mattoo A,2010. Services Trade and Growth[Z]. Policy Research Working Paper,17(2):191-199.

Hoeckman B,Sauvé P,1994. Regional and Multilateral Liberalization of Service Markets:Complements or Substitutes? [J]. Journal of Common Market Studies,32(3):283-318.

Hummels D,Ishii J,Yi K M,2001. The nature and growth of vertical specialization in world trade [J]. Journal of International Economics,54(1):75-96.

Hummels D,Rapoport D,Yi K M,1998. Vertical specialization and the changing nature of worldtrade[J]. Economic Policy Review,4(2):79-99.

Humphrey J,2004. Upgrading in Global Value Chains[R]. ILO Working Paper No. 28.

Humphrey J, Schmitz H, 2000. Governance and Upgrading: Linking Industrial Cluster and Global Value Chain[R]. IDS Working Paper:120.

Humphrey J,Schmitz H,2002. How Does Insertion in Global Value Chains Affect Upgrading in Industrial Clusters[J]. Regional Studies,36(9):1017-1027.

Johnson R C,Noguera G,2012. Accounting for intermediates:Production sharing and trade in value added[J]. Journal of International Economics,86(2):224-236.

Jones R W, Kierzkowski H,1990. The Role of Services in Production and International Trade:A Theoretical Framework [Z]. Oxford:Blackwell:31-48.

Jones R W,1971. A Three-Factor Model in Theory,Trade and History,Balance of Payments and Growth:Essays in Honor of C. P. Kindleberger,J. N. Bhagwati et al. [Z]. North Holland,Amsterdam.

Jones R W,1988. Kierzkowski H. The role of services in production and international trade:A theoretical framework[Z]//University of Rochester-Center for Economic Research (RCER).

Jones R W,2000. A framework for fragmentation[Z]. Tinbergen Institute Discussion paper.

Jones R W,Kierzkowski H,2001. Horizontal Aspects of Vertical Fragmentation [M]// Global Production and Trade in East Asia. Boston:Kluwer Academic.

Jones R, Kierzkowski H,2001. A Framework for Fragmentation [M] // Kierzkowski H, Arndt Sven W. Fragmentation:New Production Patterns in the

World Economy. Oxford, UK: Oxford University Press: 17-34.

Jones R W, Kierzkowski H, 2004. Globalization and the Consequences of International Fragmentation [Z]. Money, Capital Mobility, and Trade: Essays in Honor of Robert A Mundell: 365.

Kaplinsky R, Morris M, 2001. A handbook of value chain research [Z]. Prepared for the IDRC.

Kaplinsky R, Morris M, 2003. Governance Matters in Value Chains[J]. Developing Alternatives, 9(1): 11-18.

Kaplinsky R, Morris M, 2006. A Handbook for Value Chain Research[Z]. Prepared for the International Development Research Centre.

Kee H L, Tang H, 2016. Domestic Value Added in Exports: Theory and Firm Evidence from China[J]. American Economic Review, 106(6): 1402-1436.

Kogut B, 1985. Designing Global Strategies: Comparative and Competitive Value-Added Chains[J]. Sloan Management Review, 26(4): 15-28.

Kohler W, 2004. Aspects of International Fragmentation [J]. Review of International Economics, 12(5): 793-816.

Koopman R, Powers W, Wang Z, et al, 2010. Give Credit Where Credit is Due: Tracing Value Added in Global Production Chains[Z]. NBER Working Paper.

Koopman R, Wang Z, Wei S J, 2014. Tracing Value-Added and Double Counting in Gross Exports[J]. American Economic Review, 104(2): 459-494.

Krugman P, 1995. Increasing Returns, Imperfect Competition, and the Positive Theory of International Trade [M]//Handbook of International Economics. 3. New York: North Holland: 1243-1277.

Krugman P, Cooper R N, Srinivasan T N, 1995. Growing World Trade: Causes and Consequences[Z]. Brookings Papers on Economic Activity, 26: 327-377.

Leontief W, Strout A, 1963. Multiregional Input-Output Analysis[M]//Structural Interdependence and Economic Development. Basingstoge: Palgrave Macmillan UK.

Los B, Timmer M P, Vries G J, 2015. How Global are Global Value Chains? A New Approach to Measure Inter-national Fragmentation[J]. Journal of Regional Science, 55(1): 66-92.

Ma H, Wang Z and Zhu K, 2015. Domestic content in China's exports and its distribution by firm ownership[J]. Journal of Comparative Economics, 43(1): 3-18.

Markusen J R, Venables A J, 2007. Interacting Factor Endowments and Trade Costs: A Multi-Country, Multi-Good Approach to Trade Theory [J]. Journal of

International Economics, 73(2): 333 – 354.

Melitz M J, 2003. The Impact of Trade on Intra-industry Reallocations and Aggregate Industry Productivity [J]. Econometrica, 71(6): 1695 – 1725.

Miroudot S, 2016. Services in Global Value Chains: From Inputs to Value-Creating Activities[Z]. Organisation for Economic Co-operation and Development (OECD)Trade Policy Paper, OECD, Paris.

OECD, 2005. OECD Handbook on Economic Globalization Indicators [M]. Paris: OECD.

Olsen K B, 2006. Productivity Impacts of Offshoring and Outsourcing [Z]. OECD Science Technology & Industry Working Papers.

Peneder M, 2002. Intangible Investment and Human Resources[J]. Journal of Evolutionary Economics, 12(1 – 2): 107 – 134.

Porter M E, 1985. Competitive Advantage: Creating and Sustaining Superior Performance[M]. New York: Free Press.

Ronald W Jones, Henryk Kierzkowski, 2005. International Fragmentation and the New Economic Geography [J]. North American Journal of Economics and Finance, 16(1): 1 – 10.

Timmer M P, Erumban A A, Los B, et al, 2014. Slicing Up Global Value Chains [J]. Journal of Economic Perspectives, 28(2): 99 – 118.

Upward R, Wang Z, Zheng J, 2013. Weighing China's Export Basket: The Domestic Content and Technology Intensity of Chinese Exports[J]. Journal of Comparative Economics, 41(2): 527 – 543.

Vanek J, 1968. The Factor Proportions Theory: The N-Factor Case[J]. Kyklos, 21(4): 749 – 756.

Wang Z, Wei S J, Zhu K, 2013. Quantifying International Production Sharing at the Bilateral and Sector Levels[Z]. NBER Working Papers(September).

Wang Z, Wei S J, Yu X, et al, 2017. Characterizing Global Value Chains: Production Length and Upstreamness [Z]. NBER Working Paper.

Wang Z, Wei S J, Yu X, et al, 2017. Measures of Participation in Global Value Chains and Global Business Cycles[Z]. NBER Working Paper.

Warner G F, 1971. On the Ecology of a Dense Bed of the Brittle-Star Ophiothrix Fragilis[J]. Journal of the Marine Biological Association of the United Kingdom, 51(2): 267 – 282.

Xing Y, Detert N C, 2015. How the iPhone Widens the United States Trade Deficit with the People's Republic of China[R]. ADBI Working Papers.

Yang Xiaokai, Borland J, 1991. A Microeconomic Mechanism for Economic Growth[J]. Journal of Political Economy, 99(3): 460 – 482.

Yi Kei-Mu, 2003. Can Vertical Specialization Explain the Growth of World Trade? [J]. Journal of Political Economy, 111(1): 52 – 102.

Young A A, 1928. Increasing Returns and Economic Progress[J]. The Economic Journal, 38(152): 527 – 542.

Zhang J, 2004. Investment, Investment Efficiency and Economic Growth in China [J]. Journal of Asian Economics, 14(5): 713 – 734.

附录
世界投入产出表行业和代码对应表

行业代码	行业	行业代码	行业
1	农作物和畜牧业、狩猎及相关服务活动	21	其他运输设备的制造
2	林业和伐木业	22	家具制造业及其他制造业
3	渔业和水产养殖	23	机械和设备修理业
4	采掘业	24	电力、煤气及热力供应业
5	食品制造业、饮料制造业和烟草制品业	25	水的生产、处理和供应业
6	纺织品、服装和皮革制品业	26	污水及废物处置活动，材料回收管理服务
7	木材加工及木、竹、藤、棕、草制品业	27	建筑业
8	造纸及纸制品业	28	汽车和摩托车的批发、零售和维修业
9	印刷业和记录媒介的复制	29	批发业
10	石油加工、炼焦及核燃料加工业	30	零售业
11	化学原料及化学制品制造业	31	陆路运输业
12	医药制造业	32	水上运输业
13	橡胶及塑料制品业	33	航空运输业
14	非金属矿物制品业	34	仓储业
15	碱性金属制造业	35	邮政业
16	金属制品业，机械设备除外	36	住宿餐饮业
17	计算机、电子和光学产品制造业	37	出版业
18	电气设备制造业	38	广播影视和音像业
19	机械设备制造业	39	电信业
20	汽车、拖车和半拖车的制造	40	计算机和信息服务业

续表

行业代码	行业	行业代码	行业
41	金融业	49	其他科技服务
42	保险业	50	行政管理服务
43	金融辅助服务业	51	公共管理与国防服务
44	房地产业	52	教育服务业
45	法律和会计服务业	53	健康服务业
46	建筑工程服务业	54	其他服务业
47	研发服务	55	家政服务业
48	广告服务业	56	境外组织与机构服务